教育部人文社会科学重点研究基地刊物
中文社会科学引文索引（CSSCI）来源集刊

藏学学刊

བོད་རིག་པའི་དུས་དེབ།

JOURNAL OF TIBETOLOGY

总第27辑

2022(2)

四川大学中国藏学研究所 编

中国藏学出版社

བོད་རིག་པའི་དུས་དེབ།
藏　学　学　刊
Journal of Tibetology

主编　霍巍　石硕

常务副主编　张长虹

བོད་རིག་པའི་དུས་དེབ།
藏 学 学 刊
Journal of Tibetology

目　录

"牦牛镜"与"藏式有柄镜"研究……李永宪 / 1
西藏阿里地区早期铁器与冶铁技术：卡基墓地出土冶金相关遗物研究……李玉牛　孙天强　张梦逸　李帅　杨锋 / 24
西藏山南扎基藏仲碑的调查与研究……夏吾卡先 / 35
西藏西部新发现《吐蕃铁券文书》译注……阿贵　索南才旦 / 47
"唐蕃古道"甘肃段线路考察与再探……李志鹏 / 65
丝绸之路青海道研究回顾与展望……曹中俊 / 78
北宋兰州把拶桥地望考论……石坚军 / 97
米拉日巴传记唐卡源流考——从洛杉矶郡立艺术博物馆藏米拉日巴传记唐卡出发……梁云云 / 116
汉藏文化交融下的推陈出新之作：丽江市博物院旧藏释迦牟尼佛与十六罗汉唐卡组画……李凯 / 163
藏语巴德话的基本指示词 $nə^{53}$ 和 $tə^{31}$……宋晓红 / 188
十九世纪中叶法国传教士对康区的区域认知……罗宏　刘晓旭 / 205

十九世纪中叶法国巴黎外方传教会川藏教区勘界史考
……………………………………………………………………刘瑞云　范昌隆 / 220
记录西藏：二十世纪上半期英国人在西藏的摄影活动
……………………………………………………………………赵光锐　张植荣 / 234

摘　要 …………………………………………………………………………… / 256

Table of Contents

"The Yak Mirror" and the Study of "Tibetan Handled Mirrors" 1
Li Yongxian

Early Use and Smelting Technologies of Iron in the Ngari Region of Tibet: A Scientific Analysis of the Iron Smelting related Remains Excavated from the Kaji Cemetery Site 24
Li Yuniu Sun Tianqiang Zhang Mengyi Li Shuai Yang Feng

Re-investigations of the Two Gtsang-Grong Steles in Drachee (Grwa phyi) of Central Tibet 35
Shawo Khacham

Translation and Annotation of a Newly Discovered Manuscript of the *Historic Iron Credential Document of Tubo* from Western Tibet 47
Ngakon and Sonam Tsetan

A Re-examination of the Gansu Section of the "Tang-Bod Ancient Route" 65
Li Zhipeng

Review and Prospect of Research on the Qinghai Route of the Silk Road 78
Cao Zhongjun

A Study on the Historical Significance of Baza Bridge in Lanzhou during the Northern Song Dynasty 97
Shi Jianjun

An Examination of the Source of the Thangka of Milarepa's Life: Based on the Collection at the Los Angeles County Museum of Art 116
Liang Yunyun

A Thangka Set of Śākyamuni and the Sixteen Arhats in the Collection of the Lijiang Municipal Museum 163
Li Kai

Basic Demonstratives nə⁵³ and tə³¹ in the Pada Tibetan 188
Song Xiaohong

The French Missionaries' Regional Knowledge of Khams in the Mid-19th Century 205
Luo Hong and Liu Xiaoxu

A Historical Examination of the Boundary Demarcation of the Sichuan-Tibet Missionary Region by the Paris Foreign Missions Society in the Mid-19th Century 220
Liu Ruiyun and Fan Changlong

Recording Tibet: British Photography in Tibet in the First Half of the 20th Century 234
Zhao Guangrui and Zhang Zhirong

ABSTRACTS 256

“牦牛镜”与“藏式有柄镜”研究

李永宪

内容摘要：文章从近年面世的西藏“牦牛镜”入手，对拉萨“曲贡镜”等发现于雅鲁藏布江流域的4件有柄铜镜进行了综合分析，认为这些铜镜应为西藏本土早期青铜制品，其形制受“北方草原文化”影响，其冶铸工艺和镜、柄合体技法则与高原东部的“西南夷青铜技术系统”多有关联，它们与西藏西部象泉河流域出土的带柄铜镜有着不同的技术渊源和分布地域，是西藏“早期金属时代”具有地域意义的重要遗物。

一、“牦牛镜”

2017年7月，拉萨“西藏牦牛博物馆”收集到一件铁柄铜镜，经索朗航丹、娘吉加、索朗杰布三位专家鉴定为古代铜镜，推测其时代约为2000年前的汉代[1]，馆方遂将该铜镜列为重要文物予以陈列。次年8月，笔者应该馆馆长吴雨初先生邀请，到馆对这件铜镜进行了观摩测量和绘图。据吴馆长面告，此镜据原藏者称为林芝一带出土，后辗转流传到拉萨。2021年，西藏牦牛博物馆薛江发表有专文对该镜作了介绍和分析[2]。

1　区内文物专家对该铜镜的初步鉴定意见，为吴雨初馆长2018年8月23日面告。

2　薛江：《西藏牦牛博物馆馆藏铁柄牦牛纹铜镜及相关问题》，《藏学学刊》第24辑，2021（1）：173-189。

图一　馆藏“牦牛镜”（镜背）

图二　馆藏“牦牛镜”（镜面）

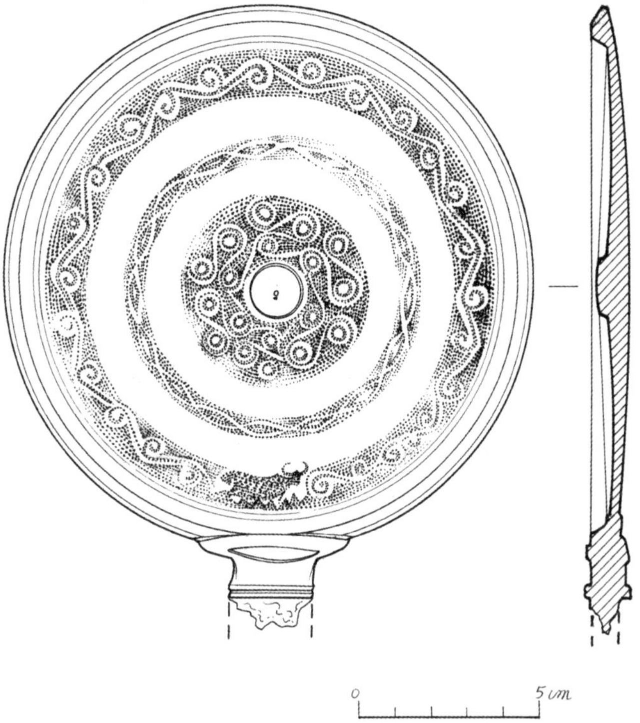

图三　馆藏“牦牛镜”镜背装饰（钟雅莉绘）

根据笔者对这件铜镜的观察，此镜镜身保存完好，圆形镜面微凸且光洁平滑，镜径14.4厘米，中央部分较厚，向周缘逐渐变薄，厚0.3-0.6厘米；镜背正中有一直径1.4厘米的圆形突起，高出镜背平面0.3厘米，镜身周缘截面略呈三角形的凸棱状，凸棱厚0.6厘米。镜背呈向心状有三重装饰纹样，最外圈为13个勾连涡云纹组成的环形纹，第二圈（中圈）为16个菱形组成的环形“束辫纹”，围绕中心圆凸的是两重共6组涡形星云纹，最引人注目的，是外圈纹饰带近柄处有一“剪影式”牦牛图像，牦牛身型壮硕，头朝右侧，拱背、大尾、牛角相对呈圆圈形的体形特征十分明显，牦牛下方錾刻有8个二方连续的正三角形，应是象征雪峰山岳。

镜背的纹样和牦牛图像皆采用錾花工艺制作，即在镜背表面錾刻出若干圆形的细小凹点，“以点连片”或“以点连线”构成图像和纹样。牦牛和山岳为阴刻“剪影式”造型，三重环形纹样则是由刻点连片成为纹样的“底”，未錾刻的空白处凸显为“纹”，为一种平面的“阳刻”技法。錾刻的圆点细密且排列有序，因光照反射的效果不同，视觉上表现出色调有别、底纹相衬的装饰趣味。

镜身与镜柄为分体制造，铁质镜柄已断损，仅在连接镜身的T形接头銎口保留有宽2.2厘米、长0.9厘米的残茬。根据接头与镜身相连处的接缝变形和色泽相异现象分析，镜、柄的合体方式应是先将铁柄置入T形接头銎内，然后将接头前端的榫槽与镜身下缘楔合，再用冲压工艺将二者固为一体。铜质T形接头前端略外弧，宽4.3厘米，厚1.2厘米，下部的两面各有一条梭形凸棱，近銎口处有两条细窄的凸棱，銎口为2.2×0.8厘米的长方形，推测镜柄前端的截面应为接近此尺寸的长方形（图一、图二、图三）。

西藏牦牛博物馆收藏的这件铜镜，因在镜背錾刻有牦牛图像而颇受关注，也为西藏同类有柄铜镜的研究提供了新的实物样本。为叙述简便，下文将这件馆藏铜镜称为"牦牛镜"。

二、"牦牛镜"与"曲贡镜"

"牦牛镜"作为馆藏传世品，对它的研究首先是与考古出土材料对比，因此绕不开1990年拉萨北郊曲贡石室墓地出土的一件铁柄铜镜（下文简称"曲贡镜"）。此镜出土于当年中国社会科学院考古研究所西藏工作队、西藏自治区文物管理委员会对曲贡遗址的联合发掘中，后入藏西藏自治区博物馆并予以展出。

"曲贡镜"标本编号M203：2[3]。镜身圆形，镜面光洁平滑，直径9.4厘米，镜厚0.1-0.4厘米，镜背正中亦有一圆形凸起，镜身周缘截面呈三角形的凸棱状。镜背以正中凸起为圆心共有两重装饰图案带，外圈由7个勾连涡云纹组成环形纹[4]，环绕镜背正中凸起的是一组四联星云纹，星云纹上方稍偏左处阴刻有相对而立的两只"鸟"。镜背纹样及"对鸟"图像亦皆为錾花工艺（发掘者称"琢錾工艺"）制作。铁质镜柄基本保存完整，柄长8.8厘米，柄部中段加有一道宽1.2厘米的铁箍，镜柄直径为1.1-1.3厘米，呈中空的圆管状，管壁厚0.3厘米，铁柄末端有一扁环。经实验室金相分析，"曲贡镜"铁柄"含碳量约为0.1-0.2%，……表明铁柄是用人工冶炼铁锻打而成的。"[5]另据对考古报

---

3 中国社会科学院考古研究所西藏工作队、西藏自治区文物管理委员会：《西藏拉萨市曲贡村石室墓发掘简报》，《考古》1991（10）：927-931，图八：2；中国社会科学院考古研究所、西藏自治区文物局：《拉萨曲贡》，北京：中国大百科全书出版社，1999：208-209，图145。

4 《拉萨曲贡》第208页所述"曲贡镜"镜背外圈环形装饰"共饰八组勾连涡云纹，因锈蚀局部漫漶不清"不确，根据外圈纹样的单元距离和位置计算，"曲贡镜"外圈装饰带的勾连涡云纹应是七组，且据对该镜高清照片的观察发现，"曲贡镜"镜背近柄处亦錾刻有一"剪影式"牦牛图像，其位置和造型与"牦牛镜"完全相同。

5 梅建军、韩汝玢：《曲贡遗址M204出土铁柄铜镜的分析鉴定》，《拉萨曲贡》，1999：252-254，附录六；又，该文标题墓号M204为笔误，应为M203。

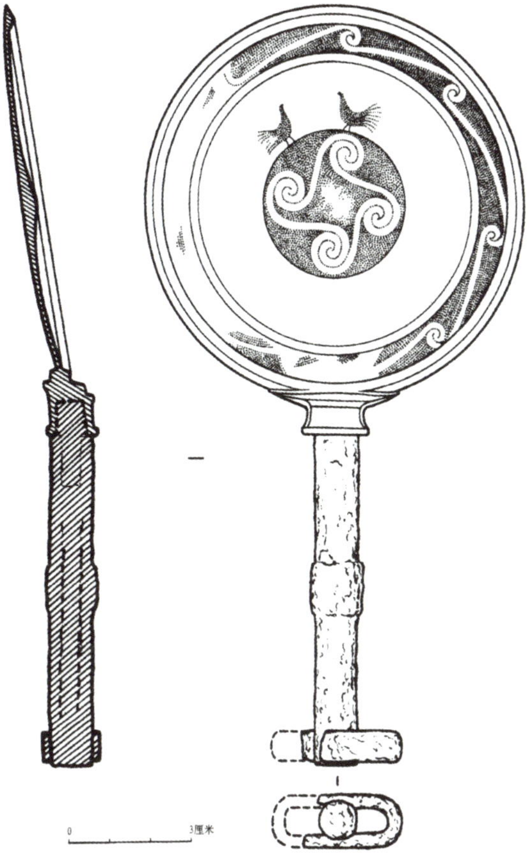

图四 “曲贡镜”线图（采自《拉萨曲贡》图 145）

图五 “曲贡镜”照片（采自《天路文华》第 23 页）

告《拉萨曲贡》第 209 页线图的分析[6]，镜柄与镜身的合体应当同样是先将管状铁柄置入 T 形接头圆銎内，然后将接头前端榫槽与镜身下缘楔合，再以冲压工艺将二者固牢。镜柄接头前端宽 3.4 厘米，厚 1.0 厘米，下端有两道凸棱（图四、图五）[7]。

“曲贡镜”的年代是依据曲贡墓地 I 区 M103 人骨碳十四测年数据推定的，该测年数据经树轮校正为公元前 758-401 年[8]，约当春秋早期至战国早期。发掘者考虑到此前雅鲁藏布江流域发掘的“以石为葬”多数墓例年代都晚于该数据，故主张“曲贡土坑石室

6 《拉萨曲贡》，1999：209，图 145。

7 该镜的图片和信息还可参见首都博物馆、西藏博物馆编：《天路文华：西藏历史文化展》，北京：科学出版社，2018：23。

8 《拉萨曲贡》，1999：233，附表 3：曲贡遗址碳十四测定年代数据表。

图六 “曲贡镜”与“牦牛镜”镜背装饰比较（左图据《拉萨曲贡》图 145 由钟雅莉改绘）

墓的绝对年代当在公元前 8 世纪前后，最晚不会晚于公元初年。”[9]“曲贡镜”的年代也因此锚定在一个较为宽泛的范围内。

将“牦牛镜”与考古出土的“曲贡镜”对比，可见二者在镜身形制、镜背装饰纹样、纹饰制作工艺以及镜、柄合体技法等多方面都基本一致，最为引人注目的共同之点，则是“曲贡镜”镜背近 T 形接头处同样錾刻有一个“剪影式”牦牛图像！牦牛的朝向以及体形特征也都与“牦牛镜”图像完全一致，牦牛身后下方有可辨识的两个象征山岳的三角形。据此可基本认定：第一，两镜形制、纹样工艺、装柄技法以及牦牛图像的一致性，表明两镜的制作者和使用者应属同一文化共同体，他们有着共同的金属器图像装饰样式及其技术传统，牦牛是这个文化共同体的特有崇拜对象，且牦牛与山峰的组合则可能是一种“图像格套”。第二，“牦牛镜”与“曲贡镜”在形制、纹饰工艺、主题图像上的趋同，显示二者应为同一时代，即“牦牛镜”的年代也可能在“公元前 8 世纪至公元初年”之间，二者皆属西藏“早期金属时代”[10]的偏早阶段。当然，两镜的具体年代

9 《拉萨曲贡》，1999：211。

10 西藏“早期金属时代”由昌都卡若遗址发掘主持者之一的童恩正提出，基于早年西藏考古材料的基本特征，童恩正认为西藏考古大致可分为“石器时代、早期金属时代和吐蕃时代”三个大的时间段落，其中西藏“‘早期金属时代’这一时代可能开始于公元前 1000 年，而结束于 6 世纪，即吐蕃王朝兴起之前”。参见童恩正：《西藏考古综述》，《文物》1985（9）：9-19。

也可能存在相对的早晚差异（图六）。

如上文所述，“曲贡镜”与“牦牛镜”最具标志性的共同点是牦牛图像，这也是迄今所见西藏金属器考古材料中年代最早的牦牛图像。如将视线再稍扩展，不难发现两件铜镜上以“錾花”工艺描绘的牦牛图像，与西藏岩画中“敲琢法”制作的“剪影式”牦牛图像完全相同。从高原广泛分布的岩画牦牛到拉萨河谷墓中出土的铜镜牦牛，其图像载体的这种变换，很可能意味着早期高原人群的“动物崇拜”在铜镜上延伸出了某种“超世俗物件”的意义。据《拉萨曲贡》报告，出土“曲贡镜”的M203墓坑长2.3米、宽1.8米，坑中石室长1.62米、宽1.06米，在经发掘的曲贡石室墓地中M203是形制最大的一座墓，其墓主骨骸经鉴定为一名22-24岁的青年男性，且M203所出铜镜为整个墓地出土物中唯一的金属器[11]。由此看来，该铜镜在当时应属于稀有之物，很难视为一位青年男子生前整理容装的物件。在形制规模超常的大墓中随葬这件珍稀的铜镜，似乎暗示M203的墓主有着比较特殊的身份。有研究者指出，西藏早期铜镜的功能可能体现了“以原始的‘萨满’教为特征的、特殊的铜镜崇拜风习”[12]，所以铜镜本身“也是一件通神的重要道具”[13]，在实用中“青铜镜能驱除心怀恶意的魔鬼”[14]。

“曲贡镜”与“牦牛镜”的图像差异主要在于，“曲贡镜”镜背的“对鸟”在“牦牛镜”上则不见。曲贡墓地发掘者之一的赵慧民认为，“曲贡镜”上相对而立的两只鸟“形似孔雀”，“曲贡出土的铁柄铜镜与斯基泰文化带柄镜比较，个性大于共性，与南亚次大陆北部的印度古文化更为接近”[15]。其后，吕红亮也注意到“曲贡镜”鸟图像与喜马拉雅南麓铜镜图像的关联，例如《印度考古百科全书》曾提及英国考古学家马歇尔（Sir John Hubert Marshall）曾在巴基斯坦北部塔克希拉（Taxila）诸遗址发掘中出土过多面镜子，“其中一件很特别，镜背雕刻了两个相对的鸟纹，斯尔卡普（Sirkap）出土的另外一面铜垂饰上也有同样的纹饰，但设计相对简单”。[16] 马歇尔本人在汉译三卷本考古报告《塔克希拉》中对斯尔卡普遗址出土的第26号铜质饰件的描述是“形状像是个小镜子，顶部环柄两边有两只面对面的鸟，高0.87英寸，是典型的希腊样式，鸟大概是鸽子。”

11 参见《拉萨曲贡》，1999：232，附表2：晚期土坑石室墓登记表。

12 霍巍：《再论西藏带柄铜镜的有关问题》，《考古》1997（11）：68。

13 吕红亮：《西藏带柄铜镜补论》，《藏学学刊》第5辑，2009：45。

14 N.G.容格、V.容格、H.G.希特尔合著，朱欣民译：《西藏出土的铁器时代铜镜》，《西藏考古》第1辑，成都：四川大学出版社，1994：192。

15 赵慧民：《西藏曲贡出土的铁柄铜镜的有关问题》，《考古》1994（7）：642-648。

16 参见吕红亮：《西藏带柄铜镜补论》，《藏学学刊》第5辑，2009：42-43，注①。

图七　塔克西拉斯尔卡普遗址出土铜垂饰（采自《塔克希拉》Ⅲ卷图版 179）

图八　拉达克东嘎岩画中的孔雀图像（采自 Laurianne Bruneau & John Vincent Bellezza 2013, Fig. IV.13）

（图七）[17] 由于汉译本照片比较模糊，尽管这件铜质饰件与“曲贡镜”的年代可能接近 [18]，但在图像结构上看不出该“对鸟”与“曲贡镜”鸟图像之间有必然关联。实际上近年来在西藏西部墓葬考古材料中也见有一些“对鸟”图像的线索，例如札达县曲踏墓地Ⅱ区 M4 [19] 出土的一件彩绘木案（标本号 2014M4 ：8），其圈足“正面涂一层金色，用墨线勾勒出卷云上两只相对而立的孔雀，其他各面用墨线或金色线条绘之字纹、涡形纹等”，[20] 这是目前所见西藏“早期金属时代”器物装饰画中特征最明确的孔雀“对鸟”图像，其头顶的枝状圆点形羽冠和尾部的长覆羽尾屏等特征，皆显示其为雉科类的孔雀

17 ［英］约翰·马歇尔著，秦立颜译：《塔克希拉》Ⅱ卷第 825 页，Ⅲ卷图版 179，昆明：云南人民出版社，2002。

18 马歇尔称斯尔卡普等遗址所出铜镜的年代与“据说是巽伽（Sunga）王朝时期”的同类物相当，参见汉译本《塔克希拉》，2002：831。

19 中国社会科学考古研究所、西藏自治区文物保护研究所、阿里地区文物局、札达县文物局：《西藏阿里地区故如甲木墓地和曲踏墓地》，《考古》2015（7）：29-50。

20《西藏阿里地区故如甲木墓地和曲踏墓地》，《考古》2015（7）：29-50，图三九。

图九　曲踏墓地出土彩绘方圈足木案图像（采自《考古》2015 年 7 期页 44 图三九）

图一〇　曲踏墓地出土金面饰冠部动物图像（据《考古》2015 年 2 期页 93 图二绘制）

（图九）[21]，在造型上与西藏西部岩画中的孔雀图像也基本一致（图八）[22]。此外，曲踏墓地 2010 Ⅰ区 M1 所出黄金面饰的冠部也有包括“对鸟”组合的动物图像，该长方形片状冠饰共有 3 个相联的塔形“雉堞”、6 只鸟、3 只羊共计 12 个动物图像，“雉堞”之间的 6 只鸟中，有 4 只为相对而立的组合，其中右侧的“对鸟”之间还有一穗状物。不过，这两组“对鸟”的形态特征异于雉科类的孔雀，应为鹳形目下的涉禽类（图一〇）。该墓的年代为公元 1-2 世纪[23]。另在札达县玛朗 M1 中也出土过一件柄端雕刻有“对鸟”的木匕，其造型与前述曲踏墓所出黄金冠饰的“对鸟”图像相似，亦非孔雀而属涉禽类，该墓的年代则为公元前后[24]。可以肯定的是，“对鸟”图像在西藏西部距今两千年前后的器物装饰画中已非孤例，其中既有雉科类的孔雀，也有鹳形目的涉禽类，而岩画中的孔雀图像则表明孔雀并非仅见于器物装饰画。因此，孔雀作为这一时期的装饰图像出现在雅鲁藏布江流域的“曲贡镜”上也似乎并不突兀，其身后有数条长覆羽（尾屏）的特征很明显，称其“形似孔雀”是有道理的。

21　孔雀（拉丁文 *Pavonini*，英文 Peafowl），鸡形目，雉科，孔雀属，共 2 种，主要栖息于海拔 2000 米以下从平原到高山地带的热带、亚热带常绿阔叶林和混交林等林木、灌木丛中，南亚孟加拉、不丹、印度、尼泊尔、巴基斯坦等国和东南亚为孔雀原产地。

22　Laurianne Bruneau & John Vincent Bellezza, "Inner Asian cultural adaptation, regional differentiation and the 'Western Tibetan Plateau Style'." In *Revue d'Etudes Tibétaines* 28, 2013: 5-161, Fig. IV.13. 另参见张亚莎主编：《藏族美术集成 · 绘画艺术 · 岩画卷》，成都：四川民族出版社，2017：140。

23　仝涛、李林辉：《欧亚视野内的喜马拉雅黄金面具》，《考古》2015（2）：92-102，图二。

24　四川大学考古文博学院、西藏自治区文物保护研究所、札达县文物局：《西藏阿里札达县玛朗墓葬调查简报》，《藏学学刊》第 25 辑，2021（2）：1-17。

“曲贡镜”的对鸟与牦牛图像正好是上下相对，在构图和图像组合上可能有“上天下地”的象征意味，而札达曲踏墓地 M4 所出圈足木案在金粉涂底之后绘出的“卷云上相对而立”的孔雀，也应当是有“居上”的意义。类似的画法还见于 M4 出土的另一件其四足皆有彩绘的木案上（2014M4 ：9），该木案一足为金粉涂底后再绘墨线 S 形卷云纹和“剪影式”牦牛，牦牛前上方绘有飞鸟；一足用金粉描画相背的一对岩羊；一足用金粉描画相背的一对飞鸟……[25]。简言之，在西藏早期器物装饰图像中，牦牛（羊）、孔雀（鸟）等动物的组合搭配是否形成了某种“格套”，以及这种“格套”的文化涵义，在西藏考古材料的图像学研究中是一个值得关注的方向。

三、“牦牛镜”与“藏式有柄镜”

中国学者有关西藏早期铜镜的考古学研究始于 1990 年拉萨出土的“曲贡镜”，先有赵慧民、霍巍就“曲贡镜”的年代、形制渊源提出了不尽相同的主张，如赵慧民认为“曲贡镜”的年代“最晚亦不会超过西汉末年”，其形制特征与中亚、南亚的古代铜镜皆有关联，但“与南亚次大陆北部印度古文化更为接近”[26]，霍巍则提出“曲贡镜”的年代“拟定在春秋、战国之际较为合适”，其形制样式所显示的文化因素“当同西藏周邻地区的古代文化交流相关”，但“也不排除本地制造的这种可能”[27]。随后，德国考古研究院波恩欧外考古部胡特尔（H.G. Hüttel）教授与容格（Namgyal G. Ronge）夫妇发表了三人的合作论文《西藏出土的铁器时代铜镜》，该文传递了几个重要信息：第一，西藏早期铜镜有流传到欧洲的实物，至少当时就有藏于德、法两国私人手中的 2 件。第二，该文描绘的收藏于德国的一件铜镜（下文简称“德藏镜”）[28] 有着与“曲贡镜”相似的形制特征和纹饰特征，二者可能为同时代遗物（图一一、图一二）。第三，据该文作者之一容格的记述，流传欧洲的两件铜镜均发现于西藏南部的雅鲁藏布江河谷地区，且早年都曾被当地寺院收藏[29]。1994 年，法国藏学家安妮 · 查耶（Anne Chayet）在《西藏考古与艺

25 中国社会科学考古研究所、西藏自治区文物保护研究所、阿里地区文物局、札达县文物局：《西藏阿里地区故如甲木墓地和曲踏墓地》，《考古》2015（7）：43。

26 赵慧民：《西藏曲贡出土的铁柄铜镜的有关问题》，《考古》1994（7）：642-648。

27 霍巍：《西藏曲贡村石室墓出土的带柄铜镜及其相关问题初探》，《考古》1994（7）：650-661。

28 Gudrun John, *Tibetische Amulette aus Himmels-Eisen — Das Geheimnis der Toktschaks*. Raden/Westf.: VML-Verlag, 2006: 107.

29 N.G. 容格、V. 容格、H.G. 希特尔合著，朱欣民译：《西藏出土的铁器时代铜镜》，《西藏考古》第 1 辑，1994：189-199。

图一一　“德藏镜”镜背照片（图片采自 Gudrun John 2006: 107）

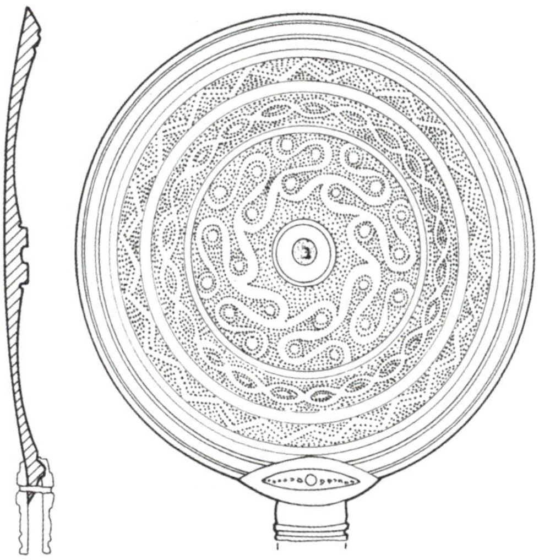

图一二　“德藏镜”镜背线图（钟雅莉据《西藏考古》第 1 辑第 194 页插图重绘）

术》一书中公布了收藏于法国的一件西藏铜镜，也即容格前文提及“出自西藏南部一著名喇嘛庙”的“另一面同样的铜镜”[30]（下文简称“法藏镜”）。此镜的铁柄保存完整，镜身形制及镜背纹样与“曲贡镜”“德藏镜”都很相似（图一三、图一四）。此后一段时间，西藏早期铜镜的研究基本上是以这三件铜镜为主要对象。

霍巍根据这三件有柄镜的形制特征，结合中国西南地区相关考古材料及日本东京国立博物馆藏品，再次讨论了西藏早期铜镜与西南地区青铜器的关联，主张“西藏高原中部所发现的带柄铜镜，从目前所见的材料来看，似与我国西南地区云南、四川等地发现的带柄铜镜关系更为密切一些。”[31] 尔后，吕红亮基于三件铜镜的一些共同特征，如镜背中央突起、镜身周缘的凸沿、镜身与镜柄的合体方式、镜背纹样的“向心式”构图、合金成分等要素进行了综合分析，主张西藏早期铜镜在大背景下无疑是“欧亚草原文化”影响下的产物，在文化接触方向上则“很可能自中亚南部或印度北部一带经西藏西部传入，其年代不会早于西汉”，并认为从镜背装饰纹样工艺看，原物很可能“经过了西藏

30　Anne Chayet, *Art et Archéologie du Tibet*, Paris: Picard, 1994: 59, Fig.33. 转引自吕红亮:《西藏带柄铜镜补论》,《藏学学刊》第 5 辑，2009：33。

31　霍巍:《再论西藏带柄铜镜的有关问题》,《考古》1997（11）：61-69；霍巍、杨荣新:《从新出考古材料论我国西南的带柄铜镜问题》,《四川文物》2000（2）：3-8。

图一三 “法藏镜”镜背照片（采自 John Vincent Bellezza 2020: 62, Fig.4-6）

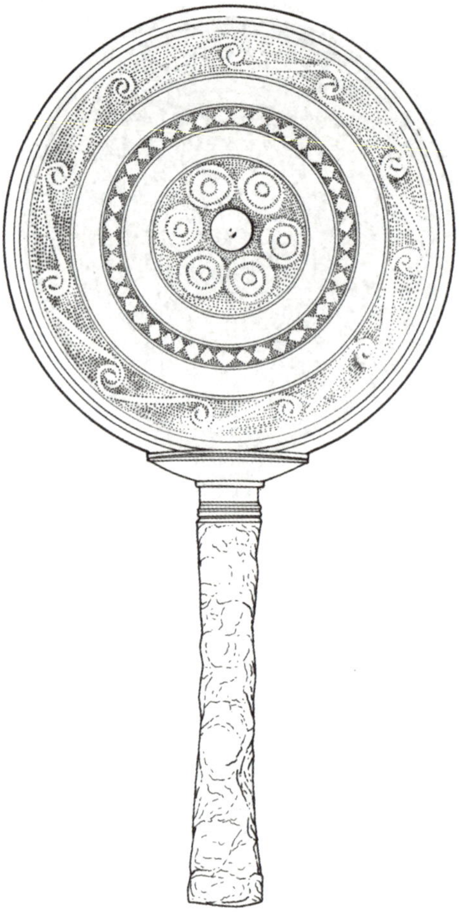

图一四 “法藏镜”镜背线图（钟雅莉绘）

本土艺术家的改造”[32]。继吕红亮之后，仝涛著文对三件铜镜的“装饰风格来源”进行了深入分析，他通过镜背纹饰结构样式、镜面弧凸、镜缘（截面）呈三角形斜棱状等形式特征及铜铁合造的技术特征等比较分析，认为三件铜镜在装饰纹样与工艺上皆与“滇文化”等中国西南地区青铜器物群之间呈强相关。仝涛还依据“镜背装饰具有统一的艺术风格和表现手法”，明确将三件西藏铜镜定义为“藏式有柄镜”[33]。

上述学者针对三件铜镜的分析研究，对于考订“牦牛镜”的年代和文化特征无疑都

32 吕红亮：《西藏带柄铜镜补论》，《藏学学刊》第 5 辑，2009：33-45；吕红亮：《西喜马拉雅早期青铜器初论》，《中国国家博物馆馆刊》2012（12）：49-58。

33 仝涛：《三枚藏式带柄铜镜的装饰风格来源问题》，《藏学学刊》第 6 辑，2010：137-148。

是目前最可靠的参照依据，或可换言之，“牦牛镜”的面世也为西藏早期铜镜研究提供了“第四件”标本。所以现在可以将“牦牛镜”与“曲贡镜”“德藏镜”“法藏镜”这四件标本进行综合观察比较，这将有助于增加对“藏式有柄镜”的进一步了解。

1. 镜身形制

四件铜镜镜身形制的共性是，皆为圆板形、镜面略向外弧、镜缘呈斜棱状（或称截面呈三角形）；镜背略为内凹，中央有一圆台状或圆丘状的突起，上面有一个小凹点（唯“德藏镜”镜背中央突起的周缘为“一圈沟槽”，且凹点稍大）。四件铜镜的镜身形制虽然相同，但镜径却差异较大，“曲贡镜”直径 9.4 厘米，为四件铜镜中最小者；“德藏镜”直径 12.2 厘米，为居中者；“法藏镜”与“牦牛镜”直径最大，分别为 14.3 和 14.4 厘米，若忽略测绘时的随机误差，则二镜可视为直径相同[34]。因此仅就镜径而言，足见西藏早期铜镜铸造模范应是多样化的，至于镜径的大小是否具有相对早晚的年代意义，还有待于更多的证据和考订。此外，根据本文表一的数据，“曲贡镜”与“法藏镜”虽然直径有别，但两镜铁柄长度（包括接头部分）与镜身直径之比却基本相同。这种镜柄长度略等于镜身直径的规制，很可能也是“藏式有柄镜”的形制特征之一。

表一　西藏四件有柄铜镜形制数据统计表（单位：厘米）

标本	镜径	镜厚	中凸	缘凸	镜柄接头	镜柄	通长
曲贡镜[35]	9.4	0.1-0.4	不详	高 0.3	宽 3.6、长 1.2	长 8.8	18.2
德藏镜[36]	12.2	0.25-?	厚 0.6	高 0.6	宽 3.7、长 2.1	不详	不详
法藏镜[37]	14.3	不详	不详	不详	宽 5.1、长 2.1	长 14.3	28.6
牦牛镜[38]	14.4	0.3-0.6	厚 0.7	高 0.6	宽 4.3、长 1.8	残长 0.9	不详

34 根据统计学原理，在考古类型学分析中，因测量者以及测量工具的不同，所获数据之间的微小差异属于因偶然因素导致的“随机误差”，这与“系统误差”“过失误差”不同，微小的“随机误差”可视为“相同”。

35《西藏拉萨市曲贡村石室墓发掘简报》称该镜“直径 9.3 厘米，……柄长 9.4 厘米、直径 1.4 厘米，……通长 18.4 厘米”，《拉萨曲贡》则称“镜通长 18.2 厘米，镜面直径 9.4 厘米，镜面厚 0.1 厘米 -0.4 厘米，柄长 8.8 厘米，柄直径 1.1 厘米 -1.3 厘米，柄壁厚 0.3 厘米”。二者略有出入，本文数据从《拉萨曲贡》。

36 N.G. 容格、V. 容格、H.G. 希特尔合著，朱欣民译：《西藏出土的铁器时代铜镜》，《西藏考古》第 1 辑，1994：189-199。

37 John Vincent Bellezza, *Tibetan Silver, Gold and Bronze Objects and the Aesthetics of Animals in the Era before Empire*, Oxford: BAR Publishing, 2020: 62, Fig. 4-6.

38 根据 2018 年 8 月 23 日笔者对该镜测量的记录。

2. 錾花工艺

錾花（Repoussage，源自法语 repoussé）工艺，是通过锤击錾刀在器物表面形成凸凹有别的线条或图案的一种金属表面变形工艺。錾花工艺在中国大致始于春秋，盛于战国时期，现在主要流行于西藏、云南、内蒙古、新疆等省区[39]。

本文所论四件铜镜的镜背装饰皆为錾花工艺制作，仔细观察纹样装饰带的边缘，可见有勾划装饰带外轮廓或划分纹样单元的细线（图一五），说明镜背纹样的制作当时应有预先设计的样本或拷贝。纹样制作是先用小錾刻出纹饰带的轮廓，再锤錾出装饰带或纹样单元的边界起始点，然后以錾点的二方连续为主，以点连线、以点成面地阴錾出各部位纹样的“底”，将未经錾刻的部位留白成“纹”，从而使阴錾的“底”和留白的“纹”因不同的反光效果形成深浅有别、亮暗相衬的色调。“曲贡镜”“牦牛镜”的动物与山峰图像则未使用“刻底留纹”的手法，而是完全采用平錾的“剪影式”造型（即阴刻图像），但錾点排列仍以二方连续为主，即重行的对齐而不重列的对齐，錾点大小形状与整个镜背纹样完全一致，这说明牦牛、对鸟等动物图像与多重环形装饰纹是同时制作的，而非后期添加而成。錾花是一种高水准的手工技艺，从工匠的个人技能到纹样图案的设计以及专用工具的制备，都表明当时存在一个技术水平高超、从业时间长久的专业人群，而这个流行“牦牛崇拜”的手工业人群，无疑也是“西藏本土艺术家”的代表之一。

3. 装饰纹样

先前的研究都注意到了几件铜镜装饰手法的风格共性，即装饰带的分布都是以镜背中突为圆心的“同心圆结构”，从外圈到内圈的纹样组合都是呈圆形或环形的连续结构。此外，纹样母题都是以勾连涡云纹（或称“卷云纹”“涡旋纹”）为主的曲线纹。笔者对四件铜镜的装饰纹样进行了比较仔细的观察，发现它们在共同的风格之下仍有一些明显区别：

第一，“曲贡镜”的装饰带是二重式结构，其他三件铜镜皆为三重式结构，表明“曲贡镜”与其他三件铜镜在纹饰带的结构上区别明显。

第二，“曲贡镜”与“牦牛镜”皆因有牦牛、山峰等图像组合，故二者在装饰意涵上最为接近，其间的纹饰结构差异显得次要。

第三，四件铜镜纹样的单元数似有某种规律（以“曲贡镜”“法藏镜”“牦牛镜”“德藏镜”为序）：凡外圈者皆为奇数如 7、11、13、21 ；中圈或正中的纹样单元则皆为偶

39 薛婷：《金属表面的游戏——錾花工艺》，《上海工艺美术》2011（4）：104-105。

图一五 “牦牛镜”镜背纹饰细部（沈云遥拍摄）

数，如中圈纹样单元数为16、22、42，正中纹样单元数为4、6、8、6，这表明纹样单元奇数或偶数的选择应不是随意而为。

第四，三重式纹样主题具有基本统一的“格套化”，即外圈皆为勾连涡云纹，中圈皆为菱形构成的“束辫纹”，正中皆为涡旋式的“星云纹”。但“德藏镜”和“法藏镜”则见有一些变化：“德藏镜”外圈纹样变成“勾连折线纹”；而“法藏镜”中圈的“束辫纹”则变成方菱形组成的“似联珠纹”，正中的涡旋星云纹变成圆圈纹。此外，“法藏镜”三重纹饰带的内外边皆有双细线弦纹。故可认为“法藏镜”在纹样上与其他三件铜镜区别最为明显。

根据上述观察，本文仅以镜背纹饰为据将四件铜镜分为三型：

Ⅰ型，“曲贡镜”。镜背装饰带为二重式，外圈为 7 个勾连星云纹组合，中心部位为 4 联星云纹的圆形组合，上、下部有对鸟、牦牛及山峰图像，镜背“留白”（素面）面积最大。

Ⅱ a 型，“牦牛镜”。镜背装饰带为三重式，外圈为 13 个勾连涡云纹组合，中圈为 16 个菱形组成环形的“束辫纹”，中心部位为 6 组涡旋星云纹的圆形组合，下部有牦牛及山峰图像，镜背留白面积较大，仅小于“曲贡镜”。

Ⅱ b 型，“德藏镜”。镜背装饰带为三重式，外圈为 21 个勾连折线纹组合[40]，中圈为 22 个菱形组成环形的“束辫纹”，中心部位为 8 组涡旋星云纹的圆形组合，镜背留白面积在四件铜镜中最小。

Ⅲ型，“法藏镜”。镜背装饰带为三重式，外圈为 11 个勾连涡云纹组合，中圈为 42 个方菱形组成的环形“似联珠纹”，中心部位为 6 个同心圆圈的环形组合，镜背留白面积略小于“牦牛镜”而大于“德藏镜”。

上述分型主要是依据纹样的异同程度，即“型”（及“亚型”）的划分仅是对镜背纹样在形式关联程度上的“定距”，在目前相关资料尚不充分的情况下，不能视为对铜镜形制、年代等关联程度上的“定距”。

40　N.G. 容格等汉译《西藏出土的铁器时代铜镜》称之为“锯齿状的钩形纹饰”，仝涛《三枚藏式带柄铜镜的装饰风格来源问题》认为此种纹样其实是“ Z 形折线首尾咬合在一起”，笔者赞同此说并认为该纹样式实为“勾连涡云纹”的变体。

表二　四件铜镜镜背纹样分型示意

型别	铜镜标本	
Ⅰ型	 曲贡镜	
Ⅱ型	 Ⅱ a 型 牦牛镜	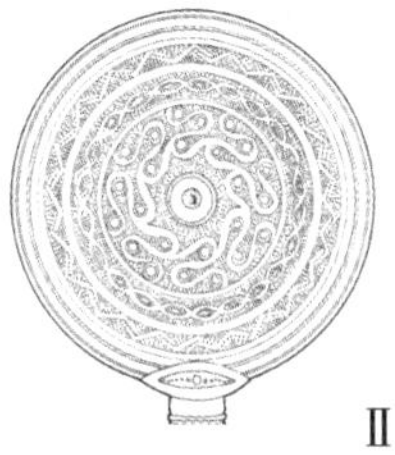 Ⅱ b 型 德藏镜
Ⅲ型	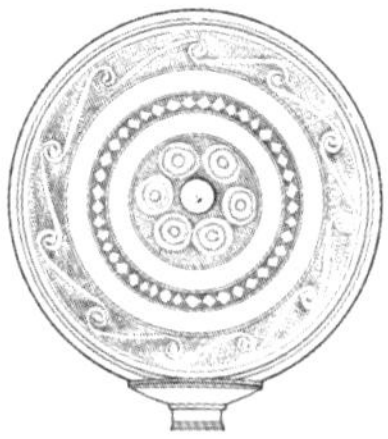 法藏镜	

图一六　“德藏镜”剖视图所见接头形态及铆钉位置
（采自 Namgyal G. Ronge, "*Thog-lčags* of Tibet", 1988: 408, Fig. 3）

4. 镜柄及接头

四件铜镜的镜、柄合体皆是通过 T 形接头将二者连接。根据笔者对“牦牛镜”的观察，推断其具体方法应是先将铁柄前端插入接头銎孔并固定为一体，再将镜身下缘嵌入接头前端的榫槽，凸棱状的镜缘正好能被榫槽咬合，之后以冷（热）冲压技术将二者固牢，或如“德藏镜”还在接头处用铆钉铆合（图一六）。从镜面、镜背两面均可见外弧的接头是紧紧地“咬住”镜身下端。这种装柄方式实际上经历了两次“合体”，第一次是将铁柄前端插入接头銎孔，难度不会太大；第二次是接头与镜身下缘的固合，难度明显较大，所以需要有铆合、冲压等技术介入。从技术上讲，如果先将接头与镜身合体，再将铁柄插入接头銎孔，此时很容易造成接头与镜身结合处的二次震动，因此只有先将铁柄与接头合为一体，才能保证镜身与镜柄一次就能固合成功。四件铜镜的镜柄接头形制都是前端宽、后端窄的T形，较宽的前端显然是为了与镜身下缘保持较大的接触面，从而能够在使用中支撑镜身的重量[41]。

根据公布的资料，“曲贡镜”的铁柄“是用人工冶炼铁锻打而成”[42]，而“法藏镜”的铁柄从绘图及照片看，锻打的痕迹也十分清楚[43]，说明当时可能已有铁器热煅技术。镜柄形态除“曲贡镜”为圆管状，其余三件铜镜根据接头銎孔的形状推断，其截面应与“曲贡镜”不同，其中“牦牛镜”的銎孔形状与“法藏镜”镜柄前端截面最为接近，即皆为扁平的实心镜柄。

5. 铜镜合金成份

四件铜镜中有三件曾经过实验室合金成份检测，结果皆显示为“高锡青铜”。“曲贡镜”经12次电镜扫描的综合数据显示，其铜、锡含量分别为57.57%、32.23%，检测者认为该镜“由于在埋藏环境中，腐蚀会造成铜镜表面铜的流失，而使锡含量相对增高，因此铜镜镜体的锡含量应当低于29%”，故肯定“铜镜是用高锡青铜铸成的。”[44]“德藏镜”经德国柏林拉特根实验室的检测结果显示，其铜、锡含量分别为63.11%、25.46%[45]。“牦牛镜”经四川大学考古实验室便携式X射线荧光光谱仪（pXRF）检测，其铜、锡含量分别为72.96%和25.19%[46]。所以可认定三件铜镜均为二元合金的高锡青铜，它们属于同一冶铸传统的合金类型。

---

41 参照《西藏出土的铁器时代铜镜》所述“德藏镜”镜身重235克，以“牦牛镜”的直径及镜身厚度推算，该镜镜身重量应不低于300克，故铁柄接头与镜身的连接，必需考虑到镜柄对镜身重量的支撑。

42 梅建军、韩汝玢：《曲贡遗址M204出铁柄铜镜的分析鉴定》，《拉萨曲贡》，1999：252，附录六。

43 参见John Vincent Bellezza, *Tibetan Silver, Gold and Bronze Objects and the Aesthetics of Animals in the Era before Empire*, 2020: 62, Fig. 4-6.

44 梅建军、韩汝玢：《曲贡遗址M204出土铁柄铜镜的分析鉴定》，《拉萨曲贡》，1999：252-253，附录六，表1。

45 N.G. 容格、V. 容格、H.G. 希特尔合著，朱欣民译：《西藏出土的铁器时代铜镜》，《西藏考古》第1辑，1994：195。

46 该数据转引自薛江：《西藏牦牛博物馆馆藏铁柄牦牛纹铜镜及相关问题》表一，《藏学学刊》第24辑，2021（1）：179。

李映福、哈比布对距今3000年左右的拉萨堆龙区嘎冲遗址青铜炼渣的电镜扫描结果进行了分析，认为当时拉萨河谷已出现了“冰铜冶炼工艺”，即“硫化矿—冰铜—铜”冶炼工艺，相较于“氧化矿—铜”的冶炼技术具有“更复杂、更先进”的性质[47]。而在嘎冲遗址采集的一件陶质炼炉鼓风管则说明，嘎冲村一带在西藏“早期金属时代”已有小规模的冶炼生产。由此可以推测，在距今3000年前后拉萨河谷专事冶炼铸造的人群，完全有可能在当地发展出以高锡青铜为标志的铜器制造业，因此以“曲贡镜”为代表的“藏式有柄镜”等青铜产品完全可能出自西藏本土冶铸手工业。

四、“藏式有柄镜”的技术渊源

“藏式有柄镜”的诸多特征显示出鲜明的地域特色，同时笔者亦赞同霍巍、仝涛等学者的主张，即“藏式有柄镜”与中国西南地区青铜文化之间有着相对更多的关联，在此还可强调两点。

第一，“藏式有柄镜”以T形接头连接镜柄与镜身的方式，与川、滇西部等西南山地出土的同类器物（带柄镜、“圆形牌饰”等）以及高原东部石棺墓出土物均有相似性。即镜身（或圆形牌饰）的下端都有一个前端外凸、略呈扇形的接头，接头的下端或为短柄或称“把手”，或有銎口可安装长柄。这类考古标本主要出土于四川西部的雅安地区、甘孜州及川西南的凉山州和云南西部的迪庆、大理、楚雄、德洪等州及滇池地区[48]。根据部分标本发表的线图（剖面图）分析，其装柄方式都是将镜身下缘嵌入接头的榫槽中，再以冲压或铆合技术使接头两面紧紧“咬住”镜身。在年代上，川、滇西部等西南山地的此类铜镜、铜牌大体都在春秋晚期至西汉早期之间，总体上要稍早于目前已知的“藏式有柄镜”，因此这种铜镜装柄技术在高原东部的西南山地与西藏高原的雅鲁藏布江流域之间，存在形制和技术相似、年代有相对早晚的关联性（图一七）。

第二，有学者对川、滇接壤的盐源盆地战国至西汉时期的40件青铜器进行过综合性的技术分析，认为盐源地区青铜器的合金成分十分复杂，包括有红铜、锡青铜、铅锡青铜、砷铜、砷锡青铜、含锑青铜等多种合金类型，“这充分表明盐源地区和云南西部

47 李映福、哈比布：《西藏堆龙德庆嘎冲村遗址冶炼遗物的发现与初步研究》，《藏学学刊》第10辑，2014：1-10。

48 郭富：《四川地区早期带柄铜镜的初步研究》，《四川文物》2013（6）：33-45。

图一七　川西地区出土的部分青铜带柄镜

1. 甘孜州康定县甲根乡石棺墓出土；2. 凉山州盐源县老龙头遗址采集品（C1170）；3、4. 甘孜州泸定县伞岗坪石棺墓出土

（图片出处：1. 玉树历史文化研究院甲央尼玛供图；2. 采自凉山彝族自治州博物馆、成都文物考古研究所编著：《老龙头墓地与盐源青铜器》，北京：文物出版社，2008：140；3、4. 采自郭富：《四川地区早期带柄铜镜的初步研究》，《四川文物》2013（6）：36，图二 8、11）

以及滇池地区在战国至西汉时期技术和文化贸易交流是非常广泛的。”[49] 而盐源青铜器工艺的技术特点之一，是体现了其以滇西青铜文化为标志的地域特色，即盛行以锡为主要合金成份的“高锡青铜”技术（与“藏式有柄镜”合金成分相同），且与北方草原文化和中原文化的青铜器工艺传统明显有别，因此主张“可以将整个西南地区的（青铜）制作工艺都称为西南夷青铜技术系统。”[50] 此前在西藏西部札达皮央墓地出土的双圆饼形剑首青铜短剑[51] 刊布之后，就有学者讨论过西藏西部与盐源盆地及滇文化中青铜短剑的形制关联和时空关联，这提示我们应当注意到，西藏早期青铜器与“西南夷青铜技术系统”的关联绝不只是某一类或几类器物的传播，而应是包括了青铜冶炼技术的传播。李映福指出“鼓风是金属冶炼的关键技术……具有明显的区域文化特点”，西藏“嘎冲遗址陶质鼓风管的形制与中原地区的鼓风管有明显的区别”，但与南亚、东南亚的早期鼓风管类似，而南亚青铜冶炼早在公元前 3000 年左右就已出现，所以嘎冲遗址的考古材料“反映出西藏高原早期青铜冶炼技术的形成，可能与南亚地区冶金技术的扩散有关。”[52] 李映福还根据对甘孜州炉霍吐蕃时期冶铁炼炉遗迹与南亚早期冶炼技术的比较分析，主张高原东部古代“竖井式”炉型和自然抽风技术都应是源于南亚地区，其技术的传播路线可能是由南亚北部进入西藏西部后传播到高原东部[53]。实际上，南亚或东南亚古代炼炉技术的传播，也完全可能经由横断山区南部的“西南夷”文化区，从高原的东南部传播到包括拉萨河谷在内的雅鲁藏布江中游流域，只是这种可能性还有待更多考古新材料的支撑。

五、余论

研究西藏早期铜镜似乎需要关注到两个背景，一个是大致成型于西藏“早期金属时代”的高原畜牧业及其文化。已有研究基本上都认同西藏早期有柄铜镜的出现是与中亚

49 崔剑峰、吴小红、周志清、江章华、刘弘、唐亮：《四川凉山州盐源县出土青铜器分析报告》，《南方民族考古》第六辑，北京：科学出版社，2010：221。

50 崔剑峰、吴小红、周志清、江章华、刘弘、唐亮：《四川凉山州盐源县出土青铜器分析报告》，《南方民族考古》第六辑，2010：217-234。

51 四川大学中国藏学研究所、四川大学考古学系、西藏自治区文物局：《西藏札达县皮央 · 东嘎遗址古墓群试掘简报》，《考古》2001（6）：14-31。

52 李映福、哈比布：《西藏堆龙德庆嘎冲村遗址冶炼遗物的发现与初步研究》，《藏学学刊》第 10 辑，2014：1-10。

53 李映福：《四川炉霍县呷拉宗吐蕃时期炼铁炉研究》，《四川大学学报》2014（1）：5-13。

等北方草原文化交流的结果，是“欧亚草原早期游牧文化影响下的产物”[54]。而“北方草原文化”的影响并不止于铜镜等金属器物，在西藏岩画中的动物风格、车辆图像等以及石丘墓、“大石遗迹”、黄金面饰、珠类饰品等诸多古代遗存中，都可观察到来自广袤北方地区早期游牧文化的种种元素，可以说西藏与“北方草原文化”的接触是与整个高原早期畜牧、游牧生业及其文化密切相关的，其中既包括畜种驯化、牧养方式、器具饰品等生产及生活方面的物质文化，同时也包括具有“萨满”性质的早期宗教信仰等精神文化。在接触地带上，中亚等“北方草原文化”与西藏高原的互动，可能主要是经由“内亚山地走廊”（Inner Asia Mountain Corridor）即阿尔泰—天山—帕米尔—喀喇昆仑—西喜马拉雅等山系最先出现在西藏西北部，由此发展出与北方草原地区畜种组合（马、羊为主）有别的、以牦牛为主要畜种的高原牧业。而畜牧业（尤其是游牧业）的出现，无疑是西藏史前时期一个重要的转折点，它开启了高原农、牧并行的“二元结构”生业模式，也开阔了西藏高原古代远距物资贸易和人群交往通行的资源视野和地理视野。早期金属器、贵重饰品、海贝、象牙等物品在西藏高原的出现，可以说大多源自早期游牧人群长期往返移动的生活与生产实践，在一定程度上说，这正是“高原丝路”形成的生业文化基础。

第二个背景是西藏铜镜等早期金属器所反映的地域文化差异。目前看来“藏式有柄镜”的定义不够准确，因为从西藏域内的考古材料看，西部象泉河流域的故如甲木、曲踏、桑达隆果、皮央东嘎等“早期金属时代”墓地都出土过有柄铜镜，其时代范围与“藏式有柄镜”也有部分重合[55]。但这些铜镜的形制样式明显与“藏式有柄镜”不同，其一是镜身形制较小，直径一般在 6 厘米以下；二是镜身、镜柄皆是一体铸造，且不见铁质镜柄者；三是绝大多数铜镜为短柄（仅桑达隆果墓地出有一件合体铸造的长柄镜），镜柄上多有用于穿系的小孔；四是尚未见镜背有装饰纹样或动物图像者。在总的形制特征上，西部象泉河流域的带柄镜与中亚和中国新疆地区以及南亚北部的带柄铜镜更为接近，其形制和技术渊源显然另当别论，所以“藏式有柄镜”不能概括西藏域内的全部或大部分有柄铜镜，目前也不能认定存在“西藏及周边地区发现的藏式带柄铜镜”。[56]

金属原料、冶铸技术、手工技艺人群应当是制造和加工有柄铜镜的基本条件，目前尚无证据表明“早期金属时代”的铜器制造业源于高海拔的牧业文化区，因此笔者主张雅鲁藏布江流域等较低海拔的河谷地区可能是西藏早期金属制造及加工业的主要发生

54 吕红亮：《西藏带柄铜镜补论》，《藏学学刊》第 5 辑，2009：44。

55 象泉河流域多处古代墓地的发掘仅有部分发表了考古简报，出土的带柄铜镜大多尚未正式刊布，故本文在此不引用相关图照。

56 薛江：《西藏牦牛博物馆馆藏铁柄牦牛纹铜镜及相关问题》，《藏学学刊》第 24 辑，2021（1）：174。

地。有关“曲贡镜”之外三件铜镜的发现之地，笔者曾留意过一些线索，如吴雨初馆长转述“牦牛镜”原藏者称该镜为“林芝一带出土”，“德藏镜”原藏者容格最早亦称该镜“发现于工布河谷”[57]，而他在同一篇文章中刊布的“法藏镜”原照片下，则注文称该“铁柄铜镜，据称发现于（雅鲁）藏布西部河谷”[58]。在汉译《西藏出土的铁器时代铜镜》一文中，容格还提到在高原东部的“囊谦（Nang chen）喇嘛庙中也珍藏过一面类似（即与‘德藏镜’类似——笔者注）的铜镜”[59]。这些线索现在虽难以验证查实，但提示了一种可能性，即四件铜镜的原存地或出土地点大致皆可划定在雅鲁藏布江及其支流流域的西藏南部。如果仅就“藏式有柄镜”和“皮央格林塘 M6 青铜短剑”这些青铜器物而言，我们可以发现西藏“早期金属时代”牧业文化的两个主要互动方向，一个是中亚等地的“北方草原文化”，另一个是高原东部的“西南夷青铜技术系统”，这两个方向的文化或技术传统在高原的碰撞，对于西藏南部河谷地区发展出具有高原特色的早期金属器手工业，无疑是一个强有力的推动。2000 多年前的“曲贡镜”，3000 年前的堆龙区嘎冲村冶铜遗址，3500-3700 年前曲贡早期遗存中的铜锡合金箭镞[60]，它们先后都出现在雅鲁藏布江中游的拉萨河谷，应当不是一种巧合。进一步说，雅鲁藏布江中游河谷地区之所以成为吐蕃地方政权与文化的发轫之地，可能正是基于在“早期金属时代”就业已形成的、具有发达的农牧产业和金属器等手工业的地域性文化优势，从而能凝聚起强大的社会集团力量。如此，对西藏“早期金属时代”及早期金属器的研究，似乎应对早期“高原丝路”与“南方丝路”的文化联动有更多关注。

附记：本文的完成受益于吴雨初先生、霍巍教授、夏吾卡先教授、穷达教授、沈云遥先生、钟雅莉女士、庞颖副教授等学界友人的支持与帮助，谨致谢忱！

◆ 李永宪　西藏大学引进高层次人才、教授；四川大学中国藏学研究所教授

57 1994 年发表的汉译《西藏出土的铁器时代铜镜》一文中，容格称“该镜（即“德藏镜”）发现于拉萨南面的格桑坡河谷”——笔者注：原文“ Gtsang po valley”应译为“雅鲁藏布江河谷”，参见《西藏考古》第 1 辑第 193 页。但容格 1985 年发表的英文文章中，称该镜发现于尼洋河流域的“工布地区”，见 Namgyal G. Ronge, "*Thog lćags* of Tibet." In *Proceedings of the 4th Seminar of the International Association for Tibetan Studies, Schloss Hohenkamer*, *Munich*, 1985. München: Kommission für zentralasiatische Stueien, 1988: 408, Fig. 4.

58 Namgyal G. Ronge, "*Thog lćags* of Tibet." 1988: 409, Pl. 1.

59 N.G. 容格、V. 容格、H.G. 希特尔合著，朱欣民译：《西藏出土的铁器时代铜镜》，《西藏考古》第 1 辑，1994：193，汉文将 Nang chen 译为“朗成”，不确。

60 孙淑云、梅建军：《曲贡遗址出土铜镞鉴定报告》，《拉萨曲贡》，1999：251，附录五。

西藏阿里地区早期铁器与冶铁技术：卡基墓地出土冶金相关遗物研究 *

李玉牛　孙天强　张梦逸　李帅　杨锋

内容摘要：本文以皮央东嘎遗址卡基墓地出土的铁器和炼渣为研究对象，通过金相和化学成分分析，认为西藏阿里地区在公元 3 世纪左右可能存在块炼铁冶炼技术。该地区的铁器和冶铁技术应属于“西北系统”，其来源可能与“高原丝绸之路”的兴起密切相关。

引言

现有研究表明，西藏地区高原腹心地带的曲贡遗址先民在距今约四千年前已经开始步入青铜时代。距今 2500 至 2000 年，约相当于中原地区的战国秦汉之际，铁器可能已经传入西藏高原，铜铁合制器开始流行，但冶金技术在西藏各地的发展并不平衡。霍巍认为，该时期的诸多墓地中均出土有铁器，表明早期铁器在西藏的分布地域已经十分广阔，藏西高原和藏南谷地的人们已经学会利用或者使用铁器制作兵器或装饰品。铁兵器

* 本文系国家自然科学基金外国学者研究基金项目 "Study on the Ancient Iron Smelting Slags Excavated from Southwest China"（T2350410495）阶段性研究成果。

中具有消耗性的铁镞的大量发现，证明当时铁的产量也达到了一定水平[1]。

目前，西藏地区金属器的研究多集中于金银器和青铜器的考古学文化特征，如霍巍、吕红亮、仝涛等对西藏出土的黄金制品和青铜器等的源流与文化属性进行了探讨[2]。随着科技考古的兴起，韩汝玢、孙淑云、梅建军等分析了曲贡遗址出土的铁柄铜镜和铜镞[3]，认为大约在距今4000年前后西藏高原已迈入青铜时代，且青铜冶铸业已有一定的规模[4]。李映福和哈比布等对嘎冲遗址冶炼遗物进行了科技分析，认为西藏高原至迟在距今3000年左右已经形成了相对成熟的青铜冶炼技术[5]。王颖琛分析了故如甲木墓地（公元3至5世纪）出土的6件铜器和2件铁器，结果表明铜器有红铜和高锡青铜两类，并在热锻加工后经过淬火处理，铁器则是利用亚共析钢锻打而成[6]。曹昆、长孙樱子等分析了札达县格布赛鲁墓地（距今约3600至3000年）出土的15件铜器，认为铜器有纯铜和砷铜两类，工艺以锻造为主、铸造为辅，其物料来源与西藏本地铜矿石密切相关，也与尼泊尔萨姆宗（Sam Dzong）墓地出土铜器有相似的物料来源[7]。此外，还有针对西藏地区铜佛像和钱币的科技分析与综合研究[8]。

---

1 霍巍：《试论西藏发现的早期金属器和早期金属时代》，《考古学报》2013（4）：327-350。

2 霍巍：《西藏曲贡村石室墓出土的带柄铜镜及其相关问题初探》，《考古》1994（3）：650-661；霍巍：《再论西藏带柄铜镜的有关问题》，《考古》1997（11）：61-69；陈波：《公元10世纪前西藏的黄金、黄金制品及相关问题研究》，《中国藏学》2000（2）：63-75；霍巍：《西藏新出土的早期黄金制品及其相关问题初探》，《西藏研究》2001（4）：55-62；霍巍：《吐蕃系统金银器研究》，《考古学报》2009（1）：89-128；吕红亮：《西喜马拉雅早期青铜器初论》，《中国国家博物馆馆刊》2012（12）：49-58；霍巍：《试论西藏发现的早期金属器和早期金属时代》，《考古学报》2013（4）：327-350；仝涛、李林辉：《欧亚视野内的喜马拉雅黄金面具》，《考古》2015（2）：92-102。

3 孙淑云、梅建军：《曲贡遗址出土铜镞鉴定报告》；梅建军、韩汝玢：《曲贡遗址M204出土铁柄铜镜的分析鉴定》，均载于中国社会科学院考古研究所、西藏自治区文物局：《拉萨曲贡》，北京：中国大百科全书出版社，1999：251，252-254。

4 《拉萨曲贡》，1999：228。

5 李映福、哈比布：《西藏堆龙德庆县嘎冲村遗址冶炼遗物的发现与初步研究》，《藏学学刊》第10辑，2014：10-19。

6 中国社会科学院考古研究所、西藏自治区文物保护研究所：《西藏阿里地区噶尔县故如甲木墓地2012年发掘报告》，《考古学报》2014（4）：563-587。

7 K. Cao, Y. Z. Zhangsun, Y. H. Xian, C. Yu, W. Shargan, "The Earliest Metal in Western Tibet: Evidence from the Gepa Serul Cemetery." *Archaeometry* 64 (6), 2022: 1451-1464.

8 李涛、毛振伟、金普军、王昌燧：《西藏铜币的科技分析》，《中国钱币》2006（1）：42-44；W. A. Oddy, W. Zwalf, *Aspects of Tibetan Metallurgy*. London: British Museum Press, 1981. Ulrich von Schroeder, *Indo-Tibetan Bronzes*. Hong Kong: Visual Dharma Publications, 1981: 17-25, 34-45, 49-53. P. Nieuwenhuysen, F. Adams, "Elemental analysis of Himalayan metal statues." *Historical Metallurgy* 18(2), 1984: 105-108. A. F. Dubrovin, "Some possibilities of the Buddhist sculptures attribution by alloys recipes data." *Papers of the state museum of oriental arts*, 1986: 83-104. A. F. Dubrovin, "About the limits of natural and artificial contents of the main components in Buddhist sculpture alloys." *Bulletin of the Metals Museum* 13, 1988: 22-30. C. L. Reedy, *Himalayan Bronzes: technology, style, and choices*. Newark: University of Delaware Press, 1997: 78-87.

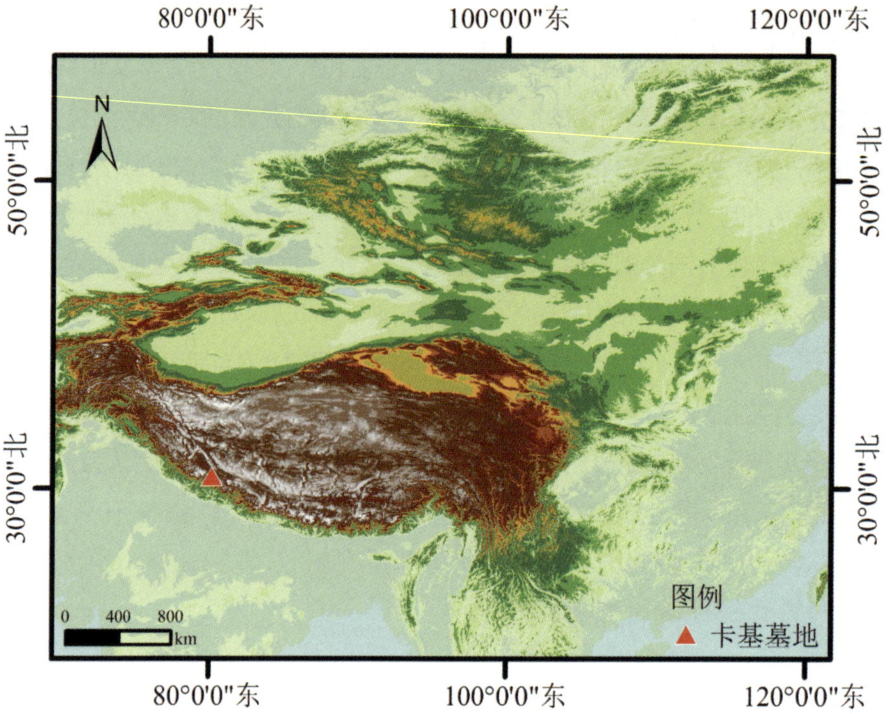

图一 卡基墓地位置图

相较于铜器，西藏地区早期铁器和冶铁技术的出现以及源流等问题尚未展开讨论，关于早期铁器的生产、使用和流通等问题的研究仍有较多空白。近年来，随着田野考古发掘工作的开展，西藏地区多处遗址出土早期铁器。如拉萨曲贡[9]、察秀塘[10]、皮央东嘎[11]、曲龙遗址琼隆地点[12]、故如甲木墓地[13]、曲踏墓地[14]等遗址均有铁器出土，这为研究西

9 中国社会科学院考古研究所、西藏自治区文物局：《拉萨曲贡》，1999。

10 西藏自治区文物局、四川大学考古系、陕西省考古研究所：《青藏铁路西藏段田野考古报告》，北京：科学出版社，2005。

11 四川大学中国藏学研究所、四川大学历史文化学院考古学系、西藏自治区文物事业管理局：《皮央·东嘎遗址考古报告》，成都：四川人民出版社，2008。

12 陕西省考古研究院、西藏自治区文物局、阿里地区文物局、西藏自治区文物保护研究所、西北大学文化遗产学院、札达县文物局：《西藏阿里札达县曲龙遗址琼隆地点 2018 年度考古发掘简报》，《考古与文物》2019（6）：51-65。

13 中国社会科学院考古研究所、西藏自治区文物保护研究所：《西藏阿里地区噶尔县故如甲木墓地 2012 年发掘报告》，《考古学报》2014（4）：563-587。

14 中国社会科学院考古研究所、西藏自治区文物保护研究所、阿里地区文物局、札达县文物局：《西藏阿里地区故如甲木墓地和曲踏墓地》，《考古》2015（7）：29-50。

藏地区早期铁器起源和冶铁技术等问题提供了重要材料。本文将对皮央东嘎遗址群卡基墓地出土的铁器和炼渣进行冶金考古学研究，尝试探讨西藏高原早期冶铁技术特征与来源问题。

一、卡基墓地

皮央东嘎遗址群位于西藏阿里地区札达县东嘎村，是一处时代跨度大（公元前1千纪至公元16世纪）、遗存类型多样的综合性遗址群，区域内分布有墓葬、遗址、石窟、佛寺、岩画等多种古代遗存。该遗址群对认识和研究札达盆地乃至西藏西部不同时期的历史、人群、宗教和文化交流等具有十分重要的意义。皮央东嘎遗址群的发掘工作最早始于1999年，首次在格林塘、萨松塘和东嘎Ⅴ区三处墓地发现和清理了一批土坑墓、洞室墓和石丘墓，揭开了该区域墓葬考古的序幕[15]。截止2018年，皮央东嘎区域已相继开展八次考古工作。2018年7月，四川大学考古文博学院联合阿里地区文物局和札达县文物局，对皮央东嘎区域内包括卡基墓地在内的多处遗址点进行了考古发掘。

卡基墓地位于西藏阿里地区札达县东嘎村皮央自然村（图一），系当地修建房屋和公路过程中暴露。该墓地位于皮央石窟觉莫窟山脚下的缓坡地带，墓地前面为东嘎河北岸平坦开阔的二级台地。2018年度清理了3座开凿于砂岩之中的墓葬。这3座墓葬呈东西向排列，均为带竖穴墓道的洞室墓，编号为2018ZPKM1-M3。2018ZPKM1墓室平面近圆角方形，出土有陶器、砺石、木纺织工具、铜器、草编器各1件，铁刀2件，铁盘和铁三齿耙各1件，另出土有牛、羊骨骼等。2018ZPKM2大部分已被破坏，残存墓室平面呈圆角长方形，出土器物包括陶器、铁镞和铜器各1件，及少量动物骨骼。2018ZPKM3墓室平面呈不规则形，出土器物包括铁环2件，木纺织工具2件，毛织物1件，竹器1件，料珠2件，炼渣和动物骨骼若干[16]。

二、年代

卡基墓地出土的部分器物，如带流圜底罐、圈足杯、双耳深腹罐、铁盘、铁镞、

15　四川大学中国藏学研究所、四川大学考古学系、西藏自治区文物局：《西藏札达县皮央 · 东嘎遗址古墓群试掘简报》，《考古》2001（6）：14-31；四川大学中国藏学研究所、四川大学考古学系、西藏自治区文物局：《皮央 · 东嘎遗址考古报告》，成都：四川人民出版社，2001：189-231+255-259。

16　李帅、杨锋、王文波等：《西藏札达县皮央 · 东嘎果扎墓地和卡基墓地》，《考古》2022（12）：27-43+2。

镶铜木器等均见于邻近的故如甲木墓地[17]、曲踏墓地[18]以及印度北阿坎德邦库蒙马拉日（Malari）墓地[19]，推测它们的年代应当接近，整体在公元1-5世纪之间[20]。卡基墓地的两件碳十四样本测年数据结果分别为248-390 cal AD和236-386 cal AD（表一）。基于测年数据并与相关墓地进行比较，综合判断卡基墓地三座墓葬的年代应在公元2-3世纪，属于西藏考古学中“前吐蕃时代”或“早期金属时代”的遗存，应该与西藏古史以及藏文文献中所记载的“象雄时代”有关[21]。

表一　碳十四测年数据

实验室编号	墓号	C14测年结果	校正后年代	测年对象
Beta-511294	2018ZPKM1	1720 +/- 30 BP	248-390 cal AD（1702-1560 cal BP）	草编器
Beta-511295	2018ZPKM2	1740 +/- 30 BP	236-386 cal AD（1714-1564 cal BP）	骨头

三、铁器与炼渣的科技分析

卡基墓地共出土铁制品7件，包括铁盘1件，圆形，敞口，平底，锈蚀严重；铁刀2件，弧背、直刃，锈蚀严重；铁三齿耙1件，耙体呈山字形，三齿不等长，端部尖锐；铁环2件，圆环状，锈蚀严重；铁镞1件，双翼，圆铤，截面呈菱形，锈蚀严重。此外，2018ZPKM3墓室东侧区域出土一些炼渣，与之同出的还有不少石块、土块、骨头和草编器残件等[22]。本次实验采集的4件炼渣（实验室编号：SK0461、SK0465、SK0466、SK0467）均呈红褐色，较致密，有少量孔洞，表面粗糙，磁性极弱。炼渣SK0466包含有冶炼残余的木炭。根据与炼渣同出的石块、土块、骨头、草编器等遗物推测，炼渣很可能是有意放置。

17　中国社会科学院考古研究所、西藏自治区文物保护研究所：《西藏阿里地区噶尔县故如甲木墓地2012年发掘报告》，《考古学报》2014（4）：563-587。

18　中国社会科学院考古研究所、西藏自治区文物保护研究所、阿里地区文物局、札达县文物局：《西藏阿里地区故如甲木墓地和曲踏墓地》，《考古》2015（7）：563-587。

19　K. P. Nautiyal, B. M. Khanduri, "New cultural dimension in the central Himalayan region of uttarahand, An Archaeological Assessment." *Annali* 46 (Istituto Univeritario Orientale), 1988: 87-88, fig. 9.

20　吕红亮：《西喜马拉雅地区早期墓葬研究》，《考古学报》2015（1）：1-34。

21　霍巍：《吐蕃时代：考古新发现及其研究》，北京：科学出版社，2012：22-23。

22　李帅、杨锋、王文波等：《西藏札达县皮央·东嘎果扎墓地和卡基墓地》，《考古》2022（12）：27-43+2。

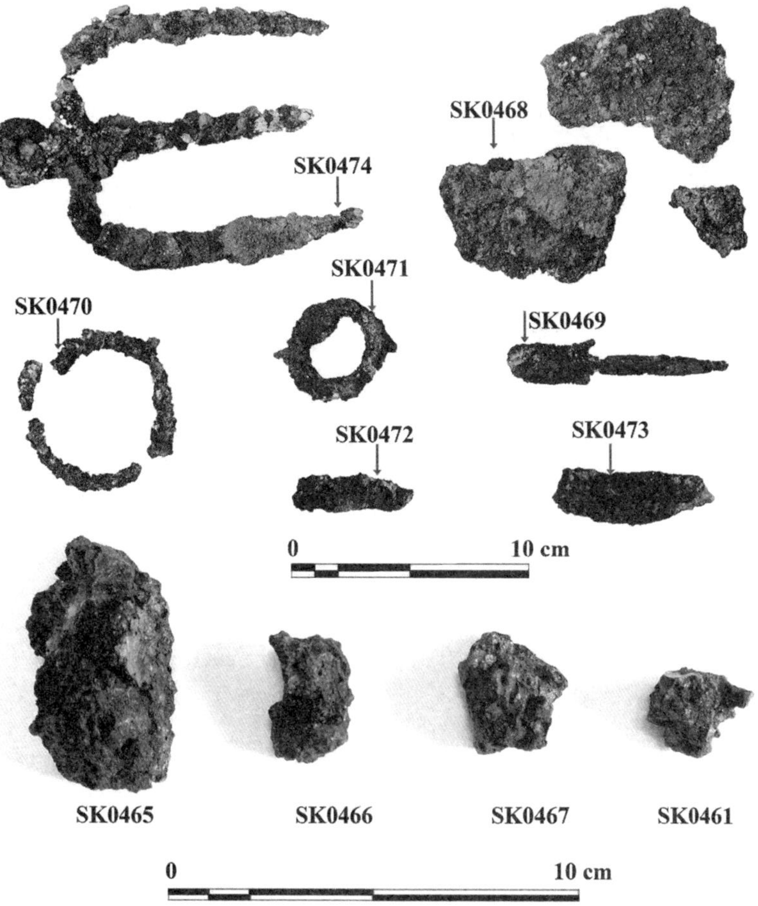

图二　卡基墓地出土铁器及炼渣取样位置示意图

为明确这批铁器和炼渣所代表的制作技术与冶炼工艺，在不影响出土铁器外形特征的前提下对 7 件铁器和 4 件炼渣进行取样（图二）。然后利用环氧树脂对样本进行包埋，并遵循金相分析的标准程序将其抛磨至不见划痕后在 Leica CM6000M 金相显微镜下进行金相组织观察并拍摄照片。然后使用金沙遗址博物馆 Zeiss Evo18 扫描电镜及 Oxford X-Max^{N}50MM^2 能谱仪搭配 AZtec 软件对样本进行无标样成分分析。分析所采用的加速电压为 20 千伏，工作距离设定为 10 毫米，能谱信号收集时间为 100 秒，结果以常见氧化物形式计算成分数据并进行归一化处理。

卡基墓地出土铁器由于保存较差，已经完全矿化无金属基体残留，无法从金相研究角度提供有价值的数据，四件炼渣样本则为研究冶金技术提供了有益信息。SK0461 基

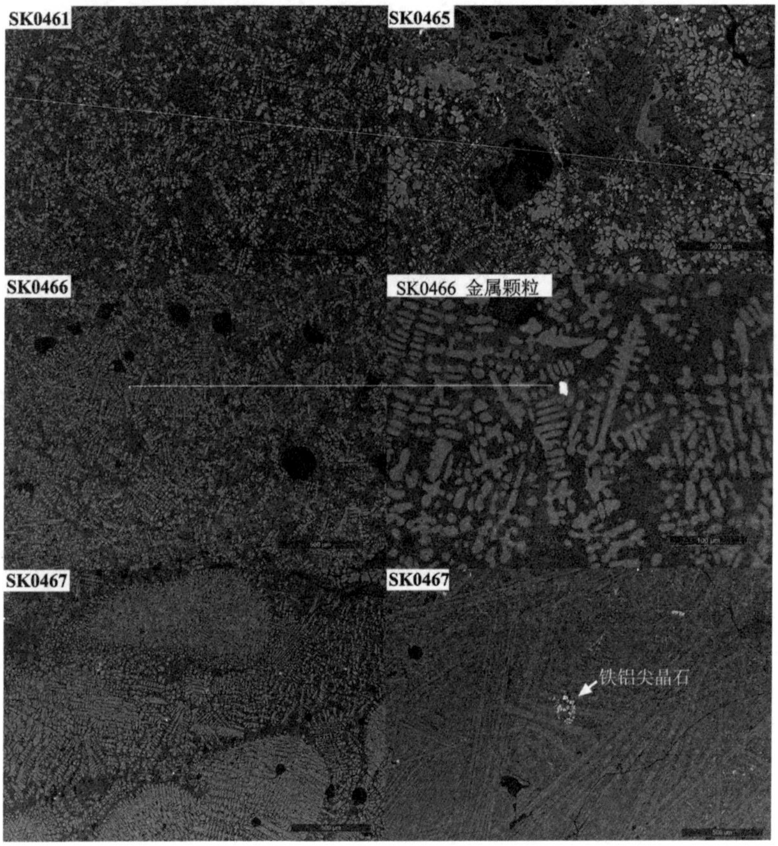

图三　SK0461、SK0465、SK0466 及 SK0467 金相组织图

体为玻璃质与枝晶状浮氏体组织，可见少量水滴状和不规则形状的金属颗粒。SK0465 和 SK0466 基体为玻璃质、铁橄榄石与浮氏体，可见少量水滴状和不规则形状金属颗粒。SK0467 以铁橄榄石和玻璃体为基体，并包含有大量枝晶状和团状浮氏体、少量铁铝尖晶石及圆形和不规则形金属颗粒（图三）。四件炼渣的化学成分以 FeO 和 SiO_2 为主，Al_2O_3 和 CaO 也是主要的氧化物，Na_2O、MgO、P_2O_5、SO_3、K_2O、MnO 和 TiO_2 的含量较少（表二）。炼渣中金属颗粒以铁颗粒和铁铜合金颗粒为主（表三）。

表二 炼渣基体平均成分 *

样本编号	Na_2O	MgO	Al_2O_3	SiO_2	P_2O_5	SO_3	K_2O	CaO	MnO	TiO_2	FeO
SK0461	-	1.0	4.6	21.5	-	-	1.5	10.1	-	-	61.4
SK0465	0.6	0.5	4.7	15.9	1.3	0.3	0.8	4.5	-	-	72.1
SK0466	-	1.5	6.6	26.4	-	-	2.0	7.1	0.2	0.2	55.6
SK0467	1.0	1.4	6.3	26.0	0.7	-	2.2	8.3	-	-	54.3

* “-” 表示低于检测范围，数值为多次面扫平均值。

表三 炼渣中金属颗粒成分 *

样本编号	S	Fe	Ni	Cu	As
SK0461	-	97.4	2.0	0.6	-
SK0465	-	99.6	-	0.15	0.25
SK0466	-	100	-	-	-
SK0467	-	5.6	0.2	93.3	0.9

* “-” 表示低于检测范围，数值为多次扫描平均值。

四、冶铁技术特征与来源

根据国内外冶金遗址炼渣研究案例可知，有色金属冶炼渣中往往含有有色金属的氧化物，如铜、铅、锌、锡等，而冶铁渣则几乎不含有色金属的氧化物。此外，炼渣中的金属颗粒也是判断炼渣属性的重要依据。冶铜渣中往往含有铜、铁或冰铜颗粒，冶铅和冶锡渣中可能出现铅和锡颗粒，冶铁渣中则含有铁颗粒[23]。虽然这 4 件炼渣所包含的金属颗粒有铁（SK0465 和 SK0466）或铁的合金颗粒（SK0461 和 SK0465），以及铜的合金颗粒（SK0467），但是样本的平均成分中没有检测到有色金属的氧化物（表二、表三）。因此，推测这 4 件炼渣应与冶铁活动相关。根据铁硅铝三元相图可知这批炼渣的熔融温度大约在 1150℃左右（图四）。在这一温度范围内，仅能对铁矿石进行固态还原。铁矿石液态还原炼渣熔融温度一般更高，可达 1400℃左右，如鲁山望城岗冶铁遗址、舞钢西

23 黄全胜、李延祥、陈建立、铁付德：《以炉渣分析为主揭示古代炼铁技术的研究与探索》，《中国国家博物馆馆刊》2016（11）：145-153。

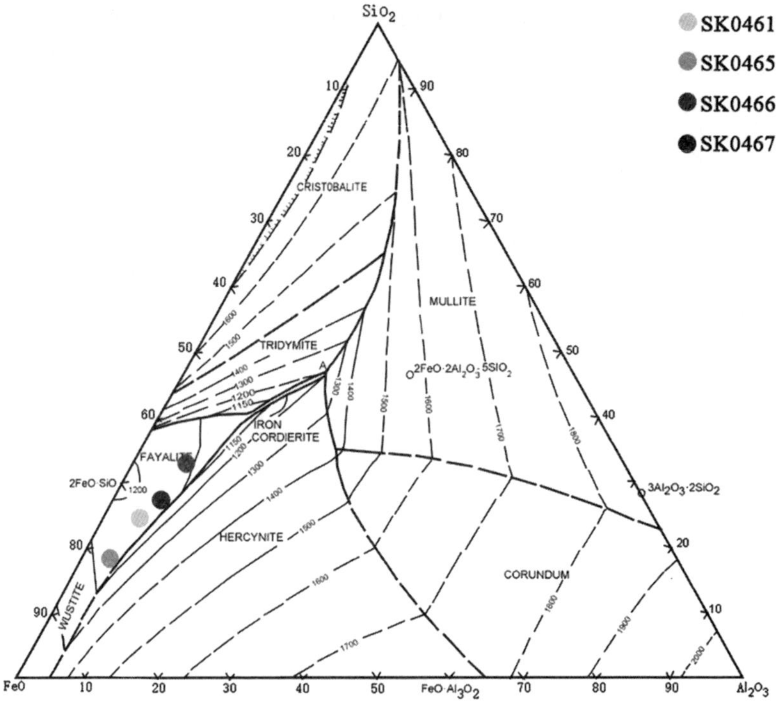

图四　炼渣在铁硅铝相图中的分布

平冶铁遗址、齐国故城冶铁遗址、临淄故城冶铁遗址、经济村冶铁遗址等生铁冶炼遗址所见冶铁渣。综合来看，卡基墓地出土炼渣很可能是使用块炼铁技术进行固态还原的冶炼遗物。

西藏是我国矿藏资源储藏最丰富的地区之一。铁矿石以磁铁矿为主，另有褐铁矿和菱铁矿等，矿石中多含锰、磷、硫等元素[24]。卡基墓地出土炼渣平均成分中的硫、磷元素以及 SK0467 中的硫化物有可能是来自冶炼所使用的矿石。此外，铁矿床常伴生有铜、镍、钴、铅、锌、砷等金属矿物。在冶炼过程中砷、铜等易被还原为元素而进入钢铁中[25]，如故如甲木墓地出土铁器的夹杂物中就含有砷元素[26]。卡基墓地出土炼渣中发现的合金颗粒也可能与使用的铁矿石中所含伴生矿有关。在中原等钢铁冶炼技术较为发达地

24　姚培慧：《中国铁矿志》，北京：冶金工业出版社，1996：660。

25　包燕平、冯捷：《钢铁冶金学教程》，北京：冶金工业出版社，2008：23。

26　中国社会科学院考古研究所、西藏自治区文物保护研究所：《西藏阿里地区噶尔县故如甲木墓地 2012 年发掘报告》，《考古学报》2014（4）：584。

区的冶铁遗址所见的铁矿石均是相对纯净的磁铁矿、赤铁矿或褐铁矿等，且几乎不见冶铁炼渣中含有铁的合金颗粒。目前，仅湖北发现的高硅低铁型炼渣中有硫磷铁颗粒，被认为是早期生铁冶炼的产物[27]。该遗址出土炼渣所展示出的这种特征或许是早期冶炼技术不成熟的一种反映。目前，西藏地区还没有发现炼炉等与冶炼活动直接相关的证据，炼渣作为冶炼遗物是冶炼活动发生的重要证据。卡基墓地出土的炼渣表明至迟在公元 3 世纪，西藏阿里地区的先民可能已经可以在苛刻的自然环境下开展冶炼活动。

西藏地区发现的早期铁器为了解该地区早期铁器与冶铁技术提供了直接证据。西藏地区发现年代最早的铁器是曲贡遗址出土的铁柄铜镜，年代可早至公元前 8 世纪。西藏地区早期铁器的大量出现则是在汉晋时期，如卡基墓地、故如甲木墓地、曲踏墓地等。这批铁器主要以兵器、装饰品、马具等为主，如剑、镞、刀、镳衔、带扣等，少见生活用具。另有少量合制器，如曲贡遗址出土的铁柄铜镜、查家沟墓地出土的铜铁“十”字形带扣、贡觉城北石棺墓和卡基墓地出土的木柄铁刀等。这些铁器的类型多有异于“中原系统”铁器，而更接近“西北系统”，即铁器类型以各种小型工具、装身具、兵器以及马具为主[28]。“西北系统”铁器的另一特征是其冶铁技术以块炼铁冶炼技术为主。根据本文的分析，西藏阿里地区可能至迟在公元 3 世纪出现块炼铁冶炼技术。西藏与西北地区相邻，自古便与周围地区有着密切联系，通过西域新疆一带至藏西阿里高原的“高原丝绸之路”至迟兴起于汉晋时期。从出土遗物看，铜器、金器和玉石器等与甘青和新疆地区关系密切，而漆器、丝绸等又与中原地区联系密切[29]。可见西藏西部地区在汉晋时期已经成为一个与西域新疆、中亚、南亚次大陆等地有着密切联系的区域性政治、文化、商贸中心，不仅可由当地“酋豪”所掌握的地方性资源（如黄金、羊毛、盐、香料等）和上述地区进行广泛交流与贸易，而且还可以推测这一区域已经和中原王朝建立起了某种朝贡关系，可以直接得到中原王朝的赏赐[30]。因此，该地区的铁器及冶铁技术很可能也是在“高原丝绸之路”兴起的背景下出现的。

---

27 李延祥、崔春鹏、李建西、陈树祥、龚长根：《大冶香炉山遗址采集炉渣初步研究》，《江汉考古》2015（2）：93-100。

28 白云翔：《先秦两汉铁器的考古学研究》，北京：科学出版社，2005：48。

29 霍巍：《试论西藏发现的早期金属器和早期金属时代》，《考古学报》2013（4）：327-350。

30 霍川、霍巍：《汉晋时期藏西“高原丝绸之路”的开通及其历史意义》，《西藏大学学报》2017（1）：52-57。

五、小结

本文通过对卡基墓地出土铁器、炼渣进行金相分析和化学成分分析，证明西藏阿里地区可能至迟于公元3世纪已经出现了块炼铁冶炼技术。西藏地区与西北地区在地理位置上相邻，至迟在汉晋时期就通过“高原丝绸之路”进行文化、贸易和技术等方面的交流。根据铁器类型特征以及卡基墓地出土炼渣的冶金考古分析结果，认为西藏地区早期铁器和冶铁技术类型应属于“西北系统”，即铁器类型以小件工具和装饰品为主，冶铁技术以块炼铁冶炼技术为特征。此外，根据冶铁技术类型、地理位置和区域间文化交流情况，推测西藏地区早期铁器与冶铁技术的出现可能与汉晋时期“高原丝绸之路”兴起与发展密切相关。

西藏地区早期铁器和冶铁技术的来源与发展是我国乃至整个欧亚地区冶金技术传播与发展的重要问题。限于材料，这一问题仍有较多的空白亟待填补。本文就西藏阿里地区卡基墓地出土的铁器和炼渣进行了科学分析与研究，虽有一定的局限性，但却初步指出了西藏地区早期铁器和冶铁技术的来源。如需进一步解决西藏地区铁器和冶铁技术来源和发展问题，需开展系统的冶铁遗址调查与研究工作，并针对铁器的来源与制作技术进行科学分析与研究。

◆ 李玉牛　四川大学考古科学中心副教授
孙天强　四川大学考古文博学院博士研究生
张梦逸　西北大学文化遗产学院副教授
李　帅　四川大学考古文博学院副教授
杨　锋　四川大学考古文博学院副教授

西藏山南扎基藏仲碑的调查与研究

夏吾卡先

内容摘要：西藏山南扎基藏仲是山南地区唯一保存有佛教后弘期早期碑刻之地，存有年代相近的两通碑。这两通碑对于了解西藏佛教后弘期早期佛教史、艺术史和民族文化交流具有重要的历史价值。文章以数次实地调查和相关历史资料为基础，结合历史文献，对藏仲碑 1、2 号碑刻文涉及佛教后弘期初期的教法重振、出家僧团和居家士首度共同经营该寺以及碑刻工艺的印度和中原影响等进行了研究。

藏仲碑位于西藏山南市扎囊县扎基（གྲ་ཕྱི）乡藏仲（གཙང་གྲོང）村，地处雅鲁藏布江南岸，东距扎基乡政府（原冲堆乃寺）约 1 公里，北距 101 省道 200 米（图一）。早年此地有南北两通石碑（为方便叙述，南北碑分别编为 1、2 号），现只有 2 号碑仍保存完整，1 号碑剩下三段残块。本文在数次实地调查的基础上，并赴大英图书馆查阅上世纪 30 年代英国人在西藏拍摄的老照片等历史档案资料，再结合前人的研究和相关藏文史籍记载，对藏仲村两通石碑的历史沿革、所涉史事、年代和相关议题进行讨论，不妥之处请专家给予批评指正。

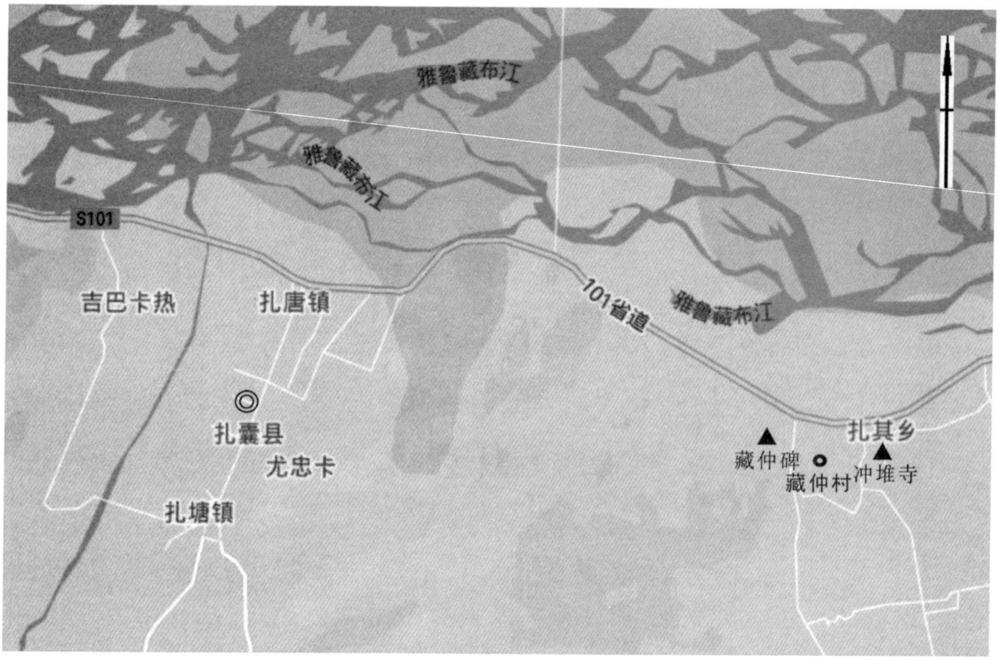

图一　藏仲碑位置示意图

一、藏仲碑的早年调查

据英国人黎吉生（H. E. Richardson）披露的消息，英国人查理斯·贝尔（Charles Bell）于1935年在藏地旅行考察途中拍摄了藏仲碑的照片（图二）。1985年，黎吉生借助收藏于英国印度事务部图书馆（India Office Library）的馆藏资料，在《早期吐蕃碑铭汇编》一书中首次向学术界介绍了这两通石碑，并刊发了两张图片[1]。黎吉生未亲临过现场，他介绍了两通石碑的形态特征，提供了目测尺寸，还录入了1号石碑南侧题记内容，同时也注意到了1号碑东侧刻有《缘起偈》，但未转录《缘起偈》刻文。

1999年，瑞士学者艾米·海勒（Amy Heller）在其著作《西藏艺术》中首次将藏仲1号碑的年代推定为公元9世纪[2]。2009年，日本学者岩尾一史（Kazushi IWAO）等人编著的《古藏文碑铭汇编》中辑录了武内绍人（Takeuchi Tsuguhito）于1999年对藏仲碑的实

1　Hugh E. Richardson, *A Corpus of Early Tibetan Inscriptions*, London: Royal Asiatic Society, 1985: 155.

2　Amy Heller, *Tibetan Art: Tracing the Development of Spiritual Ideals and Art in Tibet*, Milan: Jaca Book, 1999: 52.

图二　藏仲 1（右）、2 号碑（左），查理斯 · 贝尔摄于 1934 年
［大英博物馆藏照片档案，photo 112/5（426）］

地调查资料，首次将 1 号碑所剩第一、二块残段和 2 号碑的题记进行了较完整的转录[3]，但未对刻文内容进行释译。2011 年，巴桑旺堆在《吐蕃碑刻与摩崖石刻考证》一书中只收录了 1 号碑北面题记，石碑的年代推断为公元 11 世纪，但并未对 2 号碑进行介绍[4]。2018 年，在张建林等人编著的《西藏东部吐蕃佛教造像》一书中，将藏仲 1 号石碑的莲瓣图像与吐蕃时期的其他遗存进行了比较分析[5]。以上学者均未对藏仲 1、2 号碑的差异性给予关注，也未对碑刻的时代判定举出相应的佐证材料。另需要提及的是，早在 1948 年，十分关注西藏早期遗存的意大利藏学家图齐（Giuseppe Tucci）曾到访扎基冲堆寺，但未发现与之仅距 1 公里的两通石碑[6]。

另根据笔者的调查，查理斯 · 贝尔对藏仲碑刻调查的历史档案资料目前收藏于

3　Kazushi IWAO, Nathan HILL and Tsuguhito TAKEUCHI, *Old Tibetan Inscriptions*, Tokyo: ILCAA, Tokyo University of Foreign Studies, 2009: 50-52.

4　པ་ཚབ་པ་སངས་དབང་འདུས། སྤུ་རྒྱལ་བོད་ཀྱི་རྡོ་བརྐོས་ཡི་གེ་ཕྱོགས་བསྒྲིགས་ཀྱི་མ་ཡིག་དག་བཤེར་དང་དེའི་ཚིག་འགྲེལ་དྭངས་སང་གསལ་རྒྱ། ལྷ་ས། བོད་ལྗོངས་མི་དམངས་དཔེ་སྐྲུན་ཁང་། 2011: 231-232.

5　张建林等著：《西藏东部吐蕃佛教造像——芒康、察雅考古调查与研究报告》，北京：社会科学文献出版社，2018：180-181.

6　Giuseppe Tucci, *To Lhasa and Beyond, Diary of the Expedition to Tibet in the Year 1948*, Ithaca, New York: Snow Lion Publication, 1983: 192-193.

图三　藏仲 1 号碑，查理斯 · 贝尔摄于 1934 年
[大英博物馆藏照片档案，photo 112/5（428）]

英国国家图书馆视觉艺术中心。贝尔当年共拍摄有三张照片，照片编号分别为 Photo 1112/5(426)、(427)、(428) 号，每张都附有一份文字档案[7]。档案显示，贝尔在藏考察的时间为 1934 年，而非黎吉生文中所记的 1935 年，档案不仅载明两通石碑均有题记，2 号碑的龟趺坐也有记录，与黎吉生文中叙述不符。照片编号 Photo 1112/5(427) 为贝尔站立于 2 碑刻一侧，该照片足够清晰，可释读 1 号碑东侧《缘起偈》，黎吉生在《早期吐蕃碑铭汇编》中进行了刊布；照片编号 Photo 1112/5(428) 为 1 号碑刻碑刻单独照，也就是本文图三，黎吉生也已刊布；编号为 Photo 1112/5(426) 的照片为本文图二，属首次刊布。

7　查理斯 · 贝尔在西藏拍摄的部分图像资料收藏于牛津大学皮特里弗斯（Pitt Rivers）博物馆。

二、石碑现状的调查

1 号碑由于黎吉生的著作中有收录且作了重点介绍，故学界对其较熟悉。根据现有的图像资料和实地调查分析，它原本立于 2 号碑北侧，面向正南，碑身呈长方形，石碑正南上端凿刻一尊大日如来坐像，头戴三叶冠，双手结禅定印，斜披帛带，结跏趺坐于莲台上。造像下方原刻有 10 行文字，但当年露出地表的只有 5 行，而碑身东侧面刻有 13 行文字（图三、图七），现将刻文转录如下：

碑南侧下方刻文：

བདག་རོག་བཙུ་/ན་ཛྙ[8]་བཟོས་སྐོན་/མཆོག་གྱི་རྟེན་/པའི་རྗེན་དུ་ཤར་/ནུབ་གཉིས་སུ་ག…

译文：吾若吉娜艺匠，为佛依永久驻世，东西两侧…

碑东侧刻文：

ཡེ་དྷརྨ་/ཧེ་ཏུ་པྲ་/བྷ་བ་ཧེ་/ཏུནྟེ་/ཤེ་ས་ཏ་/ཐཱ་ག་ཏོ་/ཧྱ་བ་ད་ཏ།/ཏེ་ཤཙྪ་/ཡོ་ནི་རོ་/དྷ་ཨེ་ཝཾ་/བ་དཱི་མ་/ཧཱ་ཤྲ་མ་/ཎ།

该内容系《缘起偈》的藏文转写。

比较遗憾的是，此碑于 20 世纪 70 年代遭到毁损，现剩三段残块（图四），大小仅为原碑的四分之一。

第一段残块三面无损，正、背面残存有佛像头光、身光、禅定印手臂和跏趺坐腿部；一侧面保留有上下 5 行文字，残块高 0.54 米，宽 0.13-0.22 米（图五）。

侧面刻文：

ཆོས་ཀོར་ / དང་ཆོས་ / ཀོར་ལ་རྟེན་ / པ་རྣམས་ལ / གནོད་པ་བྱེ / ད་པ་…

译文：伤及法物和依靠法物之人…

第一段残块根据佛坐像位置，可知系原碑刻南侧左上角（图八①），侧面的刻文应为原碑西侧的刻文，碑的正、背面原都刻有佛像，其中一面即为图三中原来碑南侧的大日如来像。

第二段残块损毁不甚严重，一面上下共有 6 行刻文，每行仅剩 1 字；另一面上下共

8 这一字在黎吉生等著录中录入为“ཛྙ”，应为“ཛྙ”字。

图四　藏仲 1 号碑残块（作者拍摄）

北侧　　西侧　　南侧

图五　藏仲 1 号碑第 1 段残件三面拓片（作者拓片、拍摄）

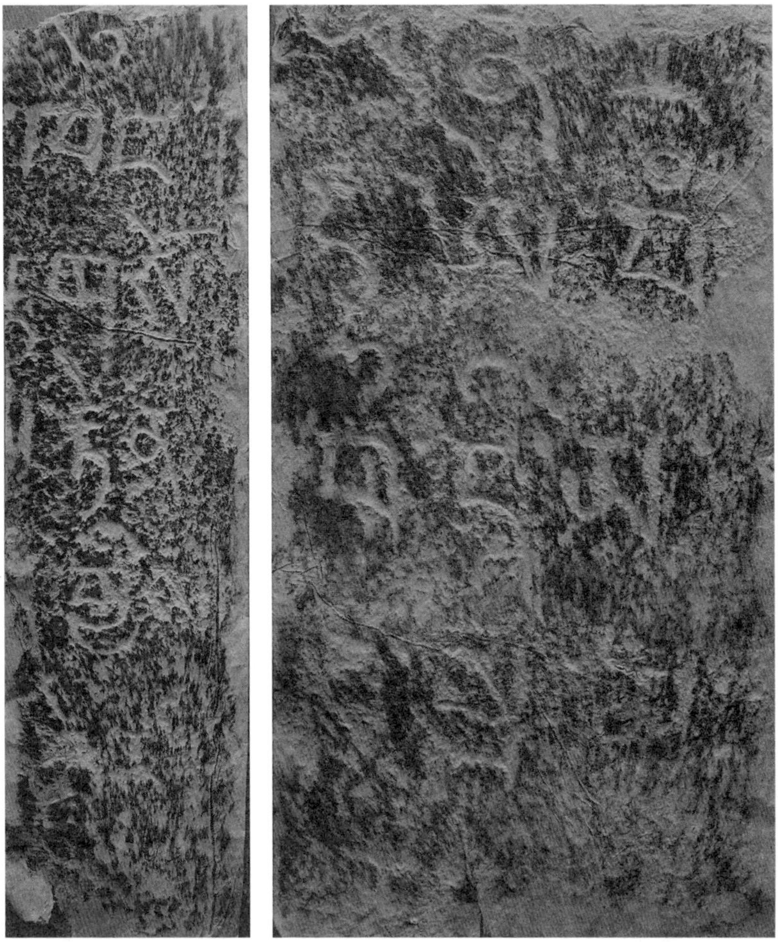

南侧　　　　　　　　　　　　东侧

图六　藏仲 1 号碑第 2 段残件两面拓片（作者拓片、拍摄）

有 5 行文字，残块高 0.6 米，宽 0. 16-0.24 米（图六）。

第一面刻文：

...◌ྱ /...ཁང་ /...གསོ་ /...རྟེན་ /...ཀྱིས /...ཆེར།

译文：房…修…依…的…大。

第一行仅剩下加字◌ྱ，应为原碑刻南侧下方文字的最后一行，其余的文字应是当时埋入地下的部分。

图七　藏仲1号碑第3段残件拓片（作者拓片、拍摄）

图八　藏仲1号碑复原图（作者绘制）

第二面刻文：

ཡེ་ནི་རོ / དྷ་ཨེ་ཝཾ་ / བ་དཱི་མ / ཧ་སྲ་མ / ཎ།

第二面为原碑刻《缘起偈》的后半段，根据照片编号 Photo 1112/5(427) 可知，应为原碑东侧未完全埋入地下的部分（图八②）。

第三段现被改造为柱状体，南侧居中位置处保留有上下 9 行字迹，现存刻文中找不到对应（图七）；而北侧全面打磨基本看不到刻文的痕迹，残块高 0.80 米，直径 0.22 米，残块应系碑刻下半部某处。

综合现存三段残块的图像和题记资料可知，1 号碑的四面应均有图文，这也印证了南侧题记所记“东西两侧……”的具体指向。从现存残件的图像与题记进行综合推算，原碑高度约 2 米，宽约 0.60 米，厚约 0.22-0.24 米（图八）。

2 号碑因黎吉生误认为是无字碑，故未予介绍，学界对之也了解甚少。该碑高 2.7

图九　藏仲 2 号碑及碑文拓片（Amy Heller 供图）

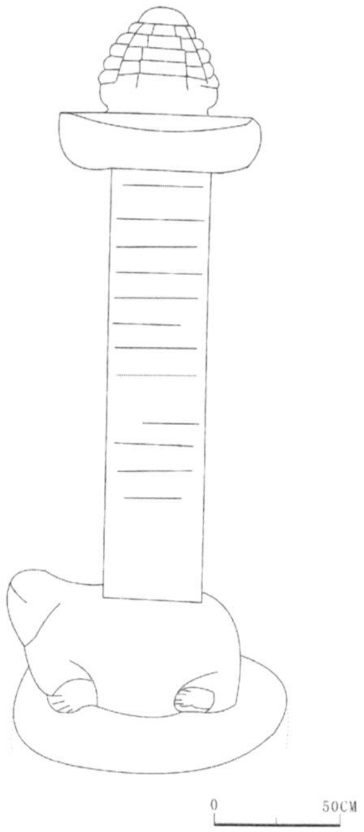

图一〇　藏仲 2 号碑线图（作者绘制）

米，由碑盖、碑身和碑座三部分构成，皆以榫卯结构连接。碑盖由塔形宝珠和碑帽构成，塔形宝珠由五层塔阶和覆钵状塔瓶组成，从上方俯视呈十字折角状，高 0.46 米，直径 0.43 米；碑帽平面呈长方形，四面呈坡状，向上略收，边缘为上翘状，高 0.3 米，东西长 0.57-0.73 米，南北宽 0.40-0.55 米不等；碑身呈近四方形，高 1.45 米，东西宽 0.37 米，南北宽 0.27 米，只有碑身北面刻有文字，字体系乌坚体，共 12 行，分上下两组；碑座龟趺东西向，高 0.38 米，长 0.89 米，宽 0.50 米，龟身有水泥修补痕迹。龟趺座下为圆形基座，由于基本埋入地下，未知其具体大小（图九、图一〇）。

碑北侧刻文：

ཀེ་འདུན་ཉམ / ས་ན་སྔགས་པས / བགྱི་འཚལ་ལོ། ། / སྔགས་པ་ཉམས་ / ན་ཡོན་དག་དང་ / པ་ཅན་གྱིས་ / བགྱི་འཚལ་ལོ། / གེར་ཅེས་བྲིས། / ༄། །རྡོ་མཁན་ / རྒྱ་གར་མི་ / ཧོག་གིས་ / བྱས་སོ།

译文：

僧伽衰弱之，居家士（密咒师）便继任。居家士亦衰弱，转由广大善信施主虔诚供养之。由盖泽书写，由石匠印度人美朵制。

刻文第 1-8 行记述了宗教香火传承之事，第 9-12 行记录了刻石工匠的信息。

2 号石碑根据拍摄视角和地理位置来看，1934 年以来基本没有大范围的移动。

三、碑刻的年代与相关问题

关于碑刻的年代，或可以通过以下线索蠡窥：

第一，藏仲 1、2 号碑的刻文内容虽不具备吐蕃时期的文法特征，但保留了 10-12 世纪的一些文法和用词特征。如在 1 号碑藏文题记中，ཨི 被拼写为 ཨྱི；佛教词汇“神”一词的藏文 དཀོན་མཆོག 被拼写成 རྐོན་མཆོག；“法物”一词的 ཆོས་དཀོར 被拼写为 ཆོས་ཀོར。在 2 号碑题记中，“僧侣”一词 དགེ་འདུན 被拼写为 ཀེ་འདུན；“施主”一词的 ཡོན་བདག 被拼写成 ཡོན་དག。1 号碑的刻文《缘起偈》藏文转写与山南博物馆藏公元 11 世纪文殊唐卡题记《缘起偈》相类似[9]，而与公元 13 世纪以来流行的藏文转写有出入[10]。

第二，藏仲碑以东 1 公里处有鲁梅 · 慈成西绕（ཀླུ་མེས་ཚུལ་ཁྲིམས་ཤེས་རབ）修建的冲堆乃

9 该唐卡背面有题记：ཡེ་དྷ་རྨ་ཧེ་ཏུ་པྲ་བྷ་ཝ་ཧེ་ཏུན་ཏེ་ཥཱན་ཏ་ཐཱ་ག་ཏོ་ཧྱ་ཝ་དཏ། ཏེ་ཥཱཉ་ཙ་ཡོ་ནི་རོ་དྷ་ཨེ་ཝཾ་བཱ་དཱི་མ་ཧཱ་ཤྲ་མ་ཎཿ

10 བཙུན་པ་བཟང་པོ། མདོ་རྒྱུད་ལས་བྱུང་བའི་གཟུངས་སྔགས་འགའ་ཞིག་བོད་སྐད་དུ་བསྒྱུར་བ། ཞོལ་པར་མ། 第 46 页，该木刻版中的《缘起偈》藏文转写如下：ཡེ་དྷརྨཱ་ཧེ་ཏུ་པྲ་བྷ་ཝ་ཧེ་ཏུནྟེ་ཥཱནྟ་ཐཱ་ག་ཏོ་ཧྱ་ཝ་དཏ། ཏེ་ཥཱཉྩ་ཡོ་ནི་རོ་དྷ་ཨེ་ཝཾ་ཝཱ་དཱི་མ་ཧཱ་ཤྲ་མ་ཎཿ། །

寺（ཚོང་འདུས་གནས），其时代为公元 11 世纪初，即后弘期初期。1921 年到访过此地的司徒 · 确吉加措（སི་ཏུ་ཆོས་ཀྱི་རྒྱ་མཚོ།1880-1924 年）在其《司徒古迹志》一书中，对寺庙所在地“冲堆措巴”（ཚོང་འདུས་ཚོགས་པ）和石碑所在地“冲堆角”（ཚོང་འདུས་ཧྲོག）分别做了介绍，并将“冲堆角”时代推定为吐蕃时期[11]。而据公元 13 世纪西藏山南籍著名学者炯丹如热（བཅོམ་ལྡན་རིག་རལ།1227-1305 年）的传记记载，当他 12 岁时曾在扎基乃萨（གྲྭ་ཕྱི་གནས་གསར）即“扎基新寺”学习般若等知识[12]。虽马修 · 阿克斯特（Matthew Akester）认为扎基乃萨是冲堆乃寺的新称谓[13]，笔者认为扎基乃萨一词从扎基旧寺衍生，也就是藏仲碑所在地与冲堆乃寺之间很可能存在新旧寺之异或从属关系。因此，藏仲碑刻所在地很可能是冲堆旧寺的所在地。

第三，2 号石碑题记的内容可能与公元 10 世纪末至 11 世纪初冲堆乃寺发生的重大历史事件有关。据 12 世纪的《底吾史记》和 13 世纪的《弟吴宗教源流》等史料记载，在鲁梅 · 慈成西绕创建冲堆乃寺不久后，西藏历史上便发生了著名的出家僧团和居家士团之间的争执事件。根据以上史料记载，冲堆乃寺在建寺之初，由僧团和居家士团共同经营，后不知何故，两个团体间发生了争执，逐渐演变为互相敌视，互相诅咒，冲突不断，寺庙创建人鲁梅最后也因此丢了性命[14]。石碑中出现的“僧团没落，由居家士继任”等内容或与寺庙创建初期僧团和居家士团共同经营寺庙的时代背景相关。另外，藏仲 1 号碑题记中有保护佛法遗存内容，2 号碑题记中要求注重香火传承且题记中有字句和文法的不规范现象，只有将石碑题记内容放于佛法重整的历史背景中和后弘初期鲁梅 · 慈成西绕生活的时代才合乎逻辑。

第四，1 号碑南侧上方的大日如来像，头戴三叶冠，斜披帛带，仰莲莲瓣圆润饱满、扁长，瓣尖短小，平铺于地且向两侧延伸，与受印度帕拉艺术影响的拉萨河谷协杰定噶摩崖石刻造像十分相似[15]。2 号石碑碑盖上的塔形宝珠，塔阶俯视图呈十字折角状，塔瓶呈覆钵状，类似的石雕塔在公元 11 世纪的杰拉康有所发现。而刻文中出现的印度籍石

11 སི་ཏུ་ཆོས་ཀྱི་རྒྱ་མཚོ། ཀ་ཐོག་སི་ཏུའི་དབུས་གཙང་གནས་ཡིག ལྷ་ས། བོད་ལྗོངས་བོད་ཡིག་དཔེ་རྙིང་དཔེ་སྐྲུན་ཁང་། 1999: 174.

12 དཔལ་མགོན་བཟང་པོ། བཅོམ་ལྡན་པའི་རྣམ་ཐར། ཇོག་པོ་ཚཱ་བ་དང་དགེ་བཤེས་སྟོད་ལུང་པ་སོགས་ཀྱི་མཛད་རྣམ། ལྷ་ས། སེར་གཙུག་ནང་བསྟན་དཔེ་རྙིང་འཚོལ་བསྡུ་ཕྱོགས་སྒྲིག་ཁང་ནས་བསྒྲིགས། 第 157 页。

13 Matthew Akester, *Jamyang Khyentse Wangpo's Guide to Central Tibet*, Chicago: Serindia Publications, 2016: 286, note 78.

14 ཉེའུ་ཛོ་སྨྲས། ཆོས་འབྱུང་ཆེན་མོ་བསྟན་པའི་རྒྱལ་མཚན། ལྷ་ས། བོད་ལྗོངས་མི་དམངས་དཔེ་སྐྲུན་ཁང་། 1987: 156-158. མཁས་པ་ལྡེའུ། རྒྱ་བོད་ཀྱི་ཆོས་འབྱུང་རྒྱས་པ། ལྷ་ས། བོད་ལྗོངས་ཡིག་རྙིང་དཔེ་སྐྲུན་ཁང་། 1987: 393-394.

15 罗布扎西、夏格旺堆：《西藏拉萨市协村杰丁噶摩崖石刻造像群调查简报》，《西藏文物考古研究》第 4 辑，北京：科学出版社，2022：54-75。

匠美朵，在 11 世纪格西堆龙巴的传记中有载述，即他在拉萨堆龙修建灵塔时从印度邀请了四位师徒工匠，而其中的一位徒弟匠人就是麦多（མེ་ཏོ）[16]，其在正字法上与美朵（མེ་ཏོག）的拼写略有出入，但发音相同，应是同一人。

第五，从碑体的形制看，藏仲 2 号碑碑座和碑身延续了吐蕃时期的立碑传统，再结合同期西藏腹心区域杰拉康等地也能够发现相似的碑刻来看，黎吉生所强调的青藏高原东部来的鲁梅 · 慈成西绕等佛教戒律传播者“卫藏六人”把立碑视作“恢复吐蕃时期传统”的一种尝试也有其一定的道理[17]。龟趺座立碑本是源自中原的传统，自吐蕃时期借用以来，藏仲 2 号碑算是最后一处实例，此后类似的立碑传统渐趋消失，直至明清时期这一立碑传统才再次传入西藏。

附记：

本文的拓片工作得到了李永宪教授的现场指导帮助，深表谢忱！

◆ 夏吾卡先　西藏大学中华民族共同体研究院研究员

16 དགེ་བའི་བཤེས་གཉེན་སྟོད་ལུངས་པ་ཆེན་པོའི་རྣམ་ཐར། ཇོག་ལོ་ཙཱ་བ་དང་དགེ་བཤེས་སྟོད་ལུང་པ་སོགས་ཀྱི་མཛད་རྣམ། ལྷ་ས། སེར་གཙུག་ནང་བསྟན་དཔེ་རྙིང་འཚོལ་བསྡུ་ཕྱོགས་སྒྲིག་ཁང་ནས་བསྒྲིགས། 第 29 页。

17 H. E. Richardson, "A Tibetan Inscription from Rgyal Lha-khang; and a Note on Tibetan Chronology from A.D.841 to A.D.1042." *Journal of the Royal Asiatic Society*, Parts 1&2, 1957: 57-78.

西藏西部新发现《吐蕃铁券文书》译注

阿贵　索南才旦

内容摘要： 近来西藏阿里一带发现民间传抄《吐蕃铁券文书》一份，内容涉及吐蕃赞普墀松德赞为其家臣结辛·赤旺觉布支拉珂家族授予的敕文，以及该敕文在后期家族中的传承情况。虽敕文提及吐蕃赞普达日聂斯、囊日松赞、松赞干布及墀松德赞等历史人物及其相关事迹，但这些事迹未见于其他史料，不便随意揣测。为利学界，文章对这份文书进行转录与译注，以期为吐蕃史补充研究资料。

2018 年底，达瓦教授通过手机微信发来了两张图片，是一份早期《铁券文书》的截图，本文称之为《吐蕃铁券文书》（下文简称《文书》）。第 1 张图片中共有文字 69 行，每行约有 10 个字，约计 690 余字，由于图片清晰度不高，前面的第 1-26 行和后面第 58-69 行的字迹模糊，难以全部辨认；第 2 张图片为第 1 张图片之第 27-57 行的内容，图片清晰，基本上可以认读全部内容。笔者当时推断，《文书》为吐蕃赞普墀松德赞时期（8 世纪）授予“结辛”家族的一份敕文的副本。这两张图片为《文书》的第 1 页，长宽不明，不见文末印章，似乎不全。

早在 2018 年 10 月，夏格旺堆曾在“第七届西藏考古与艺术国际学术研讨会”上介

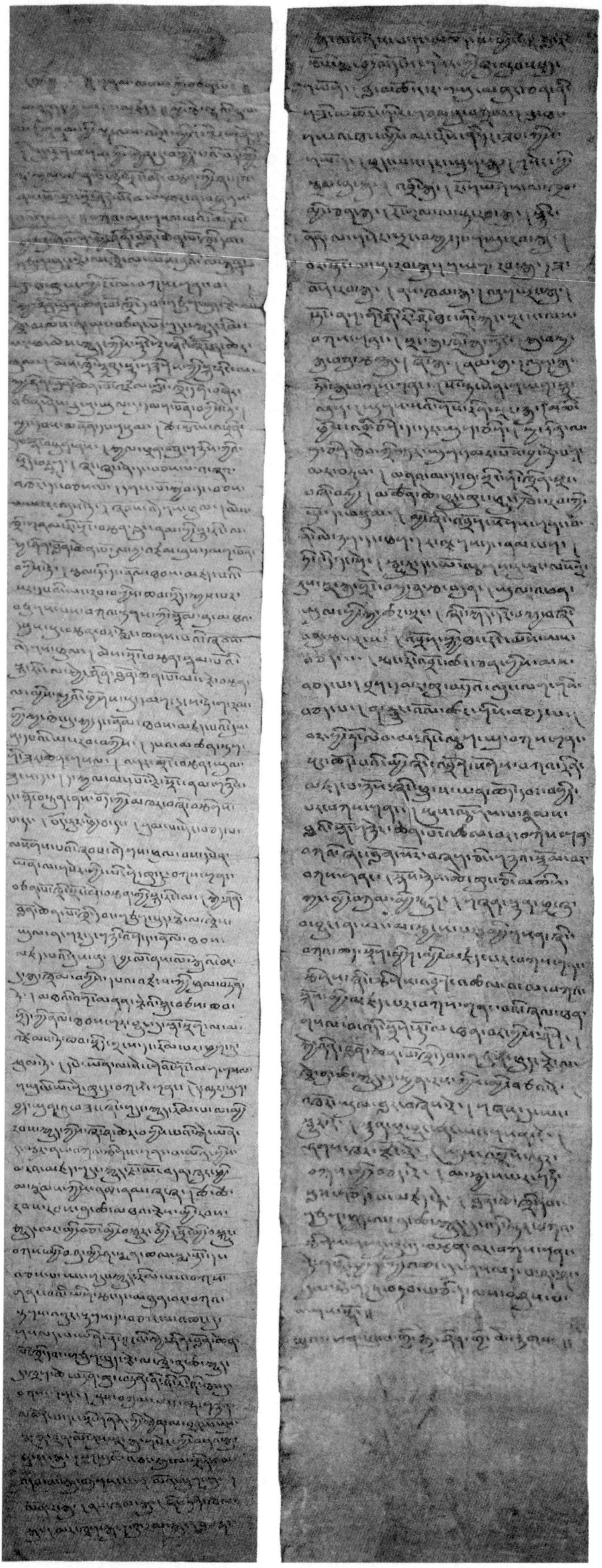

图一　吐蕃铁券文书（伍金加参供图）

绍过这件《文书》，称其为《西藏札达县琼隆遗址发现的吐蕃历史文书》[1]。2019年，完秀·华科加发表了题为《西藏阿里发现公元8世纪建立的扎东寺石碑内容抄写本》一文，后附有原图[2]。完秀·华科加根据《五部遗教》等史料，认为该文书为公元8世纪墀松德赞为结辛家族颁布，并刻于卓旭扎东寺石碑的一份敕文抄写本。后有人在网络上发布《文书》全文内容，取名《据说一琼隆银堡之僧人所提供的盟书文副本》，知其有124行[3]。

2019年底，伍金加参博士向笔者提供了完整的《文书》图片共2张（图一），笔者由此得以阅览该《文书》之全貌，并对有关吐蕃史部分进行了初步解读，以《一份新近发现的吐蕃铁券文书解读》和《授予西部西藏颉辛家族的敕书：与西藏吐蕃碑文的对比》为题，先后发表于《中国藏学》藏文版和英文版[4]。前文介绍了这件新发现的吐蕃《铁券文书》，并对其进行了尝试性解读，后文主要将该文书与吐蕃碑文进行了对比研究。笔者认为，该文书虽源自吐蕃时期，但在后期抄录过程中有新的内容补录。2021年，雅荣·普布伦珠整理出版了一部《阿里曲龙寺藏珍贵古藏文写本影印录文本》，共收录藏文古籍残卷22件，其中第二件为本文所研究之《文书》，名曰《墀松德赞之敕文古籍》，公布了文书的照片并进行了全文转录[5]。针对目前学界虽有图片公布，且有几种不同版本的文书全文转录，然至今未有汉译本的情况，本文拟对这一文书进行全文转录，并进行译注，以期能对这一重要文书有个全面的了解，为进一步的研究奠定基础。

一、解题

《文书》共有124行，1200余字，是研究吐蕃历史、后弘期西藏西部历史的重要史料。文书内容大体可以分为两部分：第1-60行为第一部分，是墀松德赞在毗瓦城（བི་བ་

1　夏格旺堆：《西藏札达县琼隆遗址发现的吐蕃历史文书》，《“第七届西藏考古与艺术国际学术研讨会”会议手册/论文摘要》，2018年10月19-21日。张长虹、鲍楠：《新时代的西藏考古与艺术研究——第七届西藏考古与艺术国际学术讨论会述评》，《藏学学刊》第22辑，2020（1）：5。

2　完秀·华科加：《西藏阿里发现公元8世纪建立的扎东寺石碑内容抄写本》，《藏地阳光》（藏文版）2019（2）：53-69。

3　《据说一琼隆银堡之僧人所提供的盟书文副本》赞普仓．网址 :https://www.tsanpo.com/forum/29754.html

4　据了解，2013-2015年间阿里琼隆寺一带的九座佛塔失窃，当地村民在残塔处发现了这份《文书》。参见：阿贵：《一份新近发现的吐蕃铁券文书解读》，《中国藏学》（藏文版）2020（1）：23-35。索南才旦：《授予西部西藏颉辛家族的敕书：与西藏吐蕃碑文的对比》，《中国藏学》（英文版）2021（2）：62-73。

5　雅荣·普布伦珠整理：《阿里曲龙寺藏珍贵古藏文写本影印录文本》，拉萨：西藏人民出版社，2021：22-25。

མཁར）为结辛 · 赤旺觉布支拉珂（རྒྱ་ཤིན་བློན་ཆེན་པོ་ཁྲི་དབང་གཙུག་སྤུད་རྗེ་ལ་ཁྲི）所授敕文。敕文内容涉及吐蕃历史，可细分为达日聂斯、囊日松赞、松赞干布和墀松德赞时期四个阶段，讲述该家族的历史人物及其相关历史事件，以及墀松德赞授予大臣结辛 · 赤旺觉布支拉珂的告身和所属物品其子孙可继承的承诺。第 61-124 行为第二部分，是墀松德赞为结辛 · 赤旺觉布支拉珂及其子孙后代所授敕文，涉及当地统治者对该家族后代的种种承诺、特权及宗教仪式仪轨等。其中第 61-70 行是杀伤结辛家族子孙所需的赔偿列表；第 71-88 行是举行葬礼时所需要的供品及下葬方式；第 88-90 行是杀伤结辛家族的儿媳及姊妹时所需的赔偿规定；第 90-124 行是结辛家族所管辖的地域范围、部落群体、田地、草场以及吐蕃王室对上述特权永不改变的承诺等等。

从内容来看，这是一份吐蕃悉补野赞普墀松德赞授予古格部大臣结辛 · 赤旺觉布支拉珂家族的敕文（类似于后期的《铁券文书》）副本，其中的部分内容可能被重新抄录过。《文书》最初授予的时间，大约在墀松德赞在位时的某个兔年冬天。结辛家族被授予《文书》的主要原因是，该家族先人自吐蕃赞普先祖达乌聂斯（达日聂斯）时期以来，对赞普王室忠贞不二，对赞普身与政（སྐུ་དང་ཆབ་སྲིད）有功。因长久以来该家族先辈们对赞普王室忠贞不二，故获得了赞普的封赏，赐予《文书》。清代，西藏噶厦地方政府也常授予某个家族类似的《铁券文书》，如 18 世纪上半叶，西藏东南察瓦龙一带的乌仓家族先后两次被授予《铁券文书》，原因是该家族先是资助修建了达杰寺，后又出资维修桑普寺热麦扎仓[6]。

关于《文书》的书写时间，从语法特征、字迹等来看，不会晚于公元 12 世纪。夏格旺堆先生认为，“现存文书抄本为根据墀松德赞时期颁赐的敕文而制作的备份文书，从字体特征看，这份文书的抄录时间估计为 10-11 世纪时期。”[7]

从《文书》内容来看，其书写时间既像是墀松德赞时期，也像是吐蕃解体后的某个时期。《文书》起首的“苍穹之赞普，厚土之领主；人君、神之化身；自天界下凡，成为直立人之王、长鬣动物之所依”等内容，与目前所见吐蕃石刻碑文之内容、文字、语法特色相近，具有吐蕃文书之特色。此外，《文书》中有几处有利于断代的内容。一是“悉补野赞普墀松德赞，兔年冬末月，驻于桌旭之毗瓦宫堡时，为古格部大臣结辛 · 赤旺觉布支拉珂所授圣谕之要义。”可见，该家族最初于墀松德赞时期被授予了敕文。同

6　阿贵：《从两份民间文书及寺规谈达杰寺与桑普寺的关系》，《西藏研究》（藏文版）2017（3）：19-31。

7　夏格旺堆：《西藏札达县琼隆遗址发现的吐蕃历史文书》，《“第七届西藏考古与艺术国际学术研讨会”会议手册 / 论文摘要》，2018 年 10 月 19-21 日。

时，“吾之大臣结辛 · 赤旺觉布支拉珂，其后代子孙，……”一句中的“吾”显然是指墀松德赞。

但是，目前所见《文书》显然不是吐蕃时期的敕文之原文。从“领主后人觉姆丹库尔之后代子孙等，永永远远，世世代代，……”等内容可以看出，《文书》抄写时间应该是“领主后人”时期。《文书》中的术语也可以作为年代推断的补充资料，如“巴蒂”应是指今“巴尔蒂斯坦”，这在吐蕃文书中多见有“珠夏”（勃律）而鲜有“巴蒂”。可见《文书》中的部分内容应系后期补入。

二、文书原文及译注

1. ༄། །གནམ་ལབས་[8]ཀྱི་བཙན་པོ་།།	苍穹之赞普，
2. ས་ལྷུནད་ཀྱི་མངའ་མཛད་ །། མི་རྗེ་ལྷའི་སྤྲུལ་	厚土之领主[9]；人君、神之化
3. པ་། གནམ་གྱི་ལྷ་ལས་འགྲེང་མིའི་རྗེར་གཤེགས་	身；自天界下凡，成为直立人之王、
4. སྐྱེ་དུད་རྫོག་ཆགས་ཀྱི་རྟེན་དུ་བསྐྱོད་པའི་བོད་ཀྱི་	长鬣动物之所依[10]。蕃之
5. སྤུ་རྒྱལ་བཙན་པོ་ཁྲི་སྲོང་ལྡེ་བརྩན་གྱི་ཞ་སྔར་	悉补野赞普墀松德赞之御前，
6. ནས་ཕོ་བྲང་གྲོ་ཤོད་བི་བ་མཁར་[11]ན་བཞུགས་	驻于卓旭[12]之毗瓦宫堡[13]

8 根据《谐拉康西碑》第 1 行、敦煌藏文文献 P.t.1286-1 第 1 行，此处 ལབས 应为 ལྷབས 的误写，后者有广阔之意，与正文第 2 行中出现的 ལྷུནད 相对应。也就说此处 ལྷབས 表示的是天的广阔，ལྷུནད 则指地的深厚。

9 后弘期以后的藏文史籍中“གནམ་ལྷབས་ཀྱི་བཙན་པོ། ས་ལྷུན་གྱི་མངའ་མཛད།（苍穹之赞普，厚土之领主）”一句被改写为“གནམ་ལྷ་བབས་ཀྱི་བཙན་པོ། ས་ལྷུན་གྲུབ་ཀྱི་མངའ་བདག（天神下降之赞普，任运成就大地之领主）”。可参见 གུ་གེ་མཁན་ཆེན་ངག་དབང་གྲགས་པ། མངའ་རིས་རྒྱལ་རབས། ལྷ་ས། སེར་གཙུག་ནང་བསྟན་དཔེ་རྙིང་འཚོལ་བསྡུ་ཕྱོགས་སྒྲིག་ཁང་། 2015: 115. དཔའ་བོ་གཙུག་ལག་ཕྲེང་བ། ཆོས་འབྱུང་མཁས་པའི་དགའ་སྟོན། པེ་ཅིང་། མི་རིགས་དཔེ་སྐྲུན་ཁང་། 2006: 159. ཨུ་རྒྱན་གླིང་པ། བཀའ་ཐང་སྡེ་ལྔ། པེ་ཅིང་། མི་རིགས་དཔེ་སྐྲུན་ཁང་། 2006: 135. ཀློ་ཡུང་བཞད་པའི་རྡོ་རྗེ། དམ་ཅན་བསྟན་སྲུང་རྒྱ་མཚོའི་རྣམ་ཐར། པེ་ཅིང་། མི་རིགས་དཔེ་སྐྲུན་ཁང་། 2003: 394. 但古藏文文献中的 གནམ་ལྷབས 指的是“广阔的天空”，而传世史籍中的 གནམ་ལྷ་བབས 则为“天神下降”之意。因此，与 ས་ལྷུན་གྱི་མངའ་མཛད 一起出现的 གནམ་ལྷ་བབས་ཀྱི་བཙན་པོ། 一句肯定是 གནམ་ལྷབས་ཀྱི་བཙན་པོ། 的讹传，不然我们根本无法理解 གནམ་ལྷ་བབས་ཀྱི་བཙན་པོ 和 ས་ལྷུན་གྲུབ་ཀྱི་མངའ་བདག（天神下降之赞普，任运成就大地之领主）之间的逻辑关系，也就是说，“任运成就”是土地的特征，而“神下降”不同于“广阔”一词，与天的特征没有任何关系。

10 相同的陈述见于敦煌藏文文献 P.t.1038《吐蕃赞普祖源传》第 14-15 行。多布旦、扎西才让：《法藏敦煌藏文文献勘录》（10），拉萨：西藏人民出版社，2017：93。

11 བི་བ་མཁར་ 的 བི 是 བྱི 的误写。

12 卓旭（གྲོ་ཤོད），今西藏日喀则市仲巴县。

13 毗瓦宫堡（བྱི་བ་མཁར）为苯教三十七处修行地之一。参见 སྤ་བསྟན་རྒྱལ་བཟང་པོ། བསྟན་པའི་རྣམ་བཤད་དར་རྒྱས་གསལ་བའི་སྒྲོན་མེ། པེ་ཅིང་། ཀྲུང་གོའི་བོད་ཀྱི་ཤེས་རིག་དཔེ་སྐྲུན་ཁང་། 1991: 148. ཤར་རྫ་བཀྲ་ཤིས་རྒྱལ་མཚན། ལེགས་བཤད་རིན་པོ་ཆེའི་གཏེར་མཛོད། པེ་ཅིང་། མི་རིགས་དཔེ་སྐྲུན་ཁང་། 1987: 168, 217. 南喀诺布先生认为毗瓦宫堡位于今西藏日喀则市仲巴县西部，见 ནམ་མཁའི་ནོར་བུ། ཆོས་རྒྱལ་ནམ་མཁའི་ནོར་བུའི་གསུང་འབུམ། (4) ཟི་ལིང་། མཚོ་སྔོན་མི་རིགས་དཔེ་སྐྲུན་ཁང་། 2015: 99.

7. པའི་དུས་སུ༑༑ བཀའ་ལུང་གསལ་བའི་[14]མདོར་ 时，所授圣谕之要义[15]

8. བྱང་གུ་གེའི་སྡེ་ཅྱེ་ཤིན་[16]བློན་ཆེན་པོ་ཁྲི་དབང་ 北古格[17]部大臣结辛[18]·赤旺

9. གཙུག་སྤུད་རྗེ་ལ་ཁྱི་ལ་ཡོས་བུའི་ལོ་རྒུན་[19] 觉布支拉珂。兔年冬，

10. ཟླ་ཐ་ཆུངས་ཀྱི་ངོ་ལ་བཀས་གནང་བ། 末月，授予（敕书）。

11. ཅྱེ་ཤིན་བློན་ཆེན་པོ་ཁྲི་དབང་གཙུག་སྤུད་རྗེ་ལ་ 大臣结辛·赤旺觉布支拉

12. ཁྱི་མཆིས་ན་ཡང་བཙན་པོ་གདུང་རྒྱུད་རིམ་ 珂，此人对历代赞普（而言），

13. པར་པ་མེས་རྒྱུད་ཀྱིས་སྙིང་ཉེ་ཞིང་ཚོ་ཤ་ཆེར་ 其历辈先祖，忠贞不二，势力大[20]

---

14 据 ལ་སྦྱོགས་པ 与 ལ་སོགས་པ、བསྒྱུག 与 བསག、བསྒྱུབ 与 བསྒྲུབ 等古今藏文之区别，此处 གསལ་བ 是古藏文 གསྒྱལ་བ 的有规则性的一种拼写，即 བསྒྱལ 的古藏文 གསྒྱལ 的另一种拼写方式，敦煌文献 P.t.367、P.t.986、IOL Tib J 504 中都出现过 གསྒྱལ་བ 这个词，所指与现代藏语 བསྒྱལ་བ 相同。 虽然 གསལ་བ 与 གསྒྱལ་བ 的构词方式与上述若干词汇的变化相同，但是在藏文文献中除了 བསྒྱལ་བ 以外，似乎从未出现过与古藏文 གསྒྱལ་བ 所指意译相同的 གསལ་བ 这样的词。所以，此处 གསལ་བ 是古藏文 གསྒྱལ་བ 逐渐变成古典藏文 བསྒྱལ་བ 的一个过渡期标志。

15 相同的陈述见于《楚布江浦建寺碑》第 8 行。པ་ཚབ་པ་སངས་དབང་འདུས། སྤུ་རྒྱལ་བོད་ཀྱི་རྗེ་བརྙོས་ཡི་གེ་ཕྱོགས་བསྒྲིགས་ཀྱི་མ་ཡིག་དག་བཤེར་དང་དེའི་ཚིག་འགྲེལ་དྭངས་སང་གསང་རྒྱ། ལྷ་ས། བོད་ལྗོངས་མི་དམངས་དཔེ་སྐྲུན་ཁང་། 2011: 204.

16 ཅྱེ་ཤིན་ 是 ཅེ་ཤིན 的藏语化形式，我们在后弘期以后的藏文史籍中还可见到像 དགེ་ཤིན 这样的拼写，参见 གུ་གེ་པཎ་ཆེན་གྲགས་པ་རྒྱལ་མཚན། ཉི་མའི་རིགས་དང་ཟླ་བའི་རིགས་ཀྱི་རྒྱལ་རབས། ལྷ་ས། བོད་ལྗོངས་མི་དམངས་དཔེ་སྐྲུན་ཁང་། 2014: 142.

17 古格，地名，位于西藏西部阿里境内。吐蕃赞普王室后裔曾建立古格地方政权。

18 据目前掌握的资料，结辛为吐蕃时期西藏西部地区原象雄部落的贵族之一，《吐蕃编年史》（IOL Tib J 750: 69-70）记载，676 年赞普墀芒论去世后，结辛·库补布（ཅེ་ཤིན་ཁུ་བུལ་བུ）与角拉仍足廓尔（སྟག་ལ་རིང་ཙུག་སྐོར）一起心生叛逆，使整个象雄反叛于吐蕃，从这一历史事件我们不难看出结辛家族在当地的政治及军事方面的影响力。678 年的骚动被吐蕃平定之后，与象雄首领热桑君（ར་སངས་རྗེ）一起伏罪的有库·赤聂主松（ཁུ་ཁྲི་སྣ་དགྲ་བྲང），但令人疑惑的是，后者在《吐蕃大臣表》中明确记载为墀松赞（617-649 年）时期的臣子，还记载他与时任大臣噶尔·芒响木松木囊（མགར་མང་ཞམ་སུམ་སྣང）发生过冲突。故笔者以为 678 年赞普降罪的库·赤聂主松很可能是结辛·库补布，是《编年史》编纂者因两位姓名中均有“库”一字而导致混淆。此外，约翰·莫克在瓦罕走廊卢普苏克（Lupsuk）河谷发现的古藏文石刻文中记有结辛·甲勒悉丁（ཅེ་ཤིན་བྱ་ལེག་སྙིང）一名（John Mock, "The Red Buddha Hall Road Revisited, New Information about the Tibetan and Tang Empires in Afghanistan Wakhan." *Revue d'Etudes Tibétaines* 45, 2018: 94-95, 98, 图 4-5, 7），武内绍人在拉达克阿契寺附近发现的古藏文石刻文中有“猴年，结辛”一句（Tackeuchi Tsuguhito, "Old Tibetan Rock Inscriptions Near Alchi." *Journal Research Institute: Historical Development of the Tibetan Languages* 49, 2013: 35），笔者也在新疆麻扎塔克出土的古藏文文书（M.Tagh.b.ii.0062/Or.15000/219）中发现有关于结辛家族的相关记载。总之，结辛家族虽不为吐蕃王室史家的笔下所青睐，但上述零碎的史料已经证明该家族为公元 7-10 世纪中央欧亚东部最活跃的吐蕃豪族之一。关于结辛家族在古格王朝早期的政治及社会活动可参见索南才旦：《授予西部西藏颉辛家族的敕书：与西藏吐蕃碑文的对比》，《中国藏学》（英文版）2021（2）：73。

19 根据语境，རྒུན 是 དགུན 的另一种拼写，但吐蕃时期似乎并不流行这种写法。

20 此处藏文 ཚོ་ཤ 具有“力量”或“势力”的意思。参见王尧、陈践：《敦煌本吐蕃历史文书》（增订本），北京：民族出版社，1992：86，注释 317。

14. ཕུལ་། མེས་ཁྲི་སྙའུ་[21]སྙ་གཟིགས་ཀྱི་སྐུ་རིང་ལ་	献。先祖赤达乌聂斯[22]时期，
15. རྒྱེ་ཤིན་སློན་ཆེནཔོ་འཛམ་གླིང་[23]ཁྲི་དོན་བཞེར་	大臣结辛·瞻林赤顿协尔
16. བཙན་ནེས་དྲུ་གུ་[24]ཡུལ་དུ་དམག་པོན་བགྱིས་ཏེ་།	赞尼，于突厥[25]境任大将。
17. མྱང་དབས་མནོན་དང་གསུམ་། ཚེ་སྤོང་[26]འཕྲིན་	（他）与娘、温、农三（氏）、蔡邦氏程[27]
18. དང་སྒོ་བསྟུན་ནས་། རྒྱལ་ཕྲན་བཅུ་གཉིས་ཀྱིའ་	等联合。十二小邦
19. སྲིད་བཏྲག་།[28]ཞང་ཞུང་སྡེ་དང་བཅས་པ་འ་ཞའ་	失政权。象雄等部，阿柴[29]
20. འཕོར་དང་བཅས་པ་། དགས་པོ་རྒྱབ་དང་བཅས་	人等，塔波[30]觉等，
21. པ་མངར་འདུས་ཏེ་།[31]ཞབས་འདེགས་ཕུལ་ ། མེས་	也都被招致麾下。
	（以此）服侍（赞普王室有功）。先祖

21 根据目前所掌握的古藏文史料，吐蕃赞普墀松赞（617-649 年）的祖父之名为 སྟག་བུ་སྙ་གཟིགས，而从未出现过 སྙའུ 的这样的拼写。

22 众所周知，关于吐蕃赞普的选立仪式中，最为引人瞩目的是继承者的改名过程。据史料分析，至少从墀松赞（ཁྲི་སྲོང་བཙན）父亲墀论赞（ཁྲི་སློན་བཙན）开始，一直到吐蕃最后一位赞普墀达磨吾董木丹（ཁྲི་དར་མ་འུའི་དུམ་བརྟན）为止，历代赞普选立的仪式过程中都有在其名前冠以“墀”字的制度。但是此文书及敦煌藏文文献 P.t.1144 的发现，我们对吐蕃时期赞普选立仪式中的改名制度有了新的认识，可以说吐蕃王权的构建在墀松赞的祖父时期就已经有了雏形。

23 འཛམ 为梵语 Jambu 的音译及缩写，གླིང 为 dvīpaḥ 的意译，即 Jambudvīpaḥ（瞻部洲）。

24 དྲུ་གུ，突厥之藏文名称，在古藏文文献中突厥有两种写法，即 དྲུ་གུ 与 དྲུག。突厥在后突厥及东回鹘时期的碑文中写作“𐱅𐰇𐰼𐰚”，一般转写为 türk。古藏文文献中的 དྲུག 与 türk 相同，而 དྲུ་གུ 则更近于 türkü，即伯希和所说的以 -ut 为复数的 türküt，当然，在古藏文文献中其尾声 -t 是脱落的。关于突厥名称的讨论见伯希和著，冯承钧译：《汉译突厥名称之起源》，《西域南海史地考证译丛二编》，北京：商务印书馆，1962：48-53。

25 突厥，藏文称“珠古”，是历史上活跃于蒙古高原和中亚地区的民族集团统称，也是中国西北与北方草原地区继匈奴、鲜卑、柔然以来又一个重要的游牧民族，540 年，突厥这个词始见于中国史册。744 年，葛禄逻、拔悉密与回鹘联合攻灭后突厥汗国，东突厥诸部或者在战争中消亡，或者融入回鹘，或者融入唐朝。正文中出现的 དྲུ་གུ 地名同《吐蕃编年史》中的 དྲུ་གུའི་ཡུལ 一样，可能指原西突厥势力下的天山以南、昆仑山以北地区。

26 ཚེ་སྤོང 在古藏文文献中的拼写形式是 ཚེས་པོང，而后弘期以后逐渐出现其固定的拼写方式 ཚེས་སྤོང。因此，我们认为此处 ཚེ་སྤོང 中的 སྤོང 的上加字 ས 应为 ཚེས 的后加字，这种拼写方式可能与该文书撰写时期的语音变迁有关系。

27 与这一叙述方式相同的见：王尧，陈践：《敦煌本吐蕃历史文书》（增订本），1992：161。

28 此处 བཏྲ+དག 的拼写不符合藏文构词方式，按照语境可还原为 བཏྲག。

29 阿柴（吐谷浑），古族名。原为鲜卑一支，游牧于今辽宁一带。公元 4 世纪初，其首领吐谷浑率部西迁至今甘肃、青海一带。藏文史料所说之阿夏，也译作阿柴，可能是指西迁后曾活动于今甘肃、青海间的古代部族，其族群成分除了鲜卑，可能还融入了本地吐蕃人等其它成分，从公元 663 年一直到 9 世纪作为吐蕃的属国而存在。

30 塔波，古吐蕃小邦名，领地应在今山南加查县、林芝朗县一带。

31 第 17-21 行叙述同样见于底吾·璆赛的教法史中，唯一不同的是第 20 行最后字 རྒྱབ（背）在《底吾史记》中记作 གཡོག（奴仆）。ལྡེའུ་ཇོ་སྲས། ཆོས་འབྱུང་ཆེན་མོ་བསྟན་པའི་རྒྱལ་མཚན། ལྷ་ས། བོད་ལྗོངས་མི་དམངས་དཔེ་སྐྲུན་ཁང་། 1987: 109.

22. ཁྲི་གནམ་རི་སྲོང་བཙན་ལྷུང་ནམ་གྱི་སྐུ་རིང་ལ་ 墀囊日松赞隆朗时[32]，

23. རྒྱེ་ཤིན་བློན་ཆེན་པོ་ཨ་ཙྭ་[33]འཛམ་བུས་[34]དམག་པོན་ 大臣结辛·阿雅杂木苏任大将军，

24. བགྱིས་ཏེ། སྦལ་ཏི་[35]དང་ནོལ་ཐབས་མཛད་པའི་ 进军巴尔蒂[36]时，

25. སར་དཔའི་ཡ་རབ་བགྱིས་ཆབ་སྲིད་རྒྱས་པར་ 英勇无比。使政治兴盛。

26. བཙུགས་པས་བཀའ་སྟགས [ཏགས] ཀྱི་སྒྲོམ་བུ་མཐའ་ （得）敕文匣子。（使吐蕃）边

27. དབུས་སུ་བརྟན་པར་རྫེང་ཆགས་པའི་ཞབས་ 中部（各地）稳固，（成为王室）秘密住地，（以此）献上

28. འདེགས་ཕུལ། མེས་སྲོང་བཙན་སྒམ་པོའི་ 服侍。先祖松赞干布

29. སྐུ་རིང་ལ་རྒྱེ་ཤིན་བློན་ཆེན་པོ་མང་ཛེ་བཙན་ 时，大臣结辛·芒布支赞

30. ལ་སྙིས་རྒྱའི་ཕྱོགས་སུ་དམག་དྲངས་ཏེ་ག་རམ་ 拉尼，进军汉地。（于）噶当木

31. གྱི་རྒྱ་ཐང་དུ་རྒྱ་དང་ནོལ་ཐབས་མཛད་པའི་དུས་ 之甲塘地方与中原对峙时，

32. སུ་དཔའི་ཡང་རབ་བགྱིས། དཔའ་མཚན་སྟག་ 英勇无比。（为此）得虎皮

33. གི་ཟར་ཆེན་གསལ།[37]འགར་སྟོང་བཙན་ཡུལ་ 之缎鞯[38]。（他）与噶尔·东赞玉

32 为墀松赞之父。在该赞普时期，吐蕃开始征服拉萨河流域之森波杰小王，为建立吐蕃王朝打下了坚实基础。此事见于《敦煌本吐蕃历史文书》。墀囊日松赞隆朗，我们知道墀松赞之父在位时期的王号为墀论赞或墀论赞论朗，而囊日松赞为“社稷比天高，兜鍪比山坚”中的天、山、坚三个因素构成的，是群臣所上的尊号。到目前为止，我们在吐蕃时期的正规文书中从未见过王号与尊号所混合的这种现象。

33 根据古藏文文献中的象雄地名、人名等词汇的构词方式，此处 ཨ་ཙྭ 的 ཙྭ 也可还原为 ཙྲ，敦煌古藏文文献中（P.t. 997: 4）也曾出现过 ཨ་ཙྲ 这样的官职，但 ཨ་ཙྭ 本身可能跟梵语 ārya（圣）有关系。

34 འཛམ་བུ 为梵语 Jambu 的音译。

35 སྦལ་ཏི，译作巴尔蒂。《太阳王系》（ཉི་མའི་རིགས་ཀྱི་རྒྱལ་རབས། 2014: 112.）记载墀都松（676-704 年）执政时期的疆域西至 སྦལ་ཡུལ་ནང་གོང，此处 སྦལ་ཡུལ 无疑指巴尔蒂国，而 ནང་གོང 又是巴尔蒂国或大勃律国境内一地名。吐蕃统治河陇西域时期敦煌有很多来自 ནང་གོང 的写经生（P.t.1614/1620/1621/1622/1628/1638/1655/1760）。吐蕃时期勃律国一般称为 བྲུ་ཞ，后弘期以后逐渐形成并统一了 སྦལ་ཏི 这一写法，所以学界一般认为 སྦལ་ཏི 这一地名为后弘期之产物。但笔者发现新疆出土古藏文简牍 M.Tagh.a.iv.0026 中有 སྦལ་འཛི་སྟོང་བུ་ཆུང，སྦལ་འཛི 可能为 སྦལ་ཏི 的古藏文写法。如果这一观点成立的话，吐蕃在公元 8 世纪早期吞并大勃律后于其境内可能就设置了 སྦལ་འཛི་སྟོང་བུ་ཆུང（巴尔蒂小千户）这一军政体制。

36 巴尔蒂，地名，又称巴尔蒂斯坦。古称勃律，古藏文称 བྲུ་ཞ（珠夏），克什米尔北境印度河流域（发源于青藏高原地区的冈底斯山脉）中世纪古国名。勃律分大小，大勃律以巴尔蒂斯坦为中心，属吐蕃所管，而小勃律位于吉尔吉特，与李唐亲近。

37 གསལ 即 གསྐལ。

38 为勇者六标志之一，与汉文史籍中的大虫皮相同。敦煌藏文文献 P.t.1089、1217、Or.15000/268 中都出现过此种大虫皮名称。斯坦因在新疆安得悦 3 号遗址墙上发现的藏文题记中也出现过 སྟག་གི་ཟར་ཅན，但那时学界还未能解读出其与吐蕃大虫皮制度之间的关联（M.A. Stein, *Ancient Khotan: Detailed Report of Archaeological Explorations in Chinese Turkesstan*, Vol.I, Oxford: Clarendon Press, 1907: 569）。索南才旦对该题记进行了解读，参见索南才旦：《吐蕃大虫皮制度研究》，西藏大学硕士学位论文，2019：70-74。

34.	ཟུངས་དང་། ད་རྒྱལ་མང་པོ་རྗེ་སྲོང་ནམ་གཉིས་	松[39]，达杰芒布支松朗[40]二人
35.	དང་སྒོ་བསྟུན་ནས་བོད་ཀྱི་མཁར་བཞི་[41]བརྩིགས་	联合，修建吐蕃四宫堡；
36.	པ་དང་། བོད་རུར་ཕྱེ་བ་དང་། སུམ་པ་[42]སྡེར་བཅད་པ་	吐蕃分茹（翼）[43]；松巴[44]分部，
37.	ལསོགས་པའི་ཞབས་འདེགས་ཕུལ་བས་དཔེན་	等，献服侍。
38.	ཡོན་[45]ལ་གསེར་གྱི་ཡི་གེ་ཆུ་ངུ་བཀས་གནང་	小金字告身[46]，授予。
39.	བཙན་པོ་ཁྲི་སྲོང་ལྡེ་བརྩན་གྱི་སྐུ་རིང་ལ། ཆྱེ་ཞིན་	赞普墀松德赞时期，大臣结
40.	བློན་ཆེན་པོ་ཁྲི་དབང་གཙུག་སྤུད་རྗེ་ལ་ཁྱིས་	辛·赤旺觉布支拉珂，
41.	ཡུལ་ན་ནར་[གར?] དུ་གཉི་འགོ་[ཁོག?] དང་ནོལ་ཐབས་	于那尕尔地方攻打泥果
42.	མཛོད་པའི་དུས་སུ། བྱ་ལོ་ནས་ལོ་རྒུའི་[47]བར་	时，自鸡年以来，九年间，

---

39 嘎尔·东赞（？ -667 年），又称噶尔·东赞域松，汉文史料称禄东赞，松赞干布和王孙芒松芒赞时期的著名重臣。

40《贤者喜宴》等藏文史籍中记载 དར་རྒྱལ་མང་པོ་རྗེ 为松赞干布时期划分西藏腹心地区军政单位的大臣之一，尽管他在这一历史叙述中所扮演的角色让人不可理解。《柱间史》中松赞干布时期有一大臣名为 ཅོག་རོ་དར་རྒྱལ་མང་པོ་རྗེ་སྲོང་ནམ（ཇོ་བོ་རྗེ་ཨ་ཏི་ཤས་གཏེར་ནས་བཏོན། བཀའ་ཆེམས་ཀ་ཁོལ་མ། ལན་གྲུ། ཀན་སུའུ་མི་རིགས་དཔེ་སྐྲུན་ཁང་། 1989: 320），ཅོག་རོ 为吐蕃时期当雄（འདམ་གཞུང）地方的名门豪族，此姓氏《唐蕃会盟碑》译作“属庐”，《唐书》等汉文正史则译作“烛龙”。但是笔者以为《柱间史》中的 ཅོག་རོ 可能为 གཙོ 的误写，因为底吾·璆赛记此人全名为 གཙོ་དར་རྒྱལ་མང་པོ་རྗེ་སྲོང་ནམ（ལྡེའུ་ཇོ་སྲས། ཆོས་འབྱུང་ཆེན་མོ་བསྟན་པའི་རྒྱལ་མཚན། 1987: 109）。根据苯教史籍，གཙོ 是雅砻悉补野第一代君王聂赤赞普的苯波之一（P.t.1038: 15），是苯教教法史中频繁出现的西藏著名的古姓氏。毋庸置疑，གཙོ་དར་རྒྱལ་མང་པོ་རྗེ་སྲོང་ནམ 与敦煌藏文文献《吐蕃编年史》中的 དར་རྒྱལ་མང་པོ་རྗེ 同属一人，他在 659 年与李唐将军苏定方的一次交战中去世。详见索南加:《敦煌文献 P.T.1288 号 659 年纪事内容考释》,《中国藏学》（藏文版）2020（4）：104-115。

41 བོད་ཀྱི་མཁར་བཞི་（吐蕃四宫堡）不见于其它古文献和史籍中，笔者怀疑此处“བོད་ཀྱི”可能为“སྟོད་ཀྱི”的误写，སྟོད་ཀྱི་མཁར་བཞི 见于很多后弘期以后的藏文史籍中，指安西四镇。

42 སུམ་པ 在学界一般译作苏毗，其实苏毗为藏文 སུམ（P. t.1286: 15）之音译，而《新唐书·苏毗传》所记之号“孙波”才是藏文 སུམ་པ 的音译。见《新唐书·苏毗传》卷二二一，北京：中华书局，1975：6257。

43 “茹”意为“翼”，吐蕃有“四茹”即“四翼”，是吐蕃军事编制名称。四茹：乌茹、约茹、叶茹和茹拉。四茹之地理范围，乌茹，以今拉萨小昭寺为中心，东至今山南桑日县境内的沃卡地区，西至拉萨尼木县；约茹，以雅砻昌珠寺为中心，东至今林芝县境内，西至今仁蚌县境内之卡热山；叶茹，以雅鲁藏布江北岸之香（今日喀则南木林县境内）地方为中心；茹拉，包括了今后藏之西部拉孜县等地区。

44 松巴，吐蕃早期小邦之一。吐蕃时期，建立有松巴茹（翼）。根据其他早期藏文史料，松巴茹所在的地理范围应是在吐蕃与下部象雄（羊同）之间。详见《弟吴宗教源流》吐蕃部分相关章节内容。

45 དཔེན་ཡོན 应为 དཔེན་པའི་ཡོན 的缩写，与敦煌藏文文献中的 དཔེན་པའི་ཚོ་ཞ、དཔེན་པའི་རྗེ་བླས 等构词方式相同。

46 为吐蕃告身之一，据《贤者喜宴》，低级囊论，中级噶论（宰相同平章事）可授小金字告身。དཔའ་བོ་གཙུག་ལག་ཕྲེང་བ། ཆོས་འབྱུང་མཁས་པའི་དགའ་སྟོན། པེ་ཅིང་། མི་རིགས་དཔེ་སྐྲུན་ཁང་། 2006: 103. 但据敦煌文献 P.t.1089，吐蕃属国于阗的阿摩支、边镇万户长等官职也授有金字告身。因此，吐蕃时期所授告身主要还是以其对社稷的贡献有关，而不是传统史籍所记那样成文不变的。

47 རྒུ 为 དགུ 的另一种拼法，如在敦煌藏文文献 P.t.126: 34-35 中 ཞིགས་དགུ 和 ཉིས་དགུ 写作 ཞིགས་རྒུ 和 ཉིས་རྒུ。

43. དུ་རྒུ་ཁྲོམ་བགྱིས་དཔའ་འཛངས་ཀྱི་ཕུལ་བཏོན་	进行九次大战[48]。逞勇、贤之能。
44. ཏེ་། མཐའི་འགོ་མནན་རྗེའི་སྐུ་བཅས་ཆབ་	威镇边疆，以护王之身与政，
45. སྲིད་ཀྱི་ནོལ་ཐབས་གར་བྱུང་དུ་སྔོ་སྲོག་ལ་མ་	有功如前。时不顾自身
46. འཇོམས་ཏེ་ཆབ་སྲིད་གྲངས་དང་རིམ་པར་ཕྱུག་ཏུ་	安危，政功如数献
47. ཕུལ་ཏེ་། དཔེ་ཡོན་[49]ལ་སེང་གེའི་གོང་ལག་[50]གསལ་[51]	上。获得狮皮领衣[52]。
48. གཡུའི་ཡི་གེ་ཆུ་[ཆུང?] ངུ་བཀས་གནང་། དེ་ལྟར་ཕྱུག་	授予小玉字告身[53]。如此，
49. བྱད་[54]ཡུན་ཏུ་བཟང་ཞིང་གདུང་རྒྱུད་རིམ་པ་ལ་ཡི་	拥有极好的赐品[55]。历代赞普时期，
50. རབས་རྒྱུད་ཀྱིས་ཞོ་ཤ་ཆེར་བགྱིས་པའི་རྗེ་ཡོན་	其历辈先祖及其后人尽大服侍。（因此）赐予私人财产。
51. དང་སྤྱུར་ནས་བཀའ་རྩིགས་[56]གནང་བ་ཡིན་ཕྱིས་	同时吩咐。后，
52. མངའ་མཛད་གདུང་རྒྱུད་ཇོ་མོ་བདན་ཁུར་ཕྱི་	领主后人、觉姆、丹库尔之后代子孙
53. མ་རྣམས་ཀྱིས་ནམ་ནམ་ཞ་ཞ་།[57]ཚེ་ཚེ་	等，永永远远，世世
54. རབས་རབས་བུ་ཚ་མཐའ་རྗེས་སྙི་རབས་	代代，一切后人，对其（结辛家族）后

48 根据目前所掌握的敦煌西域出土古藏文史料，ཁྲོམ 至少有两种意思：一为吐蕃其东北边疆所新设的军政单位，如河州军镇体（ཀ་ཅུ་ཁྲོམ་ཆེན་པོ）、故臧军镇（ཁར་ཙན་ཁྲོམ་ཆེན་པོ）、瓜州军镇（ཀ་ཙུ་ཁྲོམ་ཆེན་པོ）、萨毗军镇（ཚལ་བྱི་ཁྲོམ་ཆེན་པོ）等；一则指作战时期的临时驻军，这一意义在古藏文《吐蕃兵律》中尤其明显。因此，正文中所说的 རྒུ་ཁྲོམ་བགྱིས 指结辛 · 赤旺觉布支拉珂在外进行九年的军事活动。

49 见注释 45。

50 ལག 应为 སླག（裘）的误写。

51 གསལ 即 གསལ།。

52 可能属于吐蕃时期大虫皮褒奖的范畴，据传统史籍，有一位叫 འབྲོ་ཁྲོམ་མདའ་ཆུང་པ 的大臣曾获得过狮皮领衣（ལྡེའུ་ཇོ་སྲས། ཆོས་འབྱུང་ཆེན་མོ་བསྟན་པའི་རྒྱལ་མཚན། 1987: 109. མཁས་པ་ལྡེའུ། རྒྱ་བོད་ཀྱི་ཆོས་འབྱུང་རྒྱས་པ། 1987: 252），但目前我们对此人的生平事迹等一无所知。

53 为吐蕃告身之最高等级，分大小玉字告身。据《贤者喜宴》，中级贡论，大囊论可授小玉字告身。དཔའ་བོ་གཙུག་ལག་ཕྲེང་བ། ཆོས་འབྱུང་མཁས་པའི་དགའ་སྟོན། 2006: 103.

54 ཕྱུག་བྱད 一词还见于克利弗兰艺术博物馆所收藏的扳指杯底部藏文铭文（། །ཕན་ཞིང་གོང་སྐྱེས་ཀྱི་ཕྱུག་བྱད་། །）中，但该词在敦煌藏文文献 P. t.1078:1、P.t.1166: 4、P.t.1297-1: 7、P.t.1297-6: 5、IOL Tib J 1018: 6、Or.8212/194：3、S.7133: 5 中都写作 ཕྱུག་སྤྱད，因此，吐蕃时期 ཕྱུག་སྤྱད 的使用率比 ཕྱུག་བྱད 更高。至于两者的构词方面，ཕྱུག་བྱད 的 བྱད 是脱落上加字 ས 并符合藏文一个字母组里边辅音可互换的规则。按照藏文构词的结构，我们认为 ཕྱུག་བྱད 是使用率并不高的一种边缘化的方言。

55 如前所述，ཕྱུག་བྱད 与 ཕྱུག་སྤྱད 同，根据敦煌文献 ཕྱུག་སྤྱད 包括牲畜、衣服、财产等等。按字意 ཕྱུག་བྱད 本意为个人所使用的用品，因此，克利弗兰艺术博物馆所收藏的扳指杯底部的藏文铭文可译为“潘辛孔结的生活用品”。正文中指赞普为结辛家族所授予的各种特权和告身等，故译之为赐品。

56 རྩིགས 为 གཙིགས 的误写。

57 ནམ་ཞར 的重叠式合成词，ཞར 与 གཞར 同。除了 ནམ་ནམ་ཞ་ཞ 以外，敦煌文献中还有 ནམ་ནམ་ཞར་ཞར、ནམ་ནམ་ཞ་ཞར 等形式，吐蕃碑文中一般以 ནམ་ནམ་ཞ་ཞར 的形式出现的。

55. རྒྱུད་མར་མྱི་བཅོ་མྱི་བསྒྱུར་མྱི་དབྲི་མྱི་བསྐྱུང་	人不得改写，不得变更，不得减少，不得弃之，
56. བཀས་མྱི་བཤུ་མྱི་ཤ་སྣན་ཆལ་སྨ་སྟོང་[58]དང་	不得（另）下教文以剥夺（财产）。复仇、奖惩、（死伤）赔偿
57. བཅས་པ་ཡང་གདུང་རྒྱུད:རིམ་པས་བཀས་	等，也要与历代先王所赐
58. གནང་བའི་ཡིག་ཚང་དང་མཐུན་པར་བཀའ་	敕文相符合。文印
59. སྟགས་འགྲུར་སྟགས་[59]དང་བཅས་པ་འཆང་དུ་	口谕[60]等
60. གསལད་པ་[61]ཡིན་ནོ།། ངའི་རྗེ་ཤིན་བློན་ཆེན་	授之。吾之大臣结辛·
61. པོ་ཁྲི་དབང་གཙུག་ཕུད་རྗེ་ལ་ཁྱི་བུ་ཚ་རྒྱུད་	赤旺觉布支拉珂，其后代子孙，
62. དུ་ཁྲག་ཆེ་བརྟོན་ཆུང་བརྟོན་ནི་ཤི་རི་ཤི་ཐང་དུ་	（若遇）被杀或被伤，在西日西塘，
63. བཀས་གནང་། སུས་བཀུམ་ཡང་ལྷ་གཉན་	赠赐。（无论）被何人所杀，天神和聂神
64. མཆོད་པ་དང་སྲི་གནོན་གྱི་རྐྱེན་ལ་བྲན་ཕོ་རུས་	（需）供奉。为镇斯魔[62]，需用九氏男奴、
65. སྣ་དགུ་བྲན་མོ་རུས་སྣ་དགུ་གསེར་གྱི་མདའ་དགུ་	九氏女奴、九支金箭、
66. ཧྭ་དར་[63]དགུ། གཡུའི་འཕང་དགུ་ལ་སྲིན་བལ་	九匹花帛、九件玉质纺锤轮丝绵
67. འདབ་མ་དགུ་བཏགས་པ། མོན་ལུག་དགུ།	九叶装饰、九只门地的绵羊、
68. མོན:ར་དགུ། ནས་ཁལ་དགུ། ཤིང་ཏོག་ཁལ་	九只门地的山羊、九克青稞、干果
69. དགུ། མར་ཁྱག་དགུ། གུ་རམ་དགུ། བླ་སྐང་	九克、九克酥油、九古让、岗

58 སྨ 可能是 སྨས 的误写，敦煌藏文文献 P.t.1073《纵犬伤人赔偿律》中记作 སྨས་པ，即受伤，现代藏语为 རྨས་པ。

59 འགྲུར་རྟགས 应为 མགུར་རྟགས་ཀྱི་ཕྱག་རྒྱ 的缩写，在敦煌藏文藏文 IOL Tib J 506（ལྷ་སྲས་མགུར་གྱི་ཕྱག་རྒྱ）和 IOL Tib J 709（ལྷ་བཙན་པོ་ཁྲི་སྲོང་ལྡེ་བརྩན་གྱི་མགུར་གྱི་ཕྱག་རྒྱ་འོག་ནས་འབྱུང་བ）中出现过相同的词。

60 如前所述，འགྲུར་སྟགས 在古藏文文献中形式为 མགུར་རྟགས，མགུར 为古典藏文 མགུལ（咽喉）的古藏文形式。根据敦煌文献 IOL Tib J 506 号 མགུར་རྟགས 可能包括身（སྐུ）、口（ཞལ）、心（ཐུགས）、标志（རྟགས）、诏令（བཀའ）、功德（ཡོན་ཏན）等六种因素。按语境，此处 འགྲུར་རྟགས 与上述六种因素中的口（ཞལ）有关，故译之为“口谕”比较妥当。

61 གསལ 即 གསྩལ。

62 斯（སྲི）在敦煌藏文占卜文献中也出现过很多次，学界一般理解为魔鬼。藏族在日常生活中使用 སྲི 的时候一般指一种定期的死亡率，该文书中的 སྲི 指的是也是一种定期的或循环的死亡率。也就是说镇压斯魔的目的是防止此后在同一个时间或因同一个事件导致家族人死亡。

63 显然 ཧྭ་དར 的 ཧྭ 是一个借词，在敦煌藏文文献 P.t.1290: 8 中有“མེན་ཏོག་དག་ཧྭ་ཞིག་འབྲུངས།།མེན་ཏོག་དག་ཧྭ་རྡུང་ན།།”一句，其中的 ཧྭ 肯定是汉语“花”的音译。在语言学中此等构词结构称之为对偶词，是一个原有词和外来词表示一个事物的合成词。因此，笔者以为此处 ཧྭ 也是汉语“花”的音译，ཧྭ་དར 可能指一匹有花纹的绢帛。

70. རྒུ་ལསོགས་པ་དང་མཆོད་པར་བྱའོ།། ལྷ་རི་	九等供奉。拉日山
71. སྤོ་རི་རྨ་བྱ་མདོངས་གསེར་གྱི་ཞུ་ལུབས་[64]སུ་	波日山，要用由金布满[65]的孔雀羽
72. གཡོག། ལྷ་མཚོ་ད་ར་གཡུ་མཐུར་ཅན་ནི་	盖以；拉措达热玉托坚[66]湖
73. གཟི་མཆོང་[མཆོད] གིས་གཅལ་དུ་བཀྲམ། ལྷ་ཐང་	要铺满天珠；拉塘
74. གཡའ་ཐང་མྱིང་མང་རིས་[67]ནི་དར་ཟབ་ཀྱིས་	亚塘棋子纹[68]，（要用）丝绸
75. གཡོག། ཐྲད་ཡས་དར་ཡུག་རྒུ། གསེར་གྱི་	铺盖。池叶需九条绸缎、九章布金钱、
76. སྲམ་བུ་རྒུ། འབྲི་རྒུ། རོ་གཡོགས་ལ་ཁྲབ་	九头母牦牛。铺盖尸体需要铠甲
77. མྱིང་ཅན་རྒུ། རོ་གལ་[69]ལ་སྟ་[70]རབ་རྒུ། སྙིང་	有名者九件。为驮尸体需九匹良马。为镇心[71]，
78. ནོན་ལ་གསེར་སྲང་བརྒྱ་དང་གཡུ་རབ་རྒུ།	需百两金子和九件上品玉器。
79. བར་སྟོང་ལ་སྟ་[72]རབ་རྒུ། གཡག་རབ་རྒུ། ཟ་	为空地[73]，需九匹良马、九头上等牦牛、上等萨
80. འོག་རབ་རྒུ། ནས་ཁལ་རྒུ། ལུག་གྲང་རྒུ།	沃锦缎九件、九克[74]青稞、九只绵羊。

64 虽然没有后加字ས，与ཞུ་ལུབས相同的词见于吐蕃时期马鞍的组件上（།།།།རྨ་གསེར་གྱི་ཞུ་ལུབ་སྤང་སྤུམ་ཙུ་ཙུ་ལྷ་དང་ནི་གཉིས། སྤང་རྒྱན་ད་ཡ་ལོང་གྱི་སྤང་སྤྱད་དང་བཅུ་གཅིག），见 Amy Heller, "Tibetan Inscriptions on Ancient Silver and Gold Vessels and Artefacts." *Journal of the International Association for Bon Research* 1, 2013: 282.

65 如前所述，ཞུ་ལུབ一见于吐蕃时期一件马具组件的铭文中。我们知道ཞུ་ལུབ有布满、无空隙之意，这样铭文中的རྨ་གསེར་གྱི་ཞུ་ལུབ可理解为由纯金制作的马鞍，故而正文中的རྨ་བྱ་མདོངས་གསེར་གྱི་ཞུ་ལུབ་གཡོག也理解为"盖以由布满金的孔雀羽"比较妥当。

66 达热（ད་ར）可能为当惹雍措（དང་ར་གཡུ་མཚོ），位于西藏自治区那曲市尼玛县境内。苯教文献中当惹（དང་ར）被认为是象雄语，意指湖或大海（དྲན་པ་ནམ་མཁའ་སོགས། བོན་གྱི་ལོ་རྒྱུས་ཡིག་ཚ་ཕྱོགས་བསྒྲིགས། ལྷ་ས། བོད་ལྗོངས་བོད་ཡིག་དཔེ་རྙིང་དཔེ་སྐྲུན་ཁང་། 2012: 381）。གཡུ་མཐུར་ཅན，མཐུར为马笼头，ཅན指具有，因此，གཡུ་མཐུར་ཅན形容的是当惹雍措的颜色和形状。

67 མྱིང་མང་རིས可能是མྱིག་མང་རིས的误写。

68 མྱིག་མང指棋子，རིས为花纹，མྱིག་མང་རིས一般译作格子，此处指平原的地形。

69 གལ可能是འགེལ的误写。

70 སྟ应为རྟ的误写。

71 "镇心"作为一种命价出现在藏巴汗的《十六法》(ཞལ་ལྕེ་བཅུ་དྲུག) 中，参见རྡོ་སྲིང་ཚེ་རིང་རྒྱལ། རྡོ་སྲིང་ཚེ་རིང་རྡོ་རྗེ། བོད་ཀྱི་ཁྲིམས་སྲོལ་སྐོར་གྱི་ལོ་རྒྱུས་ཡིག་ཚགས་ཕྱོགས་སྒྲིག་ཞལ་ལྕེ་ཕྱོགས་སྒྲིག ལྷ་ས། བོད་ལྗོངས་མི་དམངས་དཔེ་སྐྲུན་ཁང་། 2016: 71, 88.

72 སྟ应为རྟ的误写。

73 字面意思为"空间"，因第76-78行讲述的是收拾尸体，此处空间或可理解为墓葬的空地，这样后面的作为陪葬品的马、牛、锦缎、青稞、绵羊等也好理解。关于吐蕃时期葬礼仪轨的次第见敦煌藏文文献P.t.1042、1134。

74 克，为西藏古代的计量单位，一克约等于20斤。

81. སྟོང་ནག་ནི་ཤི་རི་ཤི་ཐང་གི་རྐང་གྲངས་ལས་	需赔偿的东那[75]，从西日西塘的牲畜。
82. བཀས་གནང་། སྲང་རྒུ་ཁྲི་རྒུ་སྟོང་རྒུ་བརྒྱ་	赠赐。（具体为）九万九千九百
83. རྒུ་བཅུ་རྩ་རྒུ་། ཞོ་རྒུ། ནམ་རྒུ། ལུག་རྒུ་	九十九两、九钱、九那木，九只羊，
84. ཉིང་རྒུ་བཀས་གནང་། སོ་སྟ་[76]སེན་གཡག་སྐྲ་	九宁，赠赐。以马赔牙齿、牦牛赔指甲、赔头发
85. ལུག་། ཡུགས་སའི་གོས་རིན་སྲང་རྒུ་། མཆི་	绵羊[77]，寡妇之布价为九两；眼泪
86. ཕྱིས་འབྲི་ཅིག་དང་དར་ཡུག་ཅིག་།[78]སྤྱ་རིན་ལ་	为憋回[79]，一母牦牛和一件丝绸。加仁[80]，
87. སྟ་[81]ཅིག་[82]ཐེབ་[83]ཀྲིས་དར་ཡུག་དམར་པོས་བྱ་སྟེ་པགླ་	（需）一匹马，用红布包裹，穿巴
88. མར་བཏུབ་། མནའ་མ་དང་བུ་སྲིང་གི་ཁྲིན་སྲང་	玛尔。（给）儿媳和子女判定的[84]，
89. བཞི་བརྒྱ་། མཚོན་ཆེ་ཕྲུང་ཆུང་ཕྲུང་ཁེང་རབ་ཀྱི་	（需）四百。（死于）大小武器，与上等肯民[85]
90. སྟོང་དང་བསྙམ་།[86]མྱི་ཞིང་འབྲོག་སོགས་གནང་བ་	同等赔偿。人、田、牧等赐予，

75 སྟོང་ནག 见于藏巴汗的《十六法》中，为三大赔偿之一，赔偿内容涉及马、驴、谷物等等。རྡོ་སྲིས་ཚེ་རིང་རྒྱལ། རྡོ་སྲིས་ཚེ་རིང་རྡོ་རྗེ། བོད་ཀྱི་ཁྲིམས་སྲོལ་སྔར་གྱི་ལོ་རྒྱུས་ཡིག་ཚགས་ཕྱོགས་སྒྲིག་ཞལ་ལྕེ་ཕྱོགས་སྒྲིག 2016: 89-90.

76 སྟ 即 རྟ。

77 这种说法见于藏文世俗法规文献中，见 རྡོ་སྲིས་ཚེ་རིང་རྒྱལ། རྡོ་སྲིས་ཚེ་རིང་རྡོ་རྗེ། བོད་ཀྱི་ཁྲིམས་སྲོལ་སྔར་གྱི་ལོ་རྒྱུས་ཡིག་ཚགས་ཕྱོགས་སྒྲིག་ཞལ་ལྕེ་ཕྱོགས་སྒྲིག 2016: 152.

78 ཅིག 与 གཅིག 同。

79 擦拭寡妇的眼泪之价见于藏巴汗的《十六法》中，见 རྡོ་སྲིས་ཚེ་རིང་རྒྱལ། རྡོ་སྲིས་ཚེ་རིང་རྡོ་རྗེ། བོད་ཀྱི་ཁྲིམས་སྲོལ་སྔར་གྱི་ལོ་རྒྱུས་ཡིག་ཚགས་ཕྱོགས་སྒྲིག 2016: 88.

80 སྤྱ 不是一个很常见的词，但我们知道，在敦煌藏文文献中以 སྤྱ 来代替 སྤྱན（眼睛）的例子很多，རིན 指价格。

81 སྟ 即 རྟ。

82 ཅིག 与 གཅིག 同。

83 ཐེབ 可能是 ཐེབས 的变体。

84 ཁྲིན 为古典藏文 ཁྲིམས 的古藏文拼写方式，后者指法律、惩治、戒律等等。该词在吐蕃碑文中一般以“ཁྲིན་ལ་མྱི་གདགས（不受牵连）”“ཁྲིན་མྱི་ཟླ（不受处罚）”等形式出现。原文中的 ཁྲིན 应为判定之意，མནའ་མ་དང་བུ་སྲིང་གི་ཁྲིན་སྲང 即指“判定给儿媳及其子女的（银两）”。

85 ཁེང 本意指奴隶。

86 བསྙམ 为 མཉམ 的另一种拼法，前者为及物动词，后者则为不及物动词。敦煌藏文文献 P.t.1071、1072、1073 号中出现的都是不及物动词，即 མཉམ。

91. ཉི་མེ་ཉག་[87]དང་ཐག། ར་ལྷགས་དང་ནམ་པག།	弥药[88]和塔克[89]。热甲[90]和那木巴克[91]，
92. ཏི་བདེ་དང་སྲེ། སྤྱུ་རུ་དང་ཡོ་ལྷགས་རུ་ཐང་ལ་སོགས་	底岱和斯[92]，俱茹和尧嘉、茹邦等，
93. རུས་སྣ་རྒུ་གྲོང་བརྒྱ་ཅུ་ཙ་བདུན། ཡུལ་འཕན་	九种姓氏及八十七座村庄。彭
94. ཡུལ་གྱི་རྒྱ་ཚར་སྲང་། ཞིང་རྐོད་དོར་བརྒྱ་བཞི་	域[93]地方的加擦桑，农田一百四
95. བཅུ་ཙ་ལྔ་པ། འབྲོག་སྐྱི་ཐང་རིང་མོས་ཡས་	十五朵尔[94]。卓吉塘仁姆
96. བཅད་པ། སྤང་རི་འབྲོང་ཚང་ཅན་གྱིས་མས་	以上，邦日仲仓尖以
97. བཅད་པ། བྲག་དམར་ཆུ་མདོའ་ལུང་ལག་གིས་	下，以扎玛尔曲多隆拉
98. བཅད་པ། ན་རླུང་འོམ་ཚང་གིས་བཅད་པ།	为界，以那隆沃木仓为界，

87 敦煌藏文文献 IOL Tib J 734、P.t.1185 中也出现过与 མེ་ཉག 相同的部落名称，其古典藏文的形式为 མི་ཉག。

88 如前所述，མེ་ཉག 是古典藏文 མི་ཉག 的古藏文拼写方式，古代汉文史籍中译作弥药，即后来的西夏党项人的自称。吐蕃攻击党项始于贞观八年左右，吐蕃所辖在西北与唐朝作战的军队中就有很多党项人。因史料所限，西藏西部的党项群体的具体情况无从得知，但至少通过此铁券文书，我们已知在吐蕃时期西藏西部地区的居民中有一定数量的党项人。

89 今尼泊尔下洛沃地区宇卡额（ཡུལ་ཁ་ལྔ），尼泊尔语称其为 Panchgao，与藏语宇卡额意思相同，指“五个村庄”。宇卡额地区最南端的村庄称塔克（ཐག）。见达瓦次仁：《悉立考》，《西藏研究》2017（4）：31。

90 热甲（ར་ལྷགས）是西藏西部地区的一个家族姓氏，苯教伏藏史源流中有一个派别叫“ར་ཤགས 与 ར་ལྷགས 派”，两个都是西藏西部的部落名称，后者指 ར་ལྷགས་གཡུ་བོ，又称 ར་སྨོམ་གཡུ་བོ、ར་སྟོན་གཡུང་བོ 等。ར་ཤགས་དངོས་གྲུབ་འབར 和 ར་ལྷགས་གཡུང་པོ 从苯教掘藏师 ར་ཤགས་འདྲེ་ཆུང 得到了苯教心部的经典（སྤ་བསྟན་རྒྱལ་བཟང་པོ། བསྟན་པའི་རྣམ་བཤད་དར་རྒྱས་གསལ་བའི་སྒྲོན་མེ། 1991: 237. ཤར་རྫ་བཀྲ་ཤིས་རྒྱལ་མཚན། ལེགས་བཤད་རིན་པོ་ཆེའི་གཏེར་མཛོད། 1987: 273-274）。另，苯教掘藏大师辛钦鲁噶（996-1036 年）的众弟子中来自热甲家族的共有三个，即 ར་ལྷགས་འཕགས་པ་སྐྱབས、ར་ལྷགས་མོན་སྐྱིད 和 ར་ལྷགས་གཡུ་མཁར་ཟིན。参见 སློ་གྲོས་རྒྱལ་མཚན། གཤེན་ཆེན་ཀླུ་དགའི་རྣམ་ཐར་ལྗོ་གཏེར་བོན་གྱི་ལོ་རྒྱུས། དབུ་གཤེན་གདུང་རབས་རྣམ་ཐར་ཕྱོགས་བསྒྲིགས། ཟི་ལིང་། མཚོ་སྔོན་མི་རིགས་དཔེ་སྐྲུན་ཁང་། 2014: 35.

91 ནམ་པག 应为 ནམ་རུ་པག，吐蕃在于阗所设立的军政机构中就有这一部落群体（M.Tagh.c.ii.0042），M.Tagh.c.iv.0036 号记载三个 ནམ་རུ་པག 曾随同一位名叫戎鲁的人来过帕班（པར་བན། Parvata）对面的尼雅河（གྱི་ནོ་གཙང་པོ）河岸，参见 F.W. 托马斯著，刘忠、杨铭译：《敦煌西域古藏文社会历史文献》（增订本），北京：商务印书馆，2020：233。按照吐蕃在新占领土迁设部落的原则，象雄千户迁设在于阗属国，苏毗千户迁设在萨毗军镇，这样原部落与所迁设的地理位置有关系。因此，居于于阗的 ནམ་རུ་པག 原部落应该在西藏西部地区。另，ནམ་རུ་པག 的 པག 在象雄十千户中五个名称组成部分中都有这个词，这与象雄部落名称的地方色彩有密切关系。

92 据《拉喇嘛益西沃传》记载，阿里托林寺的香火中有 བསྲེ 的部落，这与 སྲེ 可能指同一部落。参见 གུ་གེ་པཎྜིཏ་གྲགས་པ་རྒྱལ་མཚན། ལྷ་བླ་མ་ཡེ་ཤེས་འོད་ཀྱི་རྣམ་ཐར་རྒྱས་པ། ལྷ་ས། བོད་ལྗོངས་མི་དམངས་དཔེ་སྐྲུན་ཁང་། 2013: 35.

93 根据原文最后一行，彭域（འཕན་ཡུལ། ཕན་ཡུལ）为结辛家族的根据地。在吐蕃时期，结辛家族有属于象雄十千户中的古格千户；在后吐蕃时代早期，结辛又是穹隆（ཁྱུང་ལུང）最著名的家族，毋庸置疑，穹隆在吐蕃时期属于古格千户的。纵观史料，从吐蕃早期至公元 10 世纪，结辛家族的根据地一直以西藏西部为主，彭域也应该是古格千户的一属地。然而，从整个象雄十千户的分布格局看来，古格千户的管辖范围也可能比我们想象的更大，比如今日喀则市西部地区有可能由古格千户来管理。 笔者认为彭域与墀松德赞为结辛家族颁布敕书地点卓旭（仲巴县）地方可能存在着某种关系，如今仲巴县境内的偏吉（འཕན་ཀྱི）乡与彭域地名的相似性也不能忽视。

94 朵尔，系计量单位，一朵尔等于一对牛一天能耕作的农田面积。

99. བར་གྱི་རྗེ་ལེབ་མ་ཤིང་ལྕུག་ཡུ་བཀས་གནང་	以巴吉茹列玛辛甲右为中界，赠赐。
100. སྔར་ཆོད་པའི་མྱི་ཞིང་འབྲོག་སོགས་བཀའ་དྲིན་	已有人、田、牧等，施恩
101. མཛད་པ་ལྟོས་ཞིང་ཕྲུ་ས་ཡན་ཆོད་དབང་བགྱིད་	购买，管辖楚萨以上，
102. པར་བཀས་གནང་། སྤུས་ལྗོགས་[95]པ་རྣམས་	赠赐。比角[96]人等
103. བླའི་སྒོ་གཉེར་ཆེན་པོ་འཚལ་བར་བཀས་གནང་	作上等大门卫，赠赐。
104. བཀའི་ཞང་བློན་པོར་བཞག་ཅིང་གཉའ་སྣོམ་པར་	司职尚伦臣，压制（强者），
105. བཀས་གནང་། སྔོས་ཉེས་ཆེ་ཆུང་ཅི་མཆིས་	赠赐。尤其，若有大小过失，
106. ཀྱང་མྱི་བཀུམ་མྱི་སྤྱུག། གཞན་སྣན་ཕྲ་ཞུ་	不杀，不被流放。若遇人离间，
107. བ་བྱུང་ན་ཡང་མ་སྤྱངས་པར་མྱི་གསན་ཞིང་	不可不加考察而听信。
108. བཀའ་ཆད་སྲོག་མྱིག་མྱི་མཛད་པར་བཀས་གནང་	惩处不可伤及命与眼。赠赐。
109. རྩིགས་ཞིང་རྩིགས་འབྲོག་འཚལ་བ་ལ་བཀའ་	（有关）田产和牧场，
110. སྙོས་མི་མཛད་པར་བཀས་གནང་བའི་ཞལ་ཕན་	不另做吩咐。此等
111. གསལ་བ་[97]འདི་སྲོག་རྗེ་ལ་ཕན་པར་གྱིས་ཤིག།	详细敕文刻于石碑。
112. རྒྱེ་ཤིན་བློན་ཆེན་པོ་ཁྲི་དབང་གཙུག་ཕུད་རྫེ་ལ་	大臣结辛 · 赤旺觉布支拉
113. ཁྲི་བུ་ཚ་རྒྱུད་དུ་སྤྱན་རས་ཀྱིས་མྱི་བཙའ་རེ།	珂之后代子孙，不以疏远；
114. འཕོར་ཡུལ་[98]བླར་བཞེས་རེ། གཞན་དུ་ཡང་	奴户[99]不以没收；另
115. སྒྱུར་རེ། སྣན་ཕྲ་བྱུང་ན་ཡང་གསན་རེ།	不作变更；不听信谗言；
116. ཤགས་ཁར་རྫོང་རེ། ཡུས་འགྲོས་ལྟར་	不需辩诉；不依民
117. བཀའ་མྱི་བཅད་རེ། མ་སྤྱངས་པར་གཏཾ་	律惩处；未考察不以

95 སྤུས་ལྗོགས 是斯比提（སྤྱི་ཏི）和角拉（ལྗོག་ལ）的缩写。

96 སྤུས་ལྗོགས 是吐蕃时期象雄十千户中的斯比提（སྤྱི་ཏི）和角拉（ལྗོག་ལ）两个千户的缩写。斯比提又称 སྤི་ཏི（一种脱落下加字 ྱ 的方言变体），位于印度喜马偕尔邦北部拉胡尔（གར་ཞ）与库鲁（kullu）之间。藏文史籍称其为斯比提小千户（སྤྱི་ཏི་སྟོང་བུ་ཆུང），但迄今我们在敦煌西域出土古藏文文献中没有找到这一千户。令人兴奋的是文森特最近在阿里日土县境内发现了刻有斯比提千户（སྤྱི་ཏི་སྡེ）的古藏文石刻，见 John Vincent Bellezza, "The Rock Art of Spiti: A General Introduction." *Revue d'Etudes Tibétaines* 41 2017: 58. 汉译文见 [美] 约翰 · 文森特 · 贝勒扎著，永保藏译：《斯比提岩画概述》，《藏学学刊》第 24 辑，2021（1）：307-309。角拉也是吐蕃时期象雄十千户之一，据《吐蕃编年史》记载，角拉于 674 年背叛。因 676 年赞普墀芒论去世，后年结辛 · 库补布与角拉仍足廓尔心生叛逆，使整个象雄反叛于吐蕃，象雄这一叛乱直到 680 年才被吐蕃平定。

97 གསལ 即 གསྐལ。

98 根据古藏文文献的记载，此处 འཕོར་ཡུལ 应为 ཕོལ་ཡུལ，见 P.t.1071-1: 19, 20, 30, 57, 61, 71, 75, 102, 103, 125, 128, 131, 163, 166, 171, 174, 204, 207, 208, 210, 237-240, 244。

99 འཕོར་ཡུལ 即 ཕོལ་ཡུལ 的变体，ཕོལ 的动词为 བཀོལ（使用），ཡུལ 为土地。参见陈践：《陈践藏学文集》（下），北京：中国藏学出版社，2018：472。

118. སྣས་[100]གཙོད་པ་མཛད་རེ། བློན་ཆེ་ཁྲི་དབང་	残虐[101]。（为）大臣赤旺
119. གཙུག་ཕུད་ལ་བུ་ཚ་རྒྱུད་དུ་འདི་ལྟར་བཀའ་	觉布（支?）拉（珂?）之子孙，如此赠赐，
120. ཐིགས་གཡུང་དྲུང་དུ་བརྟན་བར་བཀས་གནང་	誓文永固。
121. སྟེ:གཞི་ཕྱག་རྒྱ་འཆང་དུ་གསལད་[102]པ་ཤང་ཤང་	具有清晰印章的敕文，（从）制于香香
122. དུམ་རྗེན་ཏུ་བཏབ་པ་ཅིག་ལས་བཤུས་པ་	东孜之文抄录。
123. ལགས་སྟོ།།	是也。
124. ཡུལ་ཕན་ཡུལ་གྱི་རྒྱེ་ཤེན་གྱི་ཆེ་རྟགས།།	彭域地方的结辛威严之标也。

全文翻译大意如下：

苍穹之赞普，厚土之领主；人君、神之化身；自天界下凡，成为直立人之王、长鬣动物之所依。蕃之悉补野赞普墀松德赞（755-797年），兔年冬末月，驻于卓旭之毗瓦宫堡时，为古格部大臣结辛·赤旺觉布支拉珂所授圣谕之要义。大臣结辛·赤旺觉布支珂之历辈先祖，对历代赞普忠贞不二，大有功绩。

先祖墀达乌聂斯（6世纪）时期，大臣结辛·瞻林赤顿协尔赞尼，于突厥之地任大将。他与娘、温、农三氏及信使蔡邦氏等联合，灭吐蕃十二小邦；象雄、阿柴、塔波等部也都被招致麾下。如此，服侍赞普王室有功。

先祖墀囊日松赞隆朗（6世纪）时期，大臣结辛·阿雅杂木苏任大将军，进军巴尔蒂时，英勇无比。使政治兴盛而得敕文。使吐蕃边、中部各地稳固。如此服侍赞普。

先祖松赞干布（617-649年）时期，大臣结辛·芒布支赞拉尼进军中原。于噶当木之甲塘地方与汉军对峙时，英勇无比。为此，他获得了虎皮萨钦褂。他与噶尔东赞玉松、达杰芒布支松朗二人联合，修建吐蕃四宫堡；吐蕃全境分为四翼；松巴（苏毗）被分为多个部族等，以服侍赞普。赞普吩咐，授予他小金字告身。

100 གཏཾ་སྣས 应为 སྙཾས་ལས 的误写，见《谐拉康碑》：W36；P.t.1297、P.t.986、P.t.1078B。

101 གཏཾ་སྣས 应为 སྙཾས་ལས 的误写，参见陈践：《陈践藏学文集》（下），2018：456。

102 གསལ 即 གསྒལ。

赞普墀松德赞时期，大臣结辛·赤旺觉布支拉珂，于那尕尔地方攻打泥果时，自鸡年以来，九年间，进行九次大战。此时，他逞勇、贤之能，威镇边疆，以护王之身与政，有功如前。他不顾自身安危，政功如数献上。获得狮子皮领衣，被授予小玉字告身，拥有如此极好的赐品。历代赞普时期，结辛家族之历辈先祖及其后人，对赞普服侍有加。是故，被赐予私人财产的同时，授予敕文。

领主后人觉姆丹库尔之后代子孙等，永永远远，世世代代，一切后人，对其（结辛家族）后人不得改写（文书），不得变更（优待），不得减少（财权等），不得弃之，不得（另）下敕文以剥夺（财产等）。复仇、奖惩、（死伤）赔偿等，也要与历代先王所赐敕文内容相符合。（敕文上具有）文印、护印等，所言（内容）清楚。于西日西塘赠赐，吾之大臣结辛·赤旺觉布支拉珂，其后代子孙，（若）被杀或被伤、（无论）被何人所杀，（为）供奉天神和聂神、（丧葬仪式中）为镇斯魔，需用九氏男奴、九氏女奴、九支金箭、九条哈达、九件饰以九叶丝绵的玉质纺锤轮、九只门地的绵羊、九只门地的山羊、九克青稞、九克干果、九克酥油、九古让及九岗等。拉日山和波日山，要以由金布满的孔雀羽铺盖；拉措达热玉托坚湖，要以天珠铺满；格子形的拉塘亚塘，（要以）丝绸铺盖。“池叶”（似指某种仪式），需要有九条绸缎、九章布金钱及九头母牦牛。盖尸者，需要有上等的铠甲九件。为驮负尸体，需九匹良马。为镇（亡者）心（魔），需百两金子和九件上品玉器。为填充墓室空地，需九匹良马、九头上等牦牛、九件上等萨沃锦缎、九克青稞和九只绵羊。需赔偿的牛群，从西日西塘的牲畜中赠赐。赠赐九万九千九百九十九两九钱九“那木”，以及九只羊和九“宁”。需要以马赔牙齿，牦牛赔指甲，绵羊赔头发；寡妇之布价为九两；为憋回眼泪，需要一母牦牛和一件丝绸；加仁，（需）一匹马，用红布包裹，穿巴玛尔。（给）儿媳和子女判定的为四百两。（死于）大小武器，则需按上等肯民奴隶的同等（命价）赔偿。赐予人、田、牧场为弥药和塔克，热甲和那木巴克，底岱和斯，俱茹和尧嘉、茹邦等九氏部落、八十七个村庄。赠赐彭域地方的加擦桑，一百四十五“朵尔”农田；卓吉塘仁姆以上，邦日仲仓尖以下，以扎玛尔曲多隆拉为界，以那隆沃木仓为界，以巴吉茹列玛辛甲右为界（的领地）。赠赐已有人、田、牧场等恩赐或购买，（可）管辖楚萨以上（的地方）。赠赐比角人等作上等大门卫。赠赐（可）司职尚伦臣，压制（其他强者）。另外，赠赐（家族中的人）若有大小过失，不可取其性命，也不被流放。

若遇人离间，不可不加考察而听信。惩处不可伤及性命和眼睛。（有关）田产和牧场，不另做吩咐。此等详细敕文刻于石碑。大臣结辛·赤旺觉布支拉珂之后代子孙，（王室）不以疏远；奴户不以没收；不可变更；不可听信谗言；不需辩诉；不依民律惩处；未考察不以残虐。（为）大臣结辛·赤旺觉布支拉珂之子孙，如此赠赐，誓文永固。具有清晰印章的敕文，（从）制于香香东孜之文抄录。是也。彭域地方的结辛威严之标也。

三、小结

关于吐蕃历史方面的史料，主要有敦煌本吐蕃历史文书、吐蕃石刻碑文、简牍以及后期的历史典籍等，鲜有其他。然近些年来，西藏各地不时有新的历史文献被发现，特别是在西藏西部地区。这些新近发现的史料，是研究吐蕃历史文化的重要资料，引起了学界的极大关注。本文所讨论之《吐蕃铁券文书》，是一份新近发现于西藏西部的吐蕃历史文书。根据目前的初步研究，它应该是一份吐蕃墀松德赞时期授予古格地方结辛家族敕文的抄录本。具体被抄录于何时，目前暂时难以确认，《文书》所涉猎的历史人物等亦难以一一辨析。根据这份《铁券文书》的内容，吐蕃赞普墀松德赞曾为古格部大臣结辛·赤旺觉布支拉珂家族颁赐一份敕文，原因是他和他的先祖自赞普先祖达乌聂斯时期以来就对历代赞普王室忠贞不二，且有功于赞普之身与政。具体内容涉及吐蕃赞普达乌聂斯、墀囊日松赞隆朗、松赞干布和赞普墀松德赞时期的历史人物、重要历史事件等，也涉猎吐蕃解体后结辛家族的后人、丧葬仪式等具体内容，可谓是研究吐蕃历史文化的重要补充史料。本文对该文书进行了尝试性的翻译与解读，初步讨论其性质、成书时间以及相关历史人物和事件等，意在为学界提供一份新的史料。不妥之处，还望广大读者批评指正。

◆ 阿贵 《西藏大学学报》副主编，副研究员
索南才旦 西藏大学文学院博士研究生

“唐蕃古道”甘肃段线路考察与再探*

李志鹏

内容摘要：“唐蕃古道”是汉藏政治、经济和文化交往的重要通道。受限于考古资料的稀少和文献记载的模糊，学界关于“唐蕃古道”甘肃段境内线路及其历史影响不曾有过深入探讨。本文从文献资料、文物古迹、民俗文化等视角切入，从政治交往、经济交流、文化交融的视角对“唐蕃古道”甘肃段进行考察，客观呈现“唐蕃古道”甘肃段线路及沿线的民族交往交流概况。

一、引言

唐蕃古道自大唐长安（西安）出发，穿越今天的陕西、甘肃、四川、青海等地，直至吐蕃都城逻些（拉萨），再延伸至尼泊尔和印度境内。甘肃境内的唐蕃古道线路经天水、秦安、陇西、渭源、临洮、河州（临夏）直至青海境内。后期随着吐蕃势力的东扩和对外交往的不断发展，也延伸出了更多的线路，并同高原丝绸之路、茶马古道北线交叉重叠，形成了汉藏民族交往的通道。

当前学界关于唐蕃古道线路的研究和考察，有青藏线路说、康藏线路说，以及交叉

* 本文为国家社科基金西部项目“钱币外流与北宋钱荒研究”（20XJL003）阶段性研究成果。

叠加说等。然而就文成公主、金城公主进藏线路的考察而言，当以“唐蕃驿道”为首选。学界关于唐蕃古道与汉藏民族历史交往的影响研究早已有之，譬如，周伟洲提出，“唐蕃古道是丝绸之路上的一条重要支线，它主要联结唐朝和吐蕃各自的政治、经济和文化中心长安和逻些。双方使臣往来、和亲、会盟等政治活动，互市、朝贡贸易等经济交往，佛教传播等文化交流，均主要通过此路传播”。[1]霍巍认为，“高原丝绸之路”的形成意义极其重大，它不仅将中国北方的“陆上丝绸之路”“草原丝绸之路”和中国南方的“海上丝绸之路”“西南丝绸之路”联结成一个整体，而且起到了将我国西部疆域和民族最终融入到中华民族共同体当中无可替代的纽带作用[2]。张云指出，“高原丝绸之路既与中国和西方传统的陆上丝绸之路主干道相连，也与从中国西北到西南乃至东亚地区、穿过横断山脉地区的民族走廊相接，形成民族迁徙和经济文化交流的循环系统，在从中原文明及中国各地区文明中不断获得强大能量的同时，也从中外交往大通道的密切交流中获得充足的动力”。[3]唐蕃古道与高原丝绸之路交叉重叠，构成了吐蕃的对外交流之路，其不仅是一条汉藏之间的政治交往之路，同时，也是一条物质经济、商贸流通、文化信仰交流、融合、互通的道路。“唐蕃古道”甘肃段是汉藏民族间交流交往交融的重要区域。甘肃境内遗存的丰富的民间故事传说、民俗崇拜、藏戏等也是管窥历史、演绎文化、表达信仰的窗口，结合这些资料可以看到唐蕃古道甘肃段境内汉藏民族间交往交流的概况。

二、文献资料所见“唐蕃古道”甘肃段线路

在唐朝以前，由陕西关中通往河湟地区就已经存在着一条定型的官马大道。这条大道不仅是中原地区与陇右（河湟）诸郡县政治、经济、军事、文化交往和联系的主要道路，而且也是丝绸之路的南线。毋庸置疑，这条道路就是唐代长安至河湟的驿道，即“唐蕃古道”东段的前身。随着唐蕃间政治、军事交往的频繁，尤其是吐蕃势力的崛起和东扩，延伸出更多的线路，既有官道驿站，又有便于军事征战和商贸物资交换的民间便道，共同构成了吐蕃与中原王朝，与西域民族间沟通交流的线路网。汉藏文献资料对此多有记载。

1　周伟洲：《“唐蕃古道”与“一带一路”建构中的西藏》，《西藏民族大学学报》2016（1）：1-3。
2　霍巍：《论青藏高原古代各族人民共同开创了“高原丝绸之路”》，《中央民族大学学报》2021（2）：5-15。
3　张云：《高原丝绸之路的主要特点与历史成就》，《江海学刊》2017（4）：142-146。

（一）中国正史文献中的“唐蕃古道”甘肃段线路

自唐代起，历代文献均对唐蕃古道有详细的记载，这是研究唐蕃古道至关重要的文献资料。现择其要者，摘引如下：

> 是时元鼎往来，渡黄河上流（今黄河沿），在洪济桥西南二千余里，其水极为浅狭，春可揭涉，秋夏则以船渡。其南三百余里有三山，山形如鏊，河源在其间，水甚清冷……又其源西去吐蕃之列馆约四驿，每驿约二百余里，东北去莫贺延碛尾，阔五十里，向南渐狭小，北自沙洲之西，乃南入吐浑国，至此转微，故号碛尾，计其地理，当剑南之直西。[4]

唐穆宗时期派大理卿兼御史大夫刘元鼎等与吐蕃会盟，前往吐蕃途中其经过了黄河上游的洪济桥（在青海海南州贵南县和兴海县交界处）。同时文中提到渡过黄河西去吐蕃，沿途经过吐蕃驿站4个。由此东去可至莫贺延碛（位于罗布泊和玉门关之间，现称“哈顺戈壁”）。自沙洲（今敦煌）之西，转而向南可至吐谷浑。由此可见，吐蕃具有成熟完备的馆驿设置，西去吐蕃的线路四通八达，文中提到了甘肃玉门、沙洲（敦煌）等地。史书还记载唐穆宗长庆二年（822年），大理卿刘元鼎前往吐蕃会盟，沿途经过了甘肃的成纪（秦安）、武川（武山县）、广武梁（兰州西固河口附近），当时的兰州遍地农桑，自然植被，桃树、李树、榆树、柳树成荫，居住的农户都是唐朝百姓，见到大唐使者队伍，夹道观看。

> 元鼎逾成纪、武川，抵河广武梁，故时城郭未隳，兰州地皆秔稻，桃、李、榆柳岑蔚，户皆唐人，见使者麾盖，夹道观。[5]

新、旧《唐书》的《吐蕃传》中对唐朝使者刘元鼎西去吐蕃会盟的路线都有记载[6]。

（二）吐蕃文献中提到的甘肃地名

除了上文所引唐使西去吐蕃经过甘肃的线路之外，还有从吐蕃到大唐境内途径甘肃

4　参见《旧唐书》卷196《吐蕃传下》，北京：中华书局，1975：5265-5266

5　参见《新唐书》卷216《吐蕃传下》，北京：中华书局，2003：6102。

6　王蕾、刘满：《刘元鼎入蕃路线河陇段考》，《敦煌学辑刊》2017（2）：43-54。

的线路和地名。据《敦煌本吐蕃历史文书》大事纪年，唐中宗嗣圣十七年（700 年），吐蕃赞普引兵至河州（甘肃临夏）；嗣圣十八年（701 年），吐蕃赞普引兵至洮州（甘肃临洮）；唐玄宗开元十五年（727 年），吐蕃势力攻陷瓜州晋昌（甘肃安西县双塔堡附近）；唐肃宗宝应三年（762 年），唐蕃友好关系破裂，吐蕃势力攻陷了大唐的洮州（临洮）、成州（今甘肃省礼县、西和、成县、康县等地）、河州（临夏）等城堡多处。摘文如下：

> 及至鼠年（中宗嗣圣十七年，太后久视元年，庚子，公元 700 年）夏，赞普自蒙噶尔将牙帐迁往下枯零、孙可。遣送东叶护可汗往突厥。秋，赞普亦往，引兵至河州。
>
> 及至牛年（中宗嗣圣十八年，太后长安元年，辛丑，公元 701 年）夏，赞普驻于“赛儿霞”，引兵至松州、洮州。……冬，赞普驻于“墀寨”。春季闰月，引兵至松州、洮州。
>
> 及至兔年（玄宗开元十五年，丁卯，公元 727 年），赞普以政务巡临吐谷浑，途次，韦·松波支被控。攻陷唐之瓜州晋昌。
>
> 及至虎年（肃宗宝应三年，壬寅，公元 762 年，同年四月帝殂，代宗立）。……冬末，唐廷皇帝崩，……唐蕃社稷失和，尚·野息、尚·东赞等越彭林铁桥。引兵至札钦攻陷唐之临洮、成州（？）、河州等城堡多处，尚·野息复还至蕃土。尚·野息、论·悉诺逻（达札路恭、马重英）、尚·东赞、尚·赞哇（磨）等人引劲旅至京师，京师陷。[7]

拉萨大昭寺“唐蕃会盟碑”记载：

> 今蕃汉二国所守见管本界，以东悉为大唐国境，已西尽是大蕃境土，彼此不为寇敌，不举兵革，不相侵谋封境，或有猜阻，捉生问事讫给以衣粮放归，今社稷叶同如一，为此大和。然舅甥相好之义，善谊每须通传，彼此驿骑，一往一来，悉遵曩昔旧路，蕃汉并于将军谷交马，其绥戎栅已东，大唐祇应；清水县已西，大蕃供应，须合舅甥亲近之礼，使其两界烟尘不扬，罔闻寇盗之

7　王尧、陈践译注：《敦煌本吐蕃历史文书》，北京：民族出版社，1992：149-156。

名，复无惊恐之患。[8]

碑文中提到的清水，即是甘肃天水的清水县。安史之乱后，吐蕃乘虚而入。唐肃宗宝应元年（762 年），吐蕃突破唐临洮防线，取秦、成、渭等州，清水亦被占据，古城废弃。唐德宗建中四年（783 年）正月，陇右节度使张镒与吐蕃大相尚结赞盟于清水，暂息兵戈。由此可见，“唐蕃会盟碑”碑文中出现的地名清水即是唐德宗建中四年（783 年）唐蕃清水结盟的历史见证。

（三）甘肃地方志文献中的“唐蕃古道”和丝绸之路

唐朝时期由长安出发，西到吐蕃的道路，经过了甘肃境内的天水、秦安、陇西、通渭、临夏，渡过黄河，折向青海境内。这条道路也同丝绸之路南线“秦陇道”、“陇关道”相重叠。甘肃各县区的史志文献对此有所记载，摘录如下：

1. 秦州区志

“秦陇官道”是自长安通往西域，途径秦州的主要干道，汉朝设驿亭，隋朝设驿站。驿站设有驿长和驿站夫，备有车马、饭舍，供旅行者使用。隋唐时期，全国有驿站 1639 个，秦州有驿站 8 个，站距大致 30 里。秦州驿即是其中的一个驿站，地址在今天水秦城区西南郊莲亭附近。自秦城驿向南通往成县、徽县、两当入陕西汉中道。宋朝设“急递铺”，每隔十里设一“急递铺”。今境内有东西十里、二十里、三十里……七十里铺村，就是当年建制的遗存。[9]

2. 甘谷县志

“陇关道”是甘肃通往陕西的一条古道。由陕西翻越陇山（古称陇板）至街亭，分为两股，一股由陇城镇向西，一股折而向南，经过清水，沿牛头河出峡渡渭河折向西至天水城（今秦城区），再向西至关子镇，沿藉河逆流而上至甘谷（伏羌）古坡，向北沿河谷至甘谷境内的渭河川道，西至陇西、临洮、兰州等地。此路后来发展为著名的丝绸之路。[10]

---

8 王尧编著：《吐蕃金石录》，北京：文物出版社，1982：3-4。

9 秦城区地方志编纂委员会编：《秦州区志》，兰州：甘肃文化出版社，2008：358。

10 甘谷县志编纂委员会编：《甘谷县志》，北京：中国社会出版社，1998：357。

3. 秦安县志

秦安地处丝绸之路东段东西大道上，其起于咸阳、止于兰州，途径张家川龙山镇进入秦安，穿越秦安30公里，此道历史悠久。西汉张骞开辟丝绸之路，此道成为丝绸之路东段的一部分，故称“东西大道”。还分支出了“秦安至秦州道”“秦安至伏羌道”“秦安至平襄道”，是秦安通往兰州等地的主要道路。[11]

4. 张家川县志

在张家川境内有著名的“汧陇道”（越陇山，经马鹿到秦州），是兵家必争之地和东西方商贾往来的丝绸之路要道。大唐贞观十五年（641）文成公主进藏联姻，玄奘法师西行也是穿过这条道路。此外，唐王朝与吐蕃政权的多次重大军事行动都是从这条官道通过的。[12]

5. 清水县志

清水县处于丝绸之路南路要冲，从陕西陇县翻陇山，出大震关（今盘龙铺）至天水（秦州）、河西，清水为必经之地，素有“陇右要冲，关中屏障”之称。[13]

6. 通渭县志

由陇山至金城（兰州）称为“陇关大道”。从今秦安王家铺入平襄，经马营到定西牛营店，全长120华里，称“平襄道”。后又出现了从通渭县经陇西北部到临洮，转而入丝绸之路南线的商旅大道。隋唐时期，中线和南线很发达。[14]

7. 临夏县志

唐朝时期在枹罕设置鄯州道、西平道，地方政权和大唐使者，文成公主、金城公主下嫁吐蕃，商队、宗教人士往来都经此道，使这条道路空前繁荣，也是安史之乱前唐与吐蕃在河湟地区争夺的战略要地，风林渡是必经之处。[15]

8. 永靖县志

永靖的古道为狄道（临洮）至风林津的道路，文成公主进藏时经过风林津。从狄道渡河向北，渡过牛津河、大夏河，入莲花盆地至风林津（又称安乡

11 秦安县志编纂委员会编：《秦安县志》，兰州：甘肃人民出版社，2000：374。

12 张家川县志编纂委员会编：《张家川回族自治县志》，兰州：甘肃人民出版社，1999：558-559。

13 清水县志编纂委员会编：《清水县志》，西安：陕西人民出版社，2001：589。

14 通渭县志编纂委员会编：《通渭县志》，兰州大学出版社，1990：266。

15 临夏县志编纂委员会编：《临夏县志》，兰州大学出版社，1995：270。

津），再渡黄河上驼项山，经长夷岭到川城入青海民和县，或从风林津河岸入寺沟峡，过天下黄河第一桥，入炳灵寺上夷岭，经杨塔、王台、川城、入青海民和县。[16]

承上所述，正史文献、吐蕃历史文献、甘肃的地方志文献等对于唐蕃古道的线路和沿途地名都有过详细的记载。这是我们探讨唐蕃古道线路和走向的文献基础。唐朝时期，从长安通往吐蕃的线路有“西段”——鄯州（西宁）到逻些（拉萨）；“东段”——长安（西安）到鄯州（西宁），两条线路之分。唐蕃古道东段线路自长安（西安）出发，至鄯州（西宁）间的走向，由于史书中没有专门的记载，至今未能完全确定下来。不过，从《隋书》《新唐书》《旧唐书》《元和郡县志》《释迦方志》《高僧传》《太平寰宇记》《资治通鉴》《册府元龟》《长安志》《读史方舆纪要》等历史文献所反映的情况来看，唐蕃古道东段主要有南北两路走向[17]。详情如下：

唐蕃古道东段南线：长安（西安市）—咸阳县（咸阳市）—金城县（兴平县）—武功县（武功县）—扶风县（扶风县）—岐山县（岐山县）—天兴县（凤翔县）—汧阳县（千阳县）—汧源县（陇县）—大震关（陇县固关镇）—清水县（清水县）—成纪（天水）—伏羌县（甘谷县）—陇西县（陇西、武山两县间）—襄武县（陇西县附近）—渭源县（渭源县）—狄道县（临洮县）。由此分为二路，一路由临洮县北行至兰州（兰州市）—龙支县（民和县）—湟水县（乐都县）—鄯州（西宁）；一路由临洮西行至河州（临夏）—临津关（炳灵寺附近）—龙支县（民和）—湟水县（乐都县）—鄯州（西宁）。

唐蕃古道东段北线：长安（西安市）—咸阳县（咸阳市）—奉天县（乾县）—新平县（彬县）—宜禄县（长武县）—安定县（泾川县）—行渭州（平凉西）—弹筝峡—瓦亭故关（六盘山北麓）—兰州—鄯州（西宁）。

根据历史文献记载，隋唐时期，中原王朝与吐蕃政权的重大政治、军事行动所涉及到的路线当以唐蕃古道东段南线为主。譬如，文成公主、金城公主进藏，唐蕃会盟，唐蕃间使节来往，大多都是经由这条官方驿道。此外，唐蕃古道东段北线是唐蕃古道南线

16 永靖县志编纂委员会编：《永靖县志》，兰州大学出版社，2011：289。
17 陈小平：《“唐蕃古道”的走向和路线》，《青海社会科学》1987（3）：74-75。

的分支和补充。中晚唐时期，尤其安史之乱后，甘肃的陇右大部、河西都被吐蕃势力占领。史书记载唐蕃“清水会盟”时，“今国家所守界，泾州西至弹筝峡西口，陇州西至清水县，凤州西至同谷县，暨剑南西山大渡水河东，为汉界。蕃国守镇在兰、渭、元、会，西至临洮，冬至成州……为蕃界”。[18] 故而，随着吐蕃占领区域的扩大，经过中原地界前往吐蕃地域的道路更是盘根错结，分支众多。不仅有官方通行的“唐蕃驿道”即“唐蕃古道”，还有汉藏民间交流延伸出来的其他分支道路，共同构成了中原和吐蕃交流的道路网[19]。

三、文物古迹所见唐蕃古道甘肃段线路

唐蕃古道发端于唐蕃之间的和亲往来和政治军事交往，后世宋元、明清时期该线路一直在延用，是中原王朝与西北、西南边陲地区交往交流的主要通道，并同茶马古道北线和丝绸之路交叉重叠。通过梳理唐宋以来，唐蕃古道甘肃段线路（天水段、平凉段、定西段、兰州段、临夏段、甘南段、陇南段）沿途所涉及到的主要关口、驿站、渡口和古城等文物古迹资料，可以很直观的看到，唐宋时期吐蕃势力在甘肃境内的存在情况诚如史料所载，吐蕃部落“族种分散，大者数千家，小者百十家，无复统一矣。自仪、渭、泾、原、环、庆及镇戎、秦州暨于灵、夏皆有之”。[20] 也就是说，虽然吐蕃地方政权无复统一，但是部落分布在甘肃全境[21]。因此，从唐蕃古道甘肃段沿途驿站、关隘、渡口、城址的分布可以看到中原与吐蕃的历史交往情况。譬如，北宋乾德二年（963 年），僧人继业受命前往印度取经返回内地时，至磨逾里，过雪岭，至三耶寺（即桑耶寺），由故道自此入阶州（治所在甘肃陇南成县一带），于开宝九年（976 年）返回内地[22]。此处所经线路当为唐蕃古道甘肃段。甘肃境内的古代关口、驿站、渡口、古城址等文物遗址，为考证唐蕃古道甘肃段线路提供了佐证。

---

18 参见《旧唐书》卷 196《吐蕃传下》，北京：中华书局，1975：5247。

19 参见谭其骧主编：《中国历史地图集》（第五册），北京：中国地图出版社，1982：76-77。

20 参见《宋史》卷 492《吐蕃传》，北京：中华书局，2004：14151。

21 洲塔、乔高才让：《甘肃藏族通史》，北京：民族出版社，2009：147。

22（宋）范成大著，颜晓军校：《吴船录》（吴船录外三种），杭州：浙江人民美术出版社，2016：22-24。

表一　唐蕃古道甘肃段沿线的主要关口、驿站、渡口和古城概况

线路	沿途主要关口、驿站、渡口和古城
天水段	1. 大震关。亦称陇关，位于今甘肃清水县东陇山东坡，是唐中叶以后防御吐蕃的要地。驰名中外的“丝绸之路”，张骞通西域，唐玄奘去天竺取经，文成公主进藏，都由陇关道经过。大震关在交通和军事上的地位，使其久负“关陕锁钥”之誉，被视为关中诸塞中的西塞。[23] 2. 长宁驿。位于甘肃张家川县城东 45 公里马鹿乡长宁村附近。长宁驿是唐代至明、清设在关陇大道上的重要驿站，对古代的邮政、军事、经济和交通事业的发展都曾起到了很重要的作用。[24] 3. 张棉驿。在甘肃张家川县北部，因驿官是博望侯张骞之长子张绵，后人称此为张棉驿（棉是绵的同音），名传至今。[25]
平凉段	1. 瓦亭关。位于六盘山中段东麓的瓦亭峡水北岸，“北控银夏，西趋兰会，东接泾源，南连巩秦，诚冲衢也”，北距固原 40 公里，东距甘肃平凉 45 公里，南距甘肃华亭县 90 公里。瓦亭关外城营筑于唐宋时期，内城重建于明清之际。[26] 2. 渭州（平凉）驿道。宋代以渭州（平凉市）为中心的陆路交通逐渐形成，渭州成为东西交通枢纽。从渭州西行过瓦亭北达镇戎军（今固原），再西行至德顺军（今静宁）；或北至平夏城；或自瓦亭逾六盘山至德顺军西去兰州；或向西南至水洛城西去秦州（秦安县）。从渭州东行沿泾河至泾州直达长安。[27]
定西段	1. 狄道古城。即唐临州治所狄道古城，南城墙至今遗址尚在，即今城南烧瓦窑之高塄坎，遗迹犹存。唐城北城墙内侧有唐代修建的北极观和“唐哥舒翰纪功碑”，宋代出土于此，至今仍屹立为证。安史之乱后，陇右沦陷于吐蕃，狄道古城一直为吐蕃势力所据有，又被人们惯称为蕃城。[28]
兰州段	1. 定远驿。位于兰州到西安的交通要道上。据记载，唐开元元年（713 年），朔方军大总管郭元振率军西征，路过此地，出于防守的需要，在此修筑了一座城堡。郭元振所率的大军名称叫定远军，其意是平定边远，人们将修筑的城堡取名为定远营。大军走后，这里就以定远营命名，作为驿站长久地保存了下来。[29] 2. 沙井驿。自汉唐始，沙井驿就是丝绸之路的必经之地，发挥着承东启西、通南达北的交通要道作用，具有浓厚的人文历史底蕴。西汉时期，卫青、霍去病打通丝绸之路以来，沙井驿又成为兰州深入八百里河西的必经之路。[30]

23　清水县志编纂委员会：《清水县志》，西安：陕西人民出版社，2001：568。

24　张家川回族自治县地方志编纂委员会编：《张家川县志》，北京：中华书局，2005：522。

25　张家川回族自治县地方志编纂委员会编：《张家川县志》，2005：523。

26　平凉市志编撰委员会：《平凉市志》，北京：中华书局，1996：263。

27　平凉市志编撰委员会：《平凉市志》，1996：264。

28　临洮县志编纂委员会：《临洮县志》，兰州：甘肃人民出版社，2010：725。

29　榆中县志编纂委员会：《榆中县志》，兰州：甘肃人民出版社，2001：288。

30　安宁区志编纂委员会编：《安宁区志》，兰州：兰州大学出版社，1999：699。

线路	沿途主要关口、驿站、渡口和古城
临夏段	1. 临津渡。在今临夏州积石山保安族东乡族撒拉族自治县大河家渡口一带，早在西汉时即已辟用。汉宣帝神爵二年（前 60 年）于此设置河关县，“盖取河之关塞”为名，其故址仍存，即今大河家西南康吊村古城。临津渡是汉代之后从枹罕入青海之要津。[31] 2. 凤林渡。位于炳灵寺黄河下游附近。是唐代通往西宁、河西的重要孔道。从长安去吐蕃都要在这里渡黄河，有渡口“风林津”，唐称“风林关”。[32] 3. 莲花渡。又称黄河下渡，是明代以来重要渡口。旧称尕脑渡口，这里曾是丝绸之路南线和唐蕃古道往来使者的主要通道和驿站。[33]
甘南段	1. 洮州卫城。即今临潭县新城，明初置洮州卫于旧洮堡，洪武十二年（1379 年），西平侯沐英、大都督金朝兴取洮州后，于“洮河之北，东陇山之南川”筑新城，遂置洮州卫。洮州卫城作为西陲重要的边备要地，相传文成公主进藏走的就是这条道路。[34] 2. 大峪城群遗址。自古以来，此地就是兵家必争之地，至今依稀可见很多古城遗址。马莲坪城堡坐落在顶部，溪岭城堡与附近阳面山站力城（堡）形成居高临下的三角阵。另有半沟、年藏、站个咱、得力坎、多拉、阳坡、老地、大峪坪上坪、闪坎、大崖等 10 多处汉城遗址，古时此地为戍边驻防的重地。[35] 3. 峰迭古城。距舟曲县峰迭乡西北 3.5 公里的白龙江南岸洪积滩，面积约 42500 平方米。宕昌国建都城于此。因地处险要，扼甘松古道之咽喉，为军事要塞，隋朝时期在此置宕吕郡怀道县。[36] 4. 瓜咱古城。坐落在白龙江南岸峰迭乡瓜咱村，旧时人们称之为莲花城，因城形似莲花（民间又称之为梅花城）而得名。据资料记载，始筑于汉代的瓜咱古城，应该是古宕昌国早期的王城。附近的牛头城遗址是瓜咱古城的卫城。[37] 5. 华阳古城。位于今舟曲县东南白龙江南岸台地的华阳城遗址。据史料记载，北宋初年，舟曲在吐蕃控制之下。直到宋徽宗建中靖国元年（1101 年），王韶收岷、宕、洮、叠四城，舟曲全境才重新归中央政权管辖，宋设秦风路阶州福津县。元朝废福津县，并入阶州，属陕西行省巩昌总帅府，舟曲为阶州辖地。[38] 6. 古叠州城遗址。在今迭部县白龙江北岸的台地上。城墙随地形而筑，城廓呈不规则五边形，城内东北部筑有内城。迄今古城残垣断壁犹存，残垣上夹棍眼和夯土层清晰可见。在遗址内和城堡残垣夯土中，发现大量古文化遗存。[39] 7. 八角城。位于甘肃省夏河县甘加滩东部央曲河与央拉河交汇的台地上，藏语称“卡尔昂”，因形状为八角而得名。是河州通往西南蕃的要道隘口和边塞重镇，也是汉与吐谷浑、吐番、西夏、角斯啰等王朝剧烈争夺的军事重镇。[40]
陇南段	1. 宕州古城。位于今宕昌镇旧城村，为宕昌羌人所建。1987 年考古工作者经过实地考察，确认这里就是郦道元《水经注》中记载的“羌水东南流，迳宕昌城东”的古宕昌国都城。[41]

31 积石山保安族东乡族撒拉族自治县志编纂委员会编：《积石山保安族东乡族撒拉族自治县志》，兰州：甘肃文化出版社，1998：196。

32 永靖县志编纂委员会编：《永靖县志》，兰州：兰州大学出版社，1995：217。

33 永靖县志编纂委员会编：《永靖县志》，1995：217。

34 临潭县志编纂委员会编：《临潭县志》，兰州：甘肃民族出版社，2008：722。

35 舟曲县志编纂委员会编：《舟曲县志》，北京：方志出版社，2010：541。

36 舟曲县志编纂委员会编：《舟曲县志》，2010：541。

37 舟曲县志编纂委员会编：《舟曲县志》，2010：541。

38 舟曲县志编纂委员会编：《舟曲县志》，2010：541。

39 迭部县志编纂委员会编：《迭部县志》，兰州大学出版社，1998：332。

40 夏河县志编纂委员会编：《夏河县志》，兰州：甘肃文化出版社，1999：435。

41 宕昌县志编纂委员会编：《宕昌县志》，兰州：甘肃文化出版社，1995：471。

甘肃是西北少数民族活动的舞台，更是历代中原王朝的经略要地。隋唐时期，中原王朝和吐蕃的交往为唐蕃古道的开辟奠定了基础。甘肃是唐蕃古道的必经之地，唐蕃古道自长安发端，由陕西陇县大震关进入甘肃境内，沿途经过了甘肃的天水、定西、临洮、临夏等地，在临夏境内渡过黄河进入青海。至今在唐蕃古道甘肃段境内还保留有诸多唐宋时期的关口、驿站、渡口、古城址等文物古迹，见证了昔日唐蕃古道的繁荣盛况和汉藏民族间的历史交往。因此，唐蕃和亲和唐蕃古道的开辟具有重要的历史意义和地域文化影响。

四、小结

1985 年，我国著名民族学家、社会学家费孝通先生在甘南考察时曾提出，甘肃境内有两个走廊，一个是“河西走廊”，另一个是沿陇西至甘南的“陇西走廊”。[42] 研究和发掘这个“民族走廊”沿线的文化遗存，可以发现古丝绸之路和唐蕃古道交汇构成的这一广袤区域，其中各民族交往交流交融的历史，是“中华民族多元一体格局”的形成史，是各民族灿烂历史文化的演进史和创造史[43]。唐蕃古道、茶马古道、丝绸之路，在甘肃境内交叉重叠，这是人类活动对于交通道路和自然地理环境的选择，是西北各民族间交往交流交融的重要通道，这些通道也丰富了汉藏民族的精神信仰和物质文化生活。

第一，吐蕃势力的存在维系了唐朝退却后西北地域的完整性。吐蕃势力在甘肃历史发展进程中具有重要的地位。唐朝中晚期，尤其安史之乱后，吐蕃势力一度占据了陇右大部和河西走廊。唐德宗建中四年（783 年）正月，陇右节度使张镒与吐蕃大相尚结赞盟于清水。唐蕃“清水会盟”时，“今国家所守界，泾州西至弹筝峡西口，陇州至西清水县，凤州西至同父县，暨剑南西山，大渡水河东为汉界。蕃国守镇在兰、渭、元、会，西使临洮，冬至成州……为蕃界”。[44] 随着吐蕃势力的崛起和强大，从唐初起就不断向西北地区扩张，甘、青地区成为吐蕃势力的重要迁入区。在唐蕃之间的长期历史交往中，有相当数量的吐蕃人进入汉地，当然吐蕃统辖区内也有不少汉人。汉人的来源主要有三种：其一，吐蕃通过征战掠夺来的汉人；其二，双方战争中的战俘；其三，吐蕃

42 费孝通：《甘南篇》，《费孝通文集》（第 10 卷）北京：群言出版社，1999：176-177。

43 马成俊、张海云：《费孝通对甘青民族社会发展的考察与构想——谨以此文纪念费孝通先生诞辰一百周年》，《西北民族研究》2011（1）：7-15。

44 参见《旧唐书》卷 196《吐蕃传下》，北京：中华书局，1975：5247。

占领区的汉人[45]。公元755-763年，安史之乱爆发，吐蕃势力乘虚而入占领河西和陇右，避免了各民族政权“争自立，相攻击”的局面出现，相对地保持了西北地域的稳定性。此外，吐蕃势力在陇右、河西的存在，有力抵御了大食势力的东侵。大食是唐朝西邻的西域大国，其雄心勃勃，一度占据了中亚巴尔喀什湖以南和阿姆河、锡尔河一带广袤的土地。截止670年，他们最东已经到达吐火罗和赛斯坦西部地区。在伊本·泽雅德的率领下，674年大食人首次越过阿姆河[46]。751年怛罗斯之战后，大食乘势吞并中亚地区，并企图向唐朝腹地推进。而此时吐蕃势力在西域的存在，抵御了大食势力的东侵，维系了唐朝退却后西北地区的完整性，发挥了重要的历史作用和影响。

第二，吐蕃势力的存在促进了西北各民族间的交往交流交融。自古以来，西北地区就是多民族共同生活和交往的地区。隋唐时期主要有吐谷浑、突厥、回鹘、沙陀、勃律等。安史之乱后，河陇及西域东南部相继为吐蕃所统治。吐蕃对西北的经略，客观上促进了吐蕃与这一地区各民族的交往和联系，蕃、汉、吐谷浑、羌等各族军民在一起耕作、生息、相为婚姻，形成了各民族杂居、互处和互相交融的局面[47]。甚至还出现了“吐蕃化”[48]的现象。譬如，在甘肃境内的乡土地名中有诸多来源于藏语的词汇，譬如，庄浪（黄羊出没的地方）、古浪（野牛出没的地方）、腊子口（险峻的山口）、打腊池（植被茂密的池塘）、打腊梁（植被茂密的山梁）。又如，甘肃临夏、甘南一带的民俗节日浪山、花儿会，受到藏族浪山节（又称“香浪节”）[49]的影响。由此也演化出了甘肃乡土口语中的浪街（逛街、游街）、浪一下（逛一下）等词汇。这种文化交流互通、交汇融合的现象在甘肃境内比比皆是。吐蕃对西北地区的经略也是今天甘肃各地藏族人口分布广泛的历史来源。今甘肃省武威市天祝藏族自治县就是宋代吐蕃六谷部落的繁衍地。今甘南、陇南的藏族人口分布也是昔日吐蕃势力东迁后的历史遗留。历史悠久、积淀丰厚的藏文化也影响着甘肃境内的各民族文化，尤以藏传佛教文化的传播和影响最为瞩目。今

45 汶江：《吐蕃治下的汉人》，《西藏研究》1982（3）：30-39。

46 [美]白桂思著，付建河译：《吐蕃在中亚：中古早期吐蕃、突厥、大食、唐朝争夺史》，乌鲁木齐：新疆人民出版社，2012：24。

47 杨铭：《吐蕃经略西北的历史作用》，《民族研究》1997（1）：81-89。

48 “吐蕃化”即吐蕃的语言词汇、文化信仰、艺术风格等对西北各民族生活的辐射和影响。参见杨铭：《试论唐代西北诸族的“吐蕃化”及其历史影响》，《民族研究》2010（4）：75-83。

49 藏语中“浪山”是“采薪”之意。从前寺院僧人在山区伐木之余，百无聊赖之际，便安排节日去游山玩水，渐渐传入民间，演变成今天的浪山节。每年的农历六月中旬、藏历六月初九，甘南许多地方都要举办“浪山节”。受其影响，甘肃的回族、保安族都有过浪山节的民族节日。参见王倩：《夏河浪山节节日民俗研究》，西北民族大学硕士学位论文，2016；洪伟：《乡土与交融，多元甘南的文化解读》，《中国穆斯林》2019（2）：60-63。

甘肃各地保存有不少受藏传佛教文化影响的寺院、经塔、佛窟、壁画等历史古迹和文物遗存[50]。如永靖炳灵寺、岷县大崇教寺、甘南的拉卜楞寺、五泉山嘛尼寺、石佛沟、武威天祝天堂寺以及敦煌莫高窟吐蕃时期洞窟、雕塑及壁画艺术等等。藏传佛教文化成为各民族交流融合的文化纽带，其影响遍及甘肃境内包括汉族、裕固族、蒙古族等各民族在内的文化生活。甘肃历史上的各民族在文化信仰和精神生活上相互影响，汉藏等各民族共同创造和书写了甘肃悠久、灿烂的历史文化。

◆ 李志鹏　陕西师范大学“一带一路”与中亚研究协同创新中心2020级博士研究生，甘肃省社会科学院丝绸之路研究所副研究员

50 旺谦、丹曲：《甘肃藏传佛教寺院录》，兰州：甘肃民族出版社，2000：1-3。

丝绸之路青海道研究回顾与展望 *

曹中俊

内容摘要： 丝绸之路青海道是丝绸之路东段的重要支线，学界相关研究已走过八十余年的历程。综观现有的研究成果，主要是针对道路相关史事、遗物遗迹的个案研究，未能将相关内容置于一个统一的框架中进行综合梳理，大多显得各行其是、缺乏融通。因此有必要对相关研究成果做简要梳理和评述，内容主要包括丝绸之路青海道概念及内涵研究、路网构成探索与研究、沿线考古发现及研究、青海道上相关族群研究等。当前随着考古发现的不断面世与族群理论的引入，青海道的内涵与价值，及其所反映的文化变迁等问题亟需重新思考与审视。在此后的研究中需要充分把握青海道“三位一体”的特性、开辟族群与道路结合研究的新思路以及将文化变迁考察与道路变迁研究有机融合，推动丝绸之路青海道研究的深化与拓展。

丝绸之路青海道作为丝绸之路东段的重要支线，对于认识丝绸之路具有重要意义。学界对于青海道的研究，自二十世纪三十年代至今，已有八十余年的历史。从对青海道概念基本认识的形成，再到如今对青海道沿途地区的综合考察，相关研究不胜枚举，但

* 本文系国家社会科学基金西部项目“丝绸之路沿线所见金属下颌托组合覆面葬俗研究”（22XKG003）及西北大学研究生科研创新项目“丝绸之路青海道上的粟特艺术研究”（CX2024103）阶段性成果。

目前来看，有关青海道的整体性观察依然较少，一方面，路线研究具有“资料梳理多，学理阐释少”的特点，另一方面，相关考古发现也呈现出碎片化的特征，对于这些发现的研究也多以微观性视角为主。随着考古发现的不断面世与族群理论的引入，青海道的内涵与价值，及其所反映的文化变迁等问题亟需重新思考与审视，因此有必要先对相关研究成果的特点进行总结与评述，再针对具体问题对青海道研究提出几点思考和希冀。以下，对相关研究择其要者，分类进行综述。

一、丝绸之路青海道概念及内涵研究

当前学术界关于丝绸之路青海道的概念有很多种，如羌中道[1]、羌氐道[2]；吐谷浑道[3]、吐谷浑路[4]；河南道[5]；青海道[6]、青海路[7]等。此外，丝绸之路青海道的部分通道曾是玉石、彩陶、小麦以及青铜等传播的重要通道之一，因此，有学者常以“玉石之路”[8]、“彩陶之路”[9]、“青铜之路”[10]命名此通道，本文所讨论的丝绸之路青海道概念，即基本是在汉唐丝绸之路时间框架下所展开的，但是在道路走向和内涵阐释等方面，学界的分歧较为明显。

例如，近年来，一些学者虽然已经意识到目前“学界有关丝绸之路青海道命名与构成的描述或者与历史事实不符，或者缺乏典型性，需重新梳理”[11]，但直接将青海道分为羌中道、河南道和湟中道三条干线的做法，似乎欠妥。

总体来看，虽然不同学者以不同时期、不同族群为出发点提出了若干种有关丝绸之路青海道的命名方案，但是对于主干道走向和青海道的内涵则已基本达成共识。具体而

1 初师宾：《丝路羌中道开辟小议》，《西北师院学报》1982（2）：42-46。
2 张得祖：《古玉石之路与丝绸之路青海道》，《青海师范大学学报》2008（5）：56-59。
3 黄文弼：《古楼兰国历史及其在中西交通上之地位》，《史学集刊》1947（5）：111-146。
4 [日]松田壽男：《吐谷渾遣使考》，收入《松田壽男著作集·東西文化の交流Ⅱ》，東京：六興出版，1987：68-126；薄小莹：《吐谷浑之路》，《北京大学学报》1988（4）：70-74。
5 陈良伟：《丝绸之路河南道》，北京：中国社会科学出版社，2002。
6 周伟洲：《丝绸之路的另一支线——青海道》，《西北历史资料》1985（1）：11-26；赵荣：《青海古道探微》，《西北史地》1985（4）：56-61；王育民：《丝路“青海道”考》，《历史地理》1986（4）：145-151；霍巍：《粟特人与青海道》，《四川大学学报》2005（2）：94-98。
7 周伟洲：《古青海路》，《西北大学学报）》1982（1）：65-72。
8 臧振：《“玉石之路”初探》，《人文杂志》1994（2）：79-89。
9 刘学堂：《史前彩陶之路：“中国文化西来说”之终结》，《中国社会科学报》2012-11-21（5）。
10 刘学堂、李文瑛：《史前“青铜之路”与中原文明》，《新疆师范大学学报》2014（2）：79-88。
11 牛钧鹏、李健胜：《回顾、反思与展望——丝绸之路青海道研究述评》，《中国史研究动态》2019（1）：11-20。

言，从青海道途经区域和内涵的差异来看，其概念应具有广义和狭义之分。广义丝绸之路青海道是指由高昌走焉耆，去鄯善，越阿尔金山口，穿青藏高原的白兰地区，至察汗乌孙河的都兰城（河南国都），经柴达木盆地，抵吐谷浑东镜龙固（松潘），南入益州（成都），再由益州达建康（南京）的交通道路。狭义丝绸之路青海道主要是指在今天青海境内的交通路线，主要包括从西宁直接北上穿祁连山扁都口至张掖，亦可从西宁、共和等地出发抵伏俟城或都兰，而后沿柴达木盆地南北缘行走，南缘穿越阿尔金山至若羌，北缘跨过当金山口达阳关、敦煌，可贯通青海。

在很长一段时间内，学界常常将青海道与河南道混为一谈，徐苹芳在 1990 年前后就已将青海道与河南道做过区分[12]。狭义的河南道是指由青海、甘肃南下进入以益州为核心的蜀地路段。而广义的河南道一般是指由东晋南朝首都建康（今南京）出发，沿长江水路溯江而上到达蜀地益州（今成都），经岷江或白龙江北上至甘南迭部、临夏，后经民和、同仁等地达西宁，后与青海道相衔接。在整个路线中建康至益州的长江水路，是由建康至益州、河西及西域的必经路线，在某种程度上可以说此段长江水路是丝绸之路河南道沟通中西的重要辅路。

整体来看，丝绸之路青海道是对青海境内丝路交通的一个总括，而不单指某个时代、某个民族绾毂的交通路线，用青海道来囊括整个路网较为合适、恰当，不易混淆，具有鲜明的代表性。

二、丝绸之路青海道路网构成探索与研究

弄清丝绸之路青海道的走向、探索丝绸之路青海道的路线一直是从事青海道相关研究的学者们所重点关注的问题。学者们最早从地望入手，主要依据的是文献材料，后来随着考古发掘资料的增多，为青海道路网的研究和路线复原带来了新的契机。

如 1948 年，吴景敖首次从地理学角度将西域、青海、成都、建康诸地联系起来考虑。他指出，由隆务河流域向西，原有三条通道可以通往青海西部；由隆务河向南经行洮叠二州可以通往南朝[13]。之后，吴景敖又发表几篇文章来讨论南北朝时期西域与江南之间存在的交通通道。他认为：该道由汉中地区出发，途经昭化、洮州、叠州、柴达木盆

12 徐苹芳：《考古学上所见中国境内的丝绸之路》，《燕京学报》1995（1）：291-334，收入氏著：《丝绸之路考古论集》，上海古籍出版社，2017：8-95。

13 吴景敖：《西陲史地研究》，上海中华书局，1948：6-7。

地南北两沿以及当金山口，可以抵达西域[14]。在吴氏的基础上，严耕望继续讨论了川甘青地区间的交通路线，如《唐代交通图考》不但考证了青海道的交通路线，还认为魏晋南北朝时期的青海道是重要的军事交通线。此外，在第二卷《河陇碛西区》十三篇“河湟青海地区军镇交通网”中论述的“临州西通鄯州河源军道”“鄯城河源军之辐射交通线”及“赤岭西南青海河源道”也与丝绸之路青海道有关；而第三卷《秦岭仇池区》十九篇“汉唐褒斜驿道”中提及的“汉魏褒斜古道”即为“青海道”的褒斜道[15]。

1958 年，夏鼐根据对古代文献记载的研究，认为从中原出发，途经吐谷浑所居地去往西域的道路主要有三条[16]。徐苹芳在夏鼐的基础上，进一步勾勒出了三条路线的走向。他认为，青海道从（丝绸之路）南路之兰州或北路之靖远返兰州，西经乐都（鄯州）、西宁（鄯城），北走大通，过大雪山扁都口（大斗拔谷）至张掖；或自西宁过日月山（赤岭），沿青海湖南岸至伏俟城（吐谷浑国都）；或自西宁至海晏三角城（汉西海郡故城），沿青海湖北岸和柴达木盆地北缘至大柴旦，北上穿当金山口而至敦煌；或从伏俟城沿柴达木盆地南缘，经都兰、格尔木，西出阿尔金山（茫崖镇）至若羌[17]。1982 年，周伟洲梳理了青海道的大致路线[18]。1985 年，赵荣结合青藏的自然地理及相关文献资料，对青海道的走向及路线进行了有益探讨[19]。1988 年，薄小莹根据文献考证出从益州到西域的青海道分为北线、南线东段和南线西段[20]。另外，日本学者松田寿男、前田正名、佐藤长、山口瑞凤、铃木隆一和阿子岛功等在其论著中都有讨论过青海道[21]，其中佐藤长深入研究过青海道的交通路线[22]，认为“游牧民的根据地自古未变，路线一旦确定，沿线诸民族的位置也随之显现，情况更加明了”[23]。

20 世纪 90 年代，中国社会科学院考古研究所两次组成工作队前往青海道沿线进行

14 吴景敖：《西陲史地研究》，1948：1-55。

15 严耕望：《唐代交通图考》，上海古籍出版社，2007：497-584，701-754。

16 夏鼐：《青海西宁出土的波斯萨珊朝银币》，《考古学报》1958（1）：105-110。

17 徐苹芳：《考古学上所见中国境内的丝绸之路》，2017：8-95。

18 周伟洲：《古青海路考》，《西北大学学报》1982（1）：65-72。

19 赵荣：《青海古道探微》，《西北史地》1985（4）：56-61。

20 薄小莹：《吐谷浑之路》，《北京大学学报》1988（4）：70-74。

21 ［日］前田正名：《西夏時代における河西を避ける交通路》，《史林》第 42 卷，1959（1）：79-103；［日］阿子島功：《青海シルクロードの自然環境——谷あいの道、水草の道、緑洲の道、冰原の道》，《シルクロード学研究》（中国 · 青海省におけるシルクロードの研究）第 14 卷，2002（1）：37-77；［日］铃木隆一著，钟美珠译：《吐谷浑与吐蕃之河西九曲》，《民族译丛》1985（3）：47-51；［日］山口瑞鳳：《白蘭と Sum-pa の rLangs 氏》，《東洋學报》第 52 卷，1969（1）：1-61；等等。

22 ［日］佐藤长著，梁今知摘译：《隋炀帝征讨吐谷浑的路线》，《青海社会科学》1982（1）：90-95。

23 ［日］佐藤长：《チベット历史地理研究》，东京：岩波书店，1978：123-124。

实地考察，行程约 15000 余公里。1992 年 9 月至 10 月，主要前往四川成都、郫县、灌县、汶川、彭县、绵阳等县进行考古调查。1993 年 1 月至 10 月，主要前往四川茂汶、松潘、南坪，甘肃岷县、迭部、合作等县，青海共和、贵德、贵南、都兰等县进行考古调查[24]。之后，陈良伟又多次前往青海道沿线的若干支道进行调研，收获颇丰[25]。

2002 年，陈良伟在其博士论文基础上修改出版《丝绸之路河南道》一书，此书是 20 世纪 90 年代起，陈良伟等人对丝绸之路青海道沿线实地调研的重要成果。书中不仅对前一阶段学人相关研究进行总结，同时还开创了丝绸之路青海道研究的新思路，极大地推动了青海道的研究进程。徐苹芳评价这本书“是目前所见文献学和考古学两方面资料最全的论著”[26]。综合调研的成果，陈良伟将青海道分成四条分道，分别为西蜀分道、河南分道、柴达木分道和祁连山分道。四个分道又可细分为九条支道，即“岷江支道、白龙江支道、河源支道、隆务河支道、洮河支道、柴达木南支道、柴达木北支道、扁都口支道和走廊南山支道”[27]。这些分道和支道常常需要互相串行，互为辅线才能支撑河南道的畅通[28]。关于陈良伟对青海道路网的划分，李健胜等认为其对部分路线的表述值得商榷，且对湟中道干线及其支线网络的研究也不够深入[29]。

2013 年，仝涛在其博士论文的基础上于英国出版了《中古早期青藏高原北部的丝绸之路：依据考古与文献资料的重建》一书。该书利用考古出土材料及传世文献资料较系统地对青藏高原北部地区的丝绸之路路网进行了梳理，并对沿途文化交流等现象进行了有益探讨[30]。

此外，在研究青海道路线问题时，我们亦要关注历史上经行过青海道的使团、僧团、商团、军团等人群，他们行进的路线记载为复原、细化青海道路网构成提供了重要

24 陈良伟：《松灌丝道沿线的考古调查 ——丝绸之路河南道的一支》，《中国社会科学院研究生院学报》1996（6）：62-71；中国社会科学院考古研究所四川工作队、松潘县文物管理所：《四川松潘县松林坡唐代墓葬的清理》，《考古》1998（1）：65-71；中国社会科学院考古研究所四川工作队：《丝绸之路河南道沿线的重要城址》，《考古学集刊》第 13 集，北京：中国社会科学出版社，2000：238-268。

25 陈良伟：《丝绸之路河南道》，2002：1。

26 陈良伟：《丝绸之路河南道》，2002：序言第 3 页。

27 中国社会科学院考古研究所四川工作队：《丝绸之路河南道沿线的重要城址》，《考古学集刊》第 13 集，2000：238-268。

28 陈良伟：《丝绸之路河南道》，2002：13。

29 李健胜、董波：《刻写青海道》，西宁：青海人民出版社，2017：11。

30 Tong Tao, *The Silk roads of the Northern Tibetan Plateau during the Early Middle Ages* (*from the Han to Tang Dynasty*)*: as reconstructed from archaeological and written sources*, Oxford: British Archaeological Reports, 2013.

资料。以使团为例，日人松田寿男[31]和唐长孺[32]早年探讨了吐谷浑、高昌、粟特等族群经河南道与南朝交往的史实。后来周松、陈良伟、李健胜等从不同角度综合分析了经行青海道的使团情况，其中对经行路线多有涉及[33]。李智信的《青海古城考辨》对青海境内的古城进行了系统梳理，是厘清青海道交通网络的重要学术参考[34]。毕艳君、崔永红合著《古道驿传》一书，较系统地梳理了青海境内的古道、驿站，亦是研究青海道交通网络的重要学术基础[35]。

近来，综合各家的研究成果，周伟洲[36]、张得祖[37]、苏海洋[38]、崔永红[39]、李健胜[40]等学者结合史料及考古发现又进一步研究了青海道的路线，不仅加深了我们对青海道几大干道内部支线情况的认识，还让我们意识到几大干道之间可勾连、交并，且青海道亦可与其他丝道相连通，共同构成一个完整的沟通东西的庞大路网。

三、丝绸之路青海道沿线考古发现及研究

（一）近年青海道沿线考古发现

丝绸之路青海道的研究进程最早由外国探险家们开启。瑞典学者斯文·赫定（Sven Hedin，1865-1952 年）于 19 世纪末和 20 世纪初曾四次前往青海地区，进行了大量的考察和研究工作，并发表了《亚洲腹地旅行记》(*My Life as an Explorer*) 等论作[41]。20 世纪 30 年代，德国冒险家威廉·菲尔希纳（Wilhelm Filchner）在都兰及周边地区实地考察、调研[42]，这些工作为后来青海道研究的开展奠定了基础。建国以后，尤其近 20 年来，伴

31 [日]松田壽男著，周伟洲译：《吐谷浑遣使考（上）》，《西北史地》1981（2）：81-94；[日]松田壽男：《吐谷渾遣使考》，收入《松田壽男著作集·東西文化の交流Ⅱ》，1987：68-126。

32 周伟洲：《吐谷浑史》，桂林：广西师范大学出版社，2006：31-54。

33 周松：《吐谷浑遣使东魏路线考》，《中国历史地理论丛》，2003（3）：19-28；陈良伟：《丝绸之路河南道》，2002：252-302；李健胜、董波：《刻写青海道》，2017：167-195。

34 李智信：《青海古城考辨》，西安：西北大学出版社，1995。

35 毕艳君、崔永红：《古道驿传》，西宁：青海人民出版社，2007。

36 周伟洲：《吐谷浑史》，2006：135-136。

37 张得祖：《古玉石之路与丝绸之路青海道》，《青海师范大学学报》2008（5）：56-59。

38 苏海洋、雍际春：《丝绸之路青海段交通线综考》，《丝绸之路》2009（6）：39-42。

39 崔永红：《丝绸之路青海道盛衰变迁述略》，《青海社会科学》2016（1）9-16；崔永红：《丝绸之路青海道史》，西宁：青海人民出版社，2020：绪论。

40 李健胜、董波：《刻写青海道》，2017：121-136。

41 [瑞典]斯文·赫定著，周山译：《亚洲腹地旅行记》，南京：江苏文艺出版社，2011。

42 Wilhelm Filchner, *Bismillah! Vom Huang-Ho zum Indus*, Leipzig: F.A. Brockhaus, 1938: 102-103.

随国内考古工作的逐步展开，在青海道沿线发现了诸多相关遗存。

1. 城址

丝绸之路青海道沿线分布古城众多。1943年，靳玄生在《青海历代城垒遗地考》中指出，青海湖西约7.5公里的铁卜加古城当为南北朝时期吐谷浑王国的国都伏俟城。1958年，安志敏对海晏县三角城进行了考察，并确定它就是王莽时建立的西海郡城[43]。1980年以来，随着青海文物普查工作的全面开展，文物考古工作者们调查、登记了大量古城遗迹，确定出大量的古城建造年代，研究得出一些古城的原名。李智信的《青海古城考辨》即对青海境内的古城进行了系统梳理，为研究青海古城提供了宝贵的资料。

2000年，中国社会科学院考古研究所四川工作队对丝绸之路河南道沿线调研的重要古城进行了梳理和公布[44]。这是第一次科学地、大范围地、有计划地对青海道沿线古城进行实地调研，最重要的收获便是发现了数十座与中西文化交流有关、能够反映西南地区古代政治、经济、文化生活面貌的城塞。其中绝大部分城址年代为南北朝时期至唐代前后，这对于弄清河南道沿途所经有着重要意义。此外，青海考古工作者还对天峻县的加木格尔滩古城进行了试掘[45]。

2. 墓葬及出土文物

青海河湟地区人口稠密、城镇众多，因此墓葬分布也较多。与丝绸之路青海道关系密切的墓葬主要有中华巷汉墓群、南滩汉墓群、彭家寨、刘家寨汉墓群、上孙家寨汉晋墓、多巴汉墓群、高寨汉晋墓群、南凉康王墓等[46]。这些墓葬出土有各式陶器、木器、骨器、漆器、铜器和五铢钱等，还发现刻有“彭安世”“汉匈奴归义亲汉长”等字的铜印，以及汉晋墓葬胡人牵驼画像砖、带有西方帕提亚色彩的银壶等文物，引起了学者们的重点关注。

环柴达木盆地及邻近的青海湖地区是历史上吐谷浑人活动的重要区域，自20世纪80年代起，该区域发现诸多墓葬，主要集中在海西地区的都兰、乌兰等地。如以热水一号大墓为主的墓群、都兰热水墓群2018血渭一号墓、乌兰泉沟一号壁画墓、哇沿水库墓葬群、香日德古墓群、芦丝沟龙根墓地、智尕日墓地、郭里木墓地、白水河河口西岸

43 安志敏：《青海的古代文化》，《考古》1959（7）：375-383。

44 中国社会科学院考古研究所四川工作队：《丝绸之路河南道沿线的重要城址》，《考古学集刊》第13集，2000：238-268。

45 许新国：《青海省考古五十年述要》，载氏著：《西陲之地与东西方文明》，北京燕山出版社，2006：25。

46 相关墓葬资料可参考发掘简报、报告及赵生琛等：《青海古代文化》，西宁：青海人民出版社，1986：104-114；国家文物局主编、青海省文化厅编制：《中国文物地图集·青海分册》，北京：中国地图出版社，1996：42-48。

墓葬、贡艾里沟阿门墓葬、艾力斯太墓葬、哈日吾足尔墓葬、额日德尼奥木仁墓葬等[47]。这些墓葬出土文物主要有骨器、漆器、木器、铜器、古藏文简牍、彩绘棺板画及各式装饰品。且这些墓葬中还发现众多与西方文化联系密切的精美丝织品、金银器、钱币及装饰品等[48]。

3. 窖藏发现及石窟寺等佛教遗迹

1956年，工人们在西宁市内隍庙街（今解放路）施工过程中，发现窖藏于地下的陶罐一件，里面除盛放有100余枚萨珊银币外，还有货泉、开元通宝等近20枚铜币。这些萨珊银币直径2.5至3厘米，重3.8至4.1克，平均为3.95克，是研究东西商贸及文化交流的重要资料[49]。

青海道沿线现存一些重要石窟，如丹斗寺岩窟、红崖石窟、炳灵寺石窟等，在青海湟中地区出土有佛教题材画像砖，青海玉树和昌都等地发现有吐蕃佛教摩崖造像。在青海道河南分道沿线，如岷江上游[50]、成都万佛寺[51]、成都商业街[52]、成都西安路[53]及成都下同仁路[54]等地还发现了诸多佛教造像。这些实物资料为我们研究佛教在地化进程等问题提供了切入点。

---

47 相关墓葬资料可参考发掘简报、报告，如北京大学考古文博学院、青海省文物考古研究所编著：《都兰吐蕃墓》，北京：科学出版社，2005；中国社会科学院考古研究所、海西蒙古族藏族自治州民族博物馆、乌兰县文体旅游广电局：《青海乌兰县泉沟一号墓发掘简报》，《考古》2020（8）：19-37；中国社会科学院考古研究所、青海省文物考古研究所：《青海都兰县热水墓群2018血渭一号墓》，《考古》2021（8）：45-72；青海省文物考古研究所、陕西省考古研究院编著：《青海都兰哇沿水库2014年考古发掘报告》，北京：科学出版社，2022；辛峰主编：《海西州第三次全国文物普查资料精选》，北京：中国民族摄影艺术出版社，2013：112-157。

48 许新国：《青海考古的回顾与展望》，《考古》2002（12）：3-11，97-98；北京大学文博学院、青海省文物考古研究所编著：《都兰吐蕃墓》，2005；徐承炎、夏吾卡先：《青海吐蕃墓的考古发现与研究》，《西藏研究》2019（1）：54-63；青海省博物馆编著：《尘封千年的记忆：丝绸之路（青海道）沿线古代彩绘木棺板画》，北京：文物出版社，2019。

49 赵深琛：《青海西宁发现波斯萨珊朝银币》，《考古学通讯》1958（1）：64-65。

50 袁曙光：《四川茂汶南齐永明造像碑及有关问题》，《文物》1992（2）：67-71；雷玉华、李裕群、罗进勇：《四川汶川出土的南朝佛教石造像》，《文物》2007（6）：84-93，96-97。

51 冯汉骥：《成都万佛寺石刻造像——全国基建出土文物展览会西南区展览品之一》，《文物参考资料》1954（9）：110-120；刘志远、刘廷壁编：《成都万佛寺石刻艺术》，中国古典艺术出版社，1958；袁曙光：《成都万佛寺出土的梁代石刻造像》，《四川文物》1991（3）：27-32；袁曙光：《四川省博物馆藏万佛寺石刻造像整理简报》，《文物》2001（10）：19-38。

52 张肖马、雷玉华：《成都市商业街南朝石刻造像》，《文物》2001（10）：4-18。

53 成都市文物考古工作队、成都文物考古研究所：《成都市西安路南朝石刻造像清理简报》，《文物》1998（11）：4-20，97-100。

54 成都考古研究院编著：《成都下同仁路佛教造像坑及城市生活遗址发掘报告》，北京：文物出版社，2017。

（二）针对考古发现的相关研究

1. 青海道沿线城址研究

利用考古学方法，并结合历史文献记载对青海古城进行研究工作始于 20 世纪 60 年代末，即上文提及的 1958 年安志敏对海晏县三角城所做研究。

吐谷浑在青藏高原上立国长达 350 余年，其中晚期时的都城——伏俟城的发现引起了学者们的热切关注。1960 年，黄盛璋和方永结合亲身考察经历，例证其发现的古城即为吐谷浑伏俟城，并阐述了伏俟城发现的意义及伏俟城在当时的交通地位等[55]。1995 年，李智信《青海古城考辨》结合考古工作人员新调查所获资料，对青海相关古城涉及到的地名、城名、道路名、桥名等进行辨析，其中讨论的部分城址在青海道沿线上。

近来，2018 年和 2020 年，西北大学文化遗产学院和青海省文物考古研究所组成联合考古队前往伏俟城进行勘探和发掘，厘清了内城城内建筑布局，发现并确定了外城北墙和城门，在外城南部发现房址和灰坑。通过考古钻探和遗物测年，联合考古队进一步确定了青海共和县石乃亥乡铁卜加城就是吐谷浑伏俟城，印证和补充了历史文献的记载[56]。此外，还有学者认为《洛阳伽蓝记》中所记宋云一行经过的“吐谷浑城”应是位于今天青海省都兰县的香日德古城[57]。

2. 随葬品及葬俗研究

最早以考古学视角研究青海道的学者是夏鼐，他于 1958 年首次从考古学的角度考察了丝绸之路青海道在中西文化交流中的历史地位[58]，此后随着考古资料的不断涌现，众多学者开始关注丝绸之路青海道，并对墓葬中的随葬品及葬俗进行了研究。

王瑄从封土类型、墓葬结构、随葬遗物等方面对都兰发现的墓葬群进行了分析[59]。肖永明专门撰文公布了对青海西部地区墓葬中的棺板进行树木年轮测年数据。并结合西藏地区吐蕃时期的墓葬，从墓葬形制、埋葬习俗等方面对青海西部地区墓葬进行了年代和族属的判断[60]。这些研究为之后进一步对青海道沿线墓葬进行分区、断代研究奠定了初步基础。

---

55 黄盛璋、方永：《吐谷浑故都——伏俟城发现记》，《考古》1962（8）：436-440。
56 李琴：《探寻吐谷浑伏俟城》，《大众考古》2021（5）：63-70。
57 李国华：《吐谷浑遗存的初步探索》，《北方民族考古》第 1 辑，北京：科学出版社，2014：201-221。
58 夏鼐：《青海西宁出土的波斯萨珊朝银币》，《考古学报》1958（1）：105-110。
59 王瑄：《汉唐之际“青海道”墓葬概论——以都兰吐蕃墓葬为中心》，兰州大学硕士学位论文，2017。
60 肖永明：《树木年轮在青海西部地区吐谷浑与吐蕃墓葬研究中的应用》，《青海民族研究》2008（3）：57-63。

青海道沿线民族众多，区域内的历史文化发展复杂，关于墓葬的族属研究一直以来都是学术界讨论的热点，尤以都兰热水墓群的墓主人族属问题最具代表性。最先学者们围绕吐谷浑、吐蕃、吐蕃统治下的吐谷浑人等说展开了激烈讨论[61]。以霍巍等为代表的学者认为将都兰墓群的族属定义为“吐蕃占领或统治下的吐谷浑人”较为客观、公允[62]。这一观点虽获认可，但仍有一些人对此持反对意见，不过随着2018血渭一号墓中出土了一枚刻有古藏文“外甥阿柴王”银金合金印章，此类墓葬的墓主人及族属问题在一定程度上得到解决。但是我们仍要观察到墓葬之间的细微变化。因为若一批墓葬同属于7世纪的吐谷浑人，但以吐谷浑灭国的龙朔三年（663年）为界，在墓葬形制、随葬器物组合、文化因素的外在表现形式等方面还是有些许不同的。

虽说大多都兰热水墓葬里蕴含有丰富的吐蕃因素[63]，但是一些学者仍敏锐地观察到墓葬中可能存在鲜卑文化因素，如葬具大多为木质梯形棺等[64]。且在海西地区5-8世纪墓葬中汉和鲜卑文化因素仍占主导地位[65]。

3. 图像与中西文化交流研究

前述青海道沿线出土众多文物中包罗各式图像，这些图像吸引了较多学者对其进行讨论，涉及主题包括纹饰造型、艺术来源、渊源和流变、风格特征等。

首先是出土丝织品纹样的研究。1991年，许新国、赵丰二人对都兰出土丝织品上的图案分为骨架式排列和图案式排列两大类，包括对波骨架、套环骨架、几何形骨架、簇四型骨架、环形团窠、独花团窠等纹样[66]。许新国对其中的联珠圈含绶鸟纹做了个案研

61 阿顿·华多太：《论都兰古墓的民族属性》，《中国藏学》2012（4）：117-136；周伟洲、杨铭：《关于敦煌藏文写本〈吐谷浑（阿豺）纪年〉残卷的研究》，《中亚学刊》第3辑，北京：中华书局，1990：95-108；程起骏、毛文炳：《倾听千座古墓的诉说——就都兰古墓群的文化归属与许新国先生再商榷》，《中国土族》2006（3）：9-12；仝涛：《青海都兰热水一号大墓的形制、年代及墓主人身份探讨》，《考古学报》2012（4）：467-488；许新国：《青海省考古工作五十述要》，载氏著：《西陲之地与东西方文明》，2006：16-18；霍巍：《西藏古代墓葬制度史》，成都：四川人民出版社，1995：189；霍巍：《论青海都兰吐蕃时期墓地考古发掘的文化史意义——兼评阿米·海勒〈青海都兰的吐蕃时期墓葬〉》，《青海民族学院学报》，2003（3）：24-31。

62 参见霍巍：《吐蕃时代考古新发现及其研究》，北京：科学出版社，2012：63、124-126、142-144；周伟洲：《青海都兰暨柴达木盆地东南沿墓葬主民族系属研究》，《史学集刊》2013（6）：3-24；仝涛：《青海都兰热水一号大墓的形制、年代及墓主人身份探讨》，《考古学报》2012（4）：467-488、547-550。

63 韩建华：《青海都兰热水墓群2018血渭一号墓吐蕃化因素分析》，《考古》2022（10）：100-109。

64 仝涛：《木棺装饰传统——中世纪早期鲜卑文化的一个要素》，《藏学学刊》第3辑，成都：四川大学出版社，2007：165-170；肖永明：《树木年轮在青海西部地区吐谷浑与吐蕃墓葬研究中的应用》，《青海民族研究》2008（3）：57-63；仝涛：《甘肃肃南大长岭吐蕃墓葬的考古学观察》，《考古》2018（6）：94-104。

65 孙杰：《青海海西地区5-8世纪墓葬文化因素研究》，西北师范大学硕士学位论文，2016。

66 许新国、赵丰：《都兰丝织品初探》，《中国历史博物馆馆刊》1991：15，16，收入氏著：《西陲之地与东西方文明》，2006：176-198。

究，将蜀锦、粟特锦、波斯锦等作了区分和比较[67]。另还撰文讨论了太阳神[68]、人神搏斗[69]等都兰墓葬出土蜀锦的纹样，及其传入青海的路线[70]。此外，赵丰主编的图录[71]及论著[72]中也有涉及到对都兰出土织锦纹样的阐释和分析。近来青海省文物考古研究所与阿贝格基金会合作编著《都兰丝织品珍宝》一书，对青海出土的丝织品进行了公布，其中包含大量之前未公开的丝织品及高清照片，为相关课题的深入研究提供了宝贵素材[73]。

其次是金银饰片及器皿装饰图案研究。瑞士学者艾米·海勒（Amy Heller）自2003年起先后发表多篇文章分析了吐蕃金银器，其中涉及到都兰墓葬中出土金银器的图像分析[74]。国内代表性的研究成果要数霍巍和许新国二人的研究。霍巍对出土金银器上的宝马与骑士形象、半人半身形象、带翼神兽、胡瓶等图案进行了个案分析[75]。另外《吐蕃系统金银器研究》一文，对于我们研究青海道沿线出土金银器艺术风格渊源有着重要启发和参考意义[76]。许新国则对都兰墓葬中出土的动物形银器进行了考证，推测其与粟特金银器有着密切关系[77]。另外李璟[78]、朱建军[79]等学人对青海道沿线新出金银器中蕴含的多元文化因素进行了分析，认为是中西文化交流的重要体现。

最后是棺板画呈现的画面研究。目前学界对青海道沿线出土彩绘棺板画已有较多成果，既有一些棺板画图像综合研究[80]；也有一些个案研究，关注较多的有棺板画中人物族

67 许新国：《都兰吐蕃墓出土含绶鸟织锦研究》，《中国藏学》1996（1）：3-26。

68 许新国：《青海都兰吐蕃墓出土太阳神图案织锦考》，《中国藏学》1997（3）：67-82。

69 许新国：《都兰出土织锦——“人兽搏斗”图像及其文化属性》，《青海社会科学》2007（2）：73-76。

70 许新国：《都兰出土大批唐代丝绸见证丝绸之路青海路》，《文物天地》2004（10）：3；许新国：《吐蕃墓出土蜀锦与青海丝绸之路》，《藏学学刊》第3辑，2007：93-116。

71 赵丰、齐东方主编：《锦上胡风——丝绸之路纺织品上的西方影响（4-8世纪）》，上海古籍出版社，2011。

72 赵丰：《锦程：中国丝绸与丝绸之路》，合肥：黄山书社，2016。

73 青海省文物考古研究所编著：《都兰纺织品珍宝》，北京：文物出版社，2023。

74 [瑞士]阿米·海勒著，霍川译：《青海都兰的吐蕃时期墓葬》，《青海民族学院学报》2003（3）：32-37；Amy Heller, "Tibetan Inscriptions on Ancient Silver and Gold Vessels and Artefacts." *Journal of the International Association for Bon Research* 1, 2013: 259-291.

75 霍巍：《金银器上的吐蕃宝马与骑士形象》，《西藏大学学报》2014（1）：77-82；霍巍：《吐蕃金银器中的带翼神兽》，《中国西藏》2018（1）：72-75；霍巍：《考古图像中的吐蕃胡瓶》，《中国西藏》2016（4）：82-85。

76 霍巍：《吐蕃系统金银器研究》，《考古学报》2009（1）：89-128、159-164。

77 许新国：《都兰吐蕃墓出土的动物形银器》，《中国西藏》2003（1）：66-72；许新国：《都兰吐蕃墓中镀金银器属粟特系统的推定》，《中国藏学》1994（4）：31-45。

78 李璟：《吐蕃金银器纹样图像考》，西藏大学硕士学位论文，2022。

79 朱建军：《交融与互鉴——新见吐蕃、吐谷浑出土文物研究》，兰州大学博士学位论文，2022。

80 许新国：《郭里木吐蕃墓葬棺板画研究》，《中国藏学》2005（1）：56-69；霍巍：《青海出土吐蕃木棺板画的初步观察与研究》，《西藏研究》2007（2）：49-61。

属[81]、人物服饰[82]、棺板装饰[83]及丧礼[84]等问题，还有学者以棺板画为核心，论证了粟特艺术东传青海的路线及相关问题[85]。此外，还有从统计学的角度展开研究[86]，不断丰富了我们的认知。近年辛峰、马冬[87]、孙杰[88]、张建林[89]等学者也在不同文章中披露了诸多此前未见的青海木棺板画。

4. 其他发现的相关研究

除了上述研究外，还有一些涉及宗教文化与艺术传播，以及与青海道途经区域相关的考古研究等，简要评述如下。

日本人岚瑞徵最早于1936年利用诸本高僧传的记载，专文梳理出了六朝时自西域经行青海前往成都和江南的佛僧，他只是提出存在这条通道，但并未对具体道路名称和路线等进行深入发覆[90]。1958年，夏鼐由西宁发现的窖藏萨珊银币而讨论这条比较稍南的交通路线时，论证了文献中的法显、昙无竭、阇那崛多、宋云等佛僧往来西域曾经行过这条道路[91]。唐长孺于1979年讨论北凉承平七年（449年）写经题记中的“吴客”及相关问题时，提到昙无竭、释法献、阇那崛多、宋云及惠生几位僧侣可能经行了一条几乎与河西走廊并行的道路——“河南道”[92]，这是学界首次明确指出这些佛教僧侣经行的就是历史上的青海道，这对于研究青海道上的佛教传播具有重大意义。2002年，陈良伟

81 程起骏：《棺板彩画：吐谷浑人的社会图景》，《中国国家地理》2006（3）：92-93；罗世平：《棺板彩画：吐蕃人的生活画卷》，《中国国家地理》2006（3）：94-95；林梅村：《棺板彩画：苏毗人的风俗图卷》，《中国国家地理》2006（3）：96-98。

82 霍巍：《青海出土吐蕃木棺板画人物服饰的初步研究》，《艺术史研究》第九辑，广州：中山大学出版社，2007：257-276。

83 霍巍：《西域风格与唐风染化——中古时期吐蕃与粟特人的棺板装饰传统试析》，《敦煌学辑刊》2007（1）：82-94。

84 仝涛：《青海郭里木吐蕃棺板画所见丧礼图考释》，《考古》2012（11）：76-88。

85 曹中俊：《粟特艺术东传与丝绸之路青海道——以彩绘棺板画为考察核心》，《丝绸之路考古》第6辑，北京：科学出版社，2022：121-143。

86 宋耀春：《青海郭里木出土棺板画数据统计与分析》，《藏学学刊》第9辑，2013：58-69。

87 辛峰、马冬：《青海乌兰茶卡棺板画研究》，《青海民族大学学报》2017（3）：1-9。

88 孙杰、索南吉、高斐：《青海海西新发现彩绘木棺板画初步观察与研究》，《丝绸之路研究集刊》第2辑，北京：商务印书馆，2018：280-290。

89 张建林、才洛太：《青海藏医院博物馆藏彩绘棺板》，Shing Müller, Thomas O. Höllmann, and Sonja Filip, *Early Medieval North China: Archaeological and Textual Evidence*, Otto Harrassowitz GmbH & Co. KG, Wiesbaden, 2019: 261-282.

90 [日]岚瑞徵：《六朝時佛僧的往來的西域交通路線及其記錄》，《佛教學論叢》1936（1）：22-33。

91 夏鼐：《青海西宁出土的波斯萨珊朝银币》，《考古学报》1958（1）：105-112。

92 唐长孺：《北凉承平七年（449）写经题记与西域通往江南的道路》，《魏晋南北朝隋唐史资料》第1辑，内部资料，1979：1-20，收入阎文儒、陈玉龙编：《向达先生纪念论文集》，乌鲁木齐：新疆人民出版社，1986：104-117。

考证出除以上学者提到了几位僧侣外，还有单道开、昙摩密多、释法绪等 20 位中外僧侣也曾经行过青海道[93]。在此基础上，还有学者进一步考证和推定了耆域、佛陀耶舍也可能经行过青海道及 22 位经行青海道的僧侣可能经行的具体路线[94]。

此外，学者们在讨论佛教入蜀时间和造像入蜀路线时，也多次涉及到青海道。1992 年，吴焯认为四川早期佛教及其遗物的传播途径或者说路线，系由西北印度、中亚经西域，穿越青海道进入蜀之西界，复沿岷江向东发展[95]。日本人山名伸生认为，成都地区的佛教造像是通过吐谷浑与西域各国作为渠道传来的，这条线路是由西域、吐谷浑到成都，再顺长江而下到达建康为中心的吴越地区[96]。吉村怜对山名伸生的说法进行了反思和质疑，认为成都佛教造像有经吐谷浑渠道传入，但不占多数。大多还是南朝首都建康给成都带来了强烈影响，其中路线为以长江为主的漕运[97]。

近来，孙杰[98]和仝涛[99]以图像和考古材料进一步讨论了青海地区的佛教发展情况，间接证明了青海为佛教经西域入蜀的中间地带，印证了文献中的相关记载。至此，我们可以清晰地看出，通过近半个世纪的学术接力，佛教僧侣、义理、造像从西域经青海、甘肃、川西入蜀的传播路径愈发清晰地展现在人们眼前。当然同时我们也要关注建康对蜀地佛教发展的影响。

青海道沿线地区也有道教的传播和交流，王育成对都兰热水墓群中发现的道符进行了研究[100]。张泽洪通过分析认为吐谷浑宗教受丝绸之路河南道（青海道）的影响，儒释道三教与原始宗教信仰并存于吐谷浑社会[101]。

除了佛教和道教外，近年祆教东传青海道也为一些学者所关注。许新国最早关注到

---

93 陈良伟：《丝绸之路河南道》，2002：303-313。

94 郭盛：《青海"河南道"佛教传播源流考释》，《青海师范大学学报》2010（1）：91-99；曹中俊、李顺庆：《经丝绸之路河南道至建康僧人弘法事迹考》，《丝绸之路研究集刊》第 4 辑，北京：商务印书馆，2019：224-238。

95 吴焯：《四川早期佛教遗物及其年代与传播途径的考察》，《文物》1992（11）：40-50。

96 [日] 山名伸生：《吐谷浑と成都の佛像》，《仏教艺术》218，1995：11-38。

97 [日] 吉村怜：《成都万佛寺址出土佛像と建康佛教：梁中大通元年銘のインド式佛像について》，《仏教艺术》240，1998：33-52；收入吉村怜著，卞立强等译：《天人诞生图研究：东亚佛教美术史论文集》，上海古籍出版社，2009：217-234。

98 孙杰：《佛教初传"湟中"研究——以"湟中"画像砖墓出土佛教图像为例》，《佛学研究》2019（1）：295-306。

99 仝涛：《考古材料所见吐蕃时期青海地区的佛教信仰》，《中山大学学报》2019（5）：140-151。

100 王育成：《都兰三号墓织物墨书道符初释》，收入北京大学考古文博学院、青海省文物考古研究所编著：《都兰吐蕃墓》，北京：科学出版社，2005：135-142。

101 张泽洪、焦丽锋：《丝绸之路河南道多元宗教文化传播研究》，《世界宗教文化》2015（6）：41-49。

都兰一号大墓殉马坑里的舍利容器当属粟特系统金银器，认为可能与使用纳骨器的粟特风俗有关[102]。艾米·海勒认为这只银质珠宝箱，看上去是准备用来装 sarira（一种纪念品）的，可以与粟特银质遗骨匣盒及唐朝的金银遗骨匣进行联系[103]。霍巍对此持审慎态度，并认为假若都兰此容器性质与粟特遗骨匣相同，那么我们应当重新认识青藏地区的古代宗教及其不同葬俗的流行状况了[104]。张建林等针对青海省藏医药博物院收藏的数块棺板画进行了相关研究，认为编号 ZB–M00001 棺板画蕴含有些许中亚袄教元素，如祭司、火坛等[105]。

值得一提的是，相关城址、烽燧、渡口、桥梁、驿站等资料还可参考陈良伟的《丝绸之路河南道》和崔永红的《丝绸之路青海道史》。2001 年，德国地理学家安德雷（A. Gruschke）在其《西藏外围青海地区的文化遗迹》一书第六章中简要介绍了都兰吐蕃墓等非佛教遗迹，为了解青海地区的文化史及相关遗迹提供了丰富的地理学信息[106]。另中国社会科学院考古研究所与青海省文物考古研究所联合主编的《热水考古四十年》对相关考古资料和代表性研究成果进行了汇集整理，为研究者们提供了便利[107]。霍巍的《吐蕃时代考古新发现及其研究》[108] 和仝涛的《青藏高原丝绸之路的考古学研究》[109] 一书中有诸多内容涉及青藏高原的对外交通路网及出土文物，且大多都配有彩图，为研究者们提供了重要素材和研究思路。此外，赵丰主编的《西海长云：6-8 世纪的丝绸之路青海道》[110] 不仅包括与青海道有关的历史、艺术、墓葬及相关丝织品的高质量研究论文，还提供了青海道沿线出土文物的诸多细节描述及照片，为研究青海道的历史及吐谷浑文化带来了新的契机。

102 许新国：《都兰热水血渭吐蕃大墓殉马坑出土舍利容器推定及相关问题》，《中国历史博物馆馆刊》1995（1）：95-109。

103 [瑞士] 阿米·海勒著，霍川译：《青海都兰的吐蕃时期墓葬》，《青海民族学院学报》2003（3）：34。

104 霍巍：《粟特人与青海道》，《四川大学学报》2005（2）：94-98。

105 张建林、才洛太：《青海藏医院博物馆藏彩绘棺板》，Shing Müller, Thomas O. Höllmann, and Sonja Filip, *Early Medieval North China: Archaeological and Textual Evidence*, Otto Harrassowitz GmbH & Co. KG, Wiesbaden, 2019: 261-282.

106 Andreas Gruschke, *The cultural monuments of Tibet's outer provinces: Amdo, vol.1, The Qinghai part of Amdo*, Bangkok: White Lotus Press, 2001: 105-110.

107 中国社会科学院考古研究所等：《热水考古四十年》，北京：科学出版社，2021。

108 霍巍：《吐蕃时代考古新发现及其研究》，北京：科学出版社，2012。

109 仝涛：《青藏高原丝绸之路的考古学研究》，北京：文物出版社，2021。

110 赵丰主编：《西海长云：6-8 世纪的丝绸之路青海道》，杭州：浙江大学出版社，2023。

四、丝绸之路青海道上的相关族群研究

一条道路的存在及畅通，往往与沿线民族的经营与绾毂息息相关。就丝绸之路青海道而言，其在民族迁徙、文化交流、民族融合等方面发挥了重要作用。对此，学者们主要围绕不同时期丝绸之路青海道沿线生活的不同民族展开讨论。

早在战国初期，秦献公兵临渭首，河湟羌人为避其兵威，向黄河以南迁徙，移居到岷江、白龙江、西汉水乃至长江上游一带和氐人生活在一起。至两汉时期，青海道沿线主要区域生活的仍是羌人和氐人。穿行于古羌人聚居地，加之由羌中通西域，在《史记·大宛传》中已有“并南山，欲从羌中归”的明确记载。初师宾从汉王朝征伐羌人的角度分析了羌中道的开辟[111]，吴焯结合西羌历史探索青海道的起源[112]。

魏晋南北朝至隋唐前期，青海道因吐谷浑人的绾毂，而渐至兴盛。众多学者从事吐谷浑与青海道的关系研究。唐长孺是第一个将吐谷浑部族放进丝绸之路青海道（河南道）中分析的学者。后来的学者黄文弼将丝绸之路青海道称为“吐谷浑道”，并认为此道“开于北魏时之吐谷浑人，历隋唐数百年间，未曾荒废，而与西域之文化、民族关系甚大”[113]。在其 1939 年 11 月自绘的《西域交通路线图》和后来改绘的《中西交通路线示意图》中，都明确标有吐谷浑道。周伟洲在《吐谷浑史》[114]一书中谈到丝绸之路青海道的兴盛始于吐谷浑慕利延在位的后期，即公元五世纪四十年代前后。随着青海道的兴盛，吐谷浑在中西政治、经济及文化交流等方面发挥着重要的作用。罗新以经吐谷浑开展的玉石及玉器贸易为切入点，阐明了青海路在南北朝时发挥的重要作用[115]。李朝先后发表数篇文章来探讨吐谷浑经营下的丝绸之路青海道，他认为青海道是在穆王道、羌中道的基础上，经由吐谷浑在魏晋南北朝时期的经营逐步完成的[116]。他强调吐谷浑开辟的丝绸之路河南道为中西商贸经济的发展做出了积极贡献[117]。石云涛在《三至六世纪丝绸之路的变迁》一书中也直接将丝绸之路河南道称之为“吐谷浑之路”，强调了吐谷浑道在三至六

111 初师宾：《丝路羌中道开辟小议》，《西北师院学报》1982（2）：42-46。

112 吴焯：《古代青海交通西域的路线及其历史沿革》，《西域研究》1992（2）：24-33。

113 黄文弼：《古楼兰国历史及其在西域交通上之地位》，《史学集刊》1947（5）：111-146；收入氏著：《西域史地考古论集》，北京：商务印书馆，2015：453-493。

114 周伟洲：《吐谷浑史》，2006：132-141。

115 罗新：《吐谷浑与昆仑玉》，《中国史研究》2001（1）：43-52。

116 李朝：《丝路青海道及其文化》，收入《柴达木历史与文化》编委会编：《柴达木历史与文化》，西宁：青海人民出版社，2009：87-139。

117 李朝：《吐谷浑与丝绸之路》，《青海民族大学学报》2011（2）：33-39。

世纪时期于接通西域方面极其重要[118]。许新国以都兰出土的蜀锦论证了“吐谷浑路”的重要性[119]。近年，朱悦梅与康维的《吐谷浑政权交通地理研究》重点分析了吐谷浑在不同的历史阶段置身于不同的地缘政治关系之中，从而交通格局始终发生着不同的变化[120]。

随着唐朝公主入藏和亲，汉藏交流增多，唐蕃古道日益兴盛，其中就有经行青海道的部分路线，尤其吐谷浑亡于吐蕃后，青海道几乎全程在吐蕃辖境之内，吐蕃继续掌控青海道，并进一步开拓青藏高原对外交流交往的多条通道，使青海道又继续兴盛了一个时期。近来有学者提出“高原丝绸之路”的概念，将青海道作为其中的一个分道纳入其中[121]。沈琛对伊斯兰史料与藏汉文史料的梳理，结合青藏高原的考古发现，再现了吐蕃与中亚的商贸往来，提供了一个窥探吐蕃经营高原丝绸之路对外交流的切入点[122]。

此外，柔然、粟特等民族，虽然没有直接生活在青海道沿线，但是其政治、经济、文化生活都与青海道有着紧密关系。唐长孺爬梳史料后发现柔然（芮芮）与南朝交往频繁，两者之间经常互通使节[123]，这印证了吐鲁番所出佛经题记中的相关记载[124]。周松[125]、陈良伟[126]等学者探讨了丝绸之路青海道的古代政治交流情况，其中柔然的使节常常需经行青海道前往南朝。

粟特人作为中古时期横贯欧亚大陆的重要贸易者，本着“利之所在，无所不至”的原则，也来到了青海、四川等地经商，丝绸之路青海道成为他们迁徙及从事贸易的重要线路。最早关注此问题的是唐长孺，他在《南北朝期间西域与南朝的陆路交通》一文中讨论《何妥传》时指出，何妥家族定居在郫县一带，应是依附于本族人[127]。后来荣新江对有关入华粟特人东迁的路线考证，其中就包括粟特人经丝绸之路青海道进入到西南乃

---

118 石云涛：《三至六世纪丝绸之路的变迁》，北京：文化艺术出版社，2007：114-131。

119 许新国：《都兰出土蜀锦与吐谷浑之路》，载氏著：《西陲之地与东西方文明》，2006：199-212。

120 朱悦梅、康维：《吐谷浑政权交通地理研究》，北京：中国社会科学出版社，2021。

121 仝涛：《考古发现填补青藏高原丝路缺环》，《中国社会科学报》2016 年 8 月 25 日，第 7 版；霍巍：《“高原丝绸之路”的形成、发展及其历史意义》，《社会科学家》2017（11）：19-24；霍川、霍巍：《汉晋时期藏西“高原丝绸之路”的开通及其历史意义》，《西藏大学学报》2017（1）：52-57；余小洪：《“高原丝绸之路”路网结构的考古学构建与文化内涵》，《西藏民族大学学报》2019（2）：21-27。

122 沈琛：《麝香之路：7—10 世纪吐蕃与中亚的商贸往来》，《中国藏学》2020（1）：49-59。

123 唐长孺：《南北朝期间西域与南朝的陆路交通》，载氏著：《魏晋南北朝史论拾遗》，北京：中华书局，1983：194-195。

124 唐长孺：《北凉承平七年（449）写经题记与西域通往江南的道路》，武汉大学历史系魏晋南北朝隋唐史研究室编：《魏晋南北朝隋唐史资料》1979（1）：1-20；收入阎文儒、陈玉龙编：《向达先生纪念论文集》，1986：104-117。

125 周松：《柔然与南朝关系探略》，《青海民族学院学报》2000（2）：44-50。

126 陈良伟：《丝绸之路河南道》，2002：252-300。

127 唐长孺：《南北朝期间西域与南朝的陆路交通》，载氏著：《魏晋南北朝史论拾遗》，1983：194-195。

至长江中下游地区[128]。法国学者魏义天的《粟特商人史》中谈到四川的粟特商人可能未经甘肃通道，而是从于阗到柴达木盆地，经青海南下到达四川的[129]。林梅村翻译的一件吐鲁番粟特古文书即可看到九至十世纪时粟特人的贸易网络仍包含丝绸之路青海道的部分地点[130]。许新国结合青海都兰等地出土的文物资料，对丝绸之路青海道的兴盛及其在中西交通中发挥的作用进行了系列研究，其中也有涉及到青海道上的粟特人[131]。霍巍通过文献与新出考古材料的分析，认为汉唐时代粟特人不仅已经活动在青藏高原，而且通过具有重要交通意义的“青海道”，与中国西南地区很早便有可能产生了商贸交往[132]。近年，李瑞哲进一步深化了对粟特人在西南活动踪迹的探讨，结合青海地区出土的木棺板画、金银器、丝织品等材料展示了青海地区的西域文化传统，并论述了中古时期吐蕃与粟特之间的关系，他认为这种交流得益于吐谷浑道（青海道）的开辟[133]。还有相关主题文章虽涉及到青海道，但无新意，故在此不一一收录、赘述。

综上，青海道的形成、发展、畅通直至衰落，经历了一个较长的时期，生活在沿线的众多族群都为青海道的畅通和繁盛做出了历史贡献。以河南道（吐谷浑道）为中点，在其之前羌氐道、羌中道为河南道（吐谷浑道）的畅通打下了基础，在其之后的唐蕃古道、青唐道是河南道（吐谷浑道）繁荣的延续。

五、结语

回顾八十余年来学界对丝绸之路青海道的研究历程，可谓筚路蓝缕，以启山林。目前学界对青海道的沿革和走向已基本廓清；对沿线所经区域和涉及民族也有了一定的了解；对沿线政治、商贸、军事、思想、文化艺术交流等方面已有较多认识。但是相关研究各有侧重，整体性观察仍显不足，尤其是受学科设置所限，有关青海道历史地理的研究与青海道途经区域的考古发现及研究严重脱节，道路背后所承载的文化信息也挖掘得不够深入。种种迹象表明，丝绸之路应是一条“活”的道路[134]，是动态的道路，其核心应是人，而不是路。于丝绸之路青海道的研究而言，动态地观察必须要将路和人作全面

128 荣新江：《中古中国与粟特文明》，北京：生活 · 读书 · 新知三联书店，2014：42-49。
129 [法] 魏义天著，王睿译：《粟特商人史》，桂林：广西师范大学出版社，2012：90-92。
130 林梅村：《粟特文买婢契与丝绸之路上的女奴贸易》，《文物》1992（9）：49-54。
131 主要研究成果见许新国：《西陲之地与东西方文明》，2006。
132 霍巍：《粟特人与青海道》，《四川大学学报》2005（2）：94-98。
133 李瑞哲：《粟特人在西南地区的活动追踪》，《西部考古》第 17 辑，北京：科学出版社，2019：295。
134 荣新江：《丝绸之路与东西方文化交流》，北京大学出版社，2015：前言。

考察，并形成“路—区—人”三位一体的研究模式。藉此，笔者不揣冒昧，拟从以下几个方面提出几点“思考”。

第一，研究过程中应充分把握青海道“三位一体”的特性。当前学界对青海道的研究往往只关注道路本身，对其路线、路网及直接相关问题涉及较多。那么青海道沿途所经区域和道路上的人与文化的相关问题是否能纳入到青海道的研究范畴中是值得我们思考的学术问题。即我们应由点到线、由线到面，既关注道路本身，也关注道路所经过的沿线区域，还要进一步关注道路上的人与文化的流动与变迁，层层递进、深入，推进青海道的研究体系不断立体化、多元化。

第二，开辟族群与道路结合研究的新思路。一条道路的畅通离不开人群的缩毂，而汉唐时期青海道沿线民族众多、文化面貌复杂，沿途考古发现的文物材料是否能简单对应某一民族，即考古学文化是否可直接与某一族群画上等号，这是需要审视和研究的。随着族属和族群等概念和理论的介入，考古学研究中族属的复杂性远非考古学文化所能涵盖。特别是不同族群杂处而产生的文化碰撞与融合，对考古学文化提出的挑战超乎寻常。以都兰墓群族属研究为例，“希望赋予特定器物或纪念物某种身份，一直是考古学探究的核心，而这种身份经常是用族群或者创造它们的‘人群’来表示”[135]。但是代表某特定群体认同的文化象征，会在社会变迁的背景中发生转变[136]，且族群并非是在共同文化基础上形成的群体，而是在文化差异基础上建构的群体[137]，显然族属和物质文化之间的关系是不断变化的，族属与墓主人的身份、地位及其对所处政权的认可等关系密切。同时有些人群为保护族属的经济和政治利益因势而改变其政治认同，从而会在某种程度上忽略了族属的血缘、地域和文化之间的纽带。对于这种多元文化的墓葬，我们必须考虑特定形制分布与来自某特定背景的物质文化整个组合的关系，而不是孤立地看待它们[138]。此时丧葬制度作为一个族群对其族属认同的最核心表达，更深层次的文化心理与主观认同往往蕴藏其中，对丧葬制度的综合考察或许可以成为我们判断墓葬主人族属的突破口之一。

第三，将文化变迁考察与道路变迁研究有机融合。美国学者班茂燊（Marc S.

---

135 [英] 希安 · 琼斯著，陈淳、沈辛成译：《族属的考古——构建古今的身份》，上海古籍出版社，2017：19。

136 C. F. Keyes, "The Dialectics of Ethnic Change." In *Ethnic Change*, ed. C. F. Keyes, Seattle: University of Washington Press, 1981: 14-15.

137 [挪威] 弗雷德里克 · 巴特主编，李丽琴译，马成俊校：《族群与边界——文化差异下的社会组织》，北京：商务印书馆，2021：23-26，37。

138 [英] 希安 · 琼斯著，陈淳、沈辛成译：《族属的考古——构建古今的身份》，2017：170。

Abramson）曾提出族群变迁的模式有三大趋势：一是“绅士化”；二是“军事化”；三是“本地化汉化”。其中“本地化汉化”最常见却最不被重视[139]。以青海道研究为例，羌、吐谷浑、吐蕃、粟特等民族因各种方式产生了民族文化的变迁，与此同时青海道的路网勾连也在不同情境下发生细节变化，这也是需要我们重点关注的。

纵观丝绸之路青海道的研究历程，我们发现，青海道上所活跃的主要民族与沿线途经区域均较为固定。道路本身长期受吐谷浑、吐蕃控制，处于西北边陲政权与中原王朝的对峙地带，军事化意味十足。因此对于青海道的切片式观察，无疑对整个丝绸之路的研究具有一斑窥豹的作用。从这个意义上来讲，青海道研究，特别是青海道所反映的文化变迁研究理路和相关方法论，无疑应具有更普遍的价值和意义。

◆ 曹中俊　西北大学文化遗产学院、丝绸之路考古合作研究中心博士研究生、《丝绸之路考古》辑刊编辑部成员

139 [美] 班茂燊著，耿协峰译：《唐代中国的族群认同》，北京：人民出版社，2016：197-199。

北宋兰州把拶桥地望考论 *

石坚军

内容摘要：宋军元符三年夏弃守鄯州、退保湟州，并修河州安乡城桥、兰州把拶桥以便应援湟州。把拶桥得名于黄河渡口把拶度，把拶桥关为黄河两岸守护把拶桥南北两处关堡，后被赐名京玉关。把拶桥前身为斫龙川口“古浮桥”、唐代兰州广武县“广武梁”。京玉关有京玉南城、北城两座关城，南城又有旧城、新城之分，旧城即益机滩旧堡，筑于元符三年夏，毁于宣和六年闰三月地震；新城为溢机堡，筑于宣和六年，当年八月改称安羌城。把拶桥位于兰州西八十里，其重要性主要体现在控扼兰州西至邈川城、邈川城东北至斫龙城、兰州西北经斫龙城至凉州三路，为研究唐蕃交通与北宋、西夏、青唐吐蕃关系的重要视角。

兰州把拶桥乃宋军元符三年（1100 年）于斫龙川口黄河渡口把拶度所修黄河浮桥，把拶桥关（京玉关）为浮桥两端“夹河立堡，以护浮梁”之城寨或关城。广义上，把拶桥、把拶桥关（京玉关）均可指斫龙川口附近黄河渡口所修浮梁堡寨。关于把拶桥、京玉关地望以及所在黄河渡口，学界聚讼纷纭，迄无定论。

* 本文为国家社科基金冷门绝学研究专项学术团队项目“陕西古旧地图整理与研究”（20VJXT003）的阶段性研究成果。

周宏伟先生认为把拶桥、把拶宗均位于今兰州八盘峡附近，而间接以为把拶桥即把拶宗，并据《曾公日录》所载“把拶桥至湟州止九十里”，推断《宋史 · 地理志》乐州（湟州）“东至把拶宗六十里”之“六十里”当作“九十里”；其以为把拶宗与京玉关位置相近，隔河相望；其据《宋通鉴长编纪事本末》“把拶宗在湟水之南，傍有通道，却稍平易”，今湟水入黄河处位于兰州之西八盘峡，推断把拶宗位于八盘峡西今永靖县焦家川附近，京玉关位于八盘峡东岸今新城乡境内，“八盘”“把拶”音近，疑系同一藏文异译[1]。然而，《曾公日录》实际载“把拶桥至湟州止九十九里”，巴拶桥位于湟州东九十九里，而把拶宗（城）位于湟州东六十里，巴拶桥显然并非把拶宗（城）；“把拶宗在湟水之南”，把拶桥关（京玉关）则毗邻斫龙川口而横跨黄河（南北）两岸，把拶宗与把拶桥并非位置相近而隔河相望，把拶宗与把拶桥之间尚有通川堡。

学者刘满认为广武梁为兰州五泉县、广武县之间桥梁，广武梁位于今兰州市西固区新城乡青石关，青石关前身为唐代广武梁，广武梁前身为十六国时期清石津[2]，但缺乏史料佐证，系主观推测。学者王蕾采纳了刘满所倡广武梁前身即清石津、广武梁后身即青石关之说，并据《隋书 · 地理志》所记“青岩山”，推测清石津（青石津）地名源自青岩山，清石津与广武梁存在前后继承关系[3]。然而，并无史料可证广武梁位于《隋书 · 地理志》所载“青岩山”，或广武梁与清石津（青石津）、青石关存在前后继承关系。

学者边强认为京玉关位于黄河与湟水河口东岸交汇处，即今兰州市西固区与永靖县交界处永靖一侧盐锅峡南岸小茨沟村一带[4]。乾隆《皋兰县志》卷四《建置志》“桥津”条载“小寺沟渡口，县西九十里”[5]；光绪《重修皋兰县志》卷十一《舆地志下》“津梁”条亦载“小寺沟渡，在县西九十里”[6]，今永靖县小茨村位于湟水与黄河汇流处一带，与把拶桥位于斫龙川口（今庄浪河口）记载不符。

总体而言，前人对京玉关位置尚无研究专文，相关论述推测成分较大，未厘清西关堡、京玉关至兰州准确里程，且未发现明清志书对京玉关具体位置的记载均有错误。本文拟在前人研究基础上，对北宋兰州把拶桥关（京玉关）关城位置进行新的考订，以期厘清把拶桥相关黄河渡口、浮桥、关城，进而深入探讨把拶桥关所控扼交通路线。

---

1 周宏伟：《北宋河湟地区城堡寨关位置通考》，《中国历史地理论丛》1992（2）：181，186。

2 刘满：《西北黄河古渡考（二）》，《敦煌学辑刊》2005（4）：123。

3 王蕾：《清石津到广武梁——中古时期黄河金城河段津梁考》，《中国边疆史地研究》2019（4）：54。

4 边强：《甘肃关隘史》，北京：科学出版社，2011：408。

5 乾隆《皋兰县志》卷 4《建置志》，《中国地方志集成 · 甘肃府县志辑》③，南京：凤凰出版社，2008：54。

6 光绪《重修皋兰县志》卷 11《舆地志下》，《中国地方志集成 · 甘肃府县志辑》④，2008：13。

一、把拶桥前身：斫龙川口“古浮桥”与唐代广武梁

1. 斫龙川口“古浮桥”

《续资治通鉴长编》点校本绍圣四年（1097 年）十月癸未条，载“熙河奏：西蕃来认喀罗谷为己地，又遣人沿河上纸钱，意恐朝廷有经营啅罗之意，故与夏人为唇齿，且意其逼近邈川也”[7]，“喀罗”“啅罗”，《续资治通鉴长编》四库全书底本分别作“斫龙”“卓啰”[8]。引文反映其时西蕃（邈川）已开始担忧宋廷经营卓啰城，而斫龙谷、卓啰城为邈川旧地。

《续资治通鉴长编》四库全书底本元符二年（1099 年）正月庚戌（初七）条记载：

> 熙河兰会路经略使孙路言：“兰州之西斫龙川口有古浮桥旧基，自斫龙川口北四十里至盖朱城，又北至遮厢约三百里间，有古城十余所，每城相去不过三四十里。自遮厢以北则入甘、凉诸郡，即汉武帝断匈奴右臂之遗迹。乞于斫龙川口复修浮桥，于桥之北置七八百步一城，延袤盖朱、斫龙，渐至遮厢，以通甘、凉，隔绝西蕃、夏贼往来便道，乞措置施行。”枢密院以斫龙川口正与西蕃切邻，今修建浮桥及筑城，经营盖朱、斫龙，未委于青唐有无引惹，若致青唐、夏国合力争占，本路事力可与不可枝梧；及与应副泾原进筑期会有无相妨。诏孙路体度边情，斟酌势力，保明以闻。孙路先以绍圣二年正月十三日除陕漕，六月三日加直龙图阁、知庆州，四年三月一日加宝文阁侍〔待〕制，元符元年三月九日加龙图阁直学士，八月二十七日自庆州改熙州，于是建议筑城斫龙川口。[9]

引文所记为宋廷正式经营邈川旧地卓啰城之始，引文五处“斫龙川”、两处“斫龙”、一处“盖朱城”、两处“盖朱”、两处“遮厢”，《续资治通鉴长编》标点本分别作“喀罗川”“喀罗”“该朱城”“该珠”“济桑”。[10]

此外，《续资治通鉴长编》元符二年二月庚辰（初七）条记载：

---

7 （宋）李焘：《续资治通鉴长编》卷 492，绍圣四年十月癸未，北京：中华书局，1995：11678。

8 （宋）李焘撰，湖南图书馆编：《续资治通鉴长编：四库全书底本》卷 492，绍圣四年十月癸未，北京：中华书局，2016：27302-27303。按：湖南图书馆藏《长编》并非完整底本，实为残本。

9 《续资治通鉴长编：四库全书底本》卷 505，元符二年正月庚戌，2016：28107-28109。

10 （宋）李焘：《续资治通鉴长编》卷 505，元符二年正月庚戌，1995：12028-12029。

枢密院言："熙河兰会经略使孙路奏，乞于斫龙川口建桥修城。缘泾原将来进筑洒水平、南牟会等处，即本路便须接续经营青南讷心一带进筑通接泾原边面，最为今日急务。其斫龙川口邻青唐地分，虑生事。"诏孙路进筑青南讷心等处了当，别具利害以闻。正月七日路初建请，三月末遂招纳青唐。[11]

《续资治通鉴长编》元符二年三月庚午（二十七日）条记载：

杓拶之被杀也，钱罗结逃奔河州，见知河州洮西安抚王赡，言瞎征为钦毡等所制，其国必亡，吐蕃可乘乱取也。赡方坐白草原增级冒赏夺官，冀以功赎过，密画取吐蕃策，遣其客黄亨诣京师白宰相章惇。惇纳之，下其事熙河兰会经略使孙路计议，路尝欲取青唐，先建请于斫龙川口作桥筑城，断西贼与吐蕃相通道，朝廷犹难之，及是遂言青唐必可取，即大发府库招来羌人。正月七日，二月七日当参照。[12]

"正月七日路初建请"之"正月七日"，即《续资治通鉴长编》元符二年正月庚戌（初七）条所载孙路"乞于斫龙川口复修浮桥"之事。"正月七日，二月七日当参照"之"二月七日"，即《续资治通鉴长编》元符二年二月庚辰（初七）孙路"乞于斫龙川口建桥修城"之事。"三月末遂招纳青唐"，即"（孙）路尝欲取青唐，先建请于斫龙川口作桥筑城"。在此，《续资治通鉴长编》作者李焘将孙路建请于斫龙川口作桥筑城之事视为取青唐之举，而并非单纯经营西夏盖朱城、斫龙城。

综合以上记载，可知元符二年正月熙河兰会路经略使孙路"乞于斫龙川口复修浮桥，于桥之北置七八百步一城"，其事亦即"乞于斫龙川口建桥修城""先建请于斫龙川口作桥筑城"；"修建浮桥及筑城，经营盖朱、斫龙"，主要战略目的为隔绝西蕃（吐蕃）、夏贼（西贼）往来通道。"复修浮桥""修建浮桥""建桥""作桥"具体地点为"兰州之西斫龙川口有古浮桥旧基"处；"复修浮桥"的同时，拟"于桥之北置七八百步一城"，"修建浮桥及筑城""建桥修城""作桥筑城"可谓相辅相成。

《续资治通鉴长编》四库全书底本元符二年四月乙未条记载：

11《续资治通鉴长编：四库全书底本》卷 506，元符二年二月庚辰，2016：28163-28164。
12《续资治通鉴长编：四库全书底本》卷 507，元符二年三月庚午，2016：28260-28261。

三省、密院同进呈，令孙路进筑斫龙，盖章惇意也。斫龙、卓啰，密迩邈川路。欲系桥渡河筑一寨，惇力欲成之。曾布与同列皆以为不可，曰："如此，青唐必惊疑生事，西夏未了，又生一敌国。"[13]

引文史源当主要为《曾布日录》，《曾公遗录》载元符二年四月：

乙未，同呈令孙路进筑斫龙，盖夔（即章惇）意欲成之，余与同密迩邈川路。欲系桥渡河筑一寨，夔欲力成之，余与同列皆以为不可，曰：'如此，青唐必惊疑生事，西夏未了，又生一敌国。'余因为上言：'臣自有边事以来，尝以谓但得北虏及青唐不警，则西事可了；若一方小警，则无所措手足。青唐一动，则熙河应接不暇，何暇经营青南、冷牟以通泾原也？今事已垂成，可惜坏了。'上云：'如此且已。'遂进呈讫。[14]

因此，可推知"斫龙、卓啰，密迩邈川路"当为夹注；"余与同密迩邈川路"之"余与同"为衍文。

《续资治通鉴长编》《曾布日录》元符二年四月乙未条史料，反映其时三省、枢密院奏请宋哲宗"令孙路进筑斫龙（川口）""系桥渡河筑一寨"，而同意当年正月孙路"斫龙川口建桥修城"或"斫龙川口作桥筑城"之请；但因曾布等人反对，其事遂寝。虽然如此，《曾布日录》元符二年四月乙未条记载，对确定京玉关（把拶桥关）位置具有重要史料价值。因"斫龙川口有古浮桥旧基"，已暗示元符三年四月始修之把拶桥（把拶度桥）实际乃在"古浮桥旧基"基础上"复修"，"斫龙川口古浮桥"可谓把拶桥前身，二者基址一致；且把拶桥关实际即"于桥之北置七八百步一城"之"城""系桥渡河筑一寨"之"寨"，乃守卫把拶桥关堡或京玉关关城。因此，可肯定把拶桥关（京玉关）附近存在一城寨，考证把拶桥关（京玉关）位置，应自斫龙川口"古浮桥"、把拶桥关（京玉关）关城入手，并弄清上文《续资治通鉴长编》所载"斫龙谷""斫龙川口""斫龙""卓啰（城）"归属及位置。

《续资治通鉴长编》四库全书底本绍圣四年十月癸未条，载"熙河奏：西蕃来认斫龙谷为己地，又遣人沿河上纸钱，意恐朝廷有经营卓啰之意，故与夏人为唇齿，且意其

13《续资治通鉴长编：四库全书底本》卷 509，元符二年四月乙未，2016：28331。

14 顾宏义点校：《曾公遗录》卷 7，北京：中华书局，2016：24。

逼近邈川也”；元符二年四月乙未条，载“斫龙、卓啰，密迩邈川路”，二者反映斫龙谷、斫龙（卓啰）城为西蕃邈川旧地。绍圣四年秋吕惠卿进筑杏子河后，“（曾）布遂言：‘钟传又有卓啰之举，尤未为便……斫龙又是青唐之地，青唐未免有疑，臣未见其可’”，[15]引文“斫龙又是青唐之地”，以及上文《续资治通鉴长编》所载“今修建浮桥及筑城，经营盖朱、斫龙，未委于青唐有无引惹”，“其斫龙川口邻青唐地分，虑生事”，乃因唃厮啰、董毡时期邈川为青唐所辖。

斫龙（卓啰）城即西夏卓啰和南军司驻地，其前身为唐代兰州广武县，其后身即《元史 · 太祖本纪》1226年“秋，取西凉府搠罗、河罗等县，遂逾沙陀，至黄河九渡，取应里等县”[16]之“搠罗”，亦即元代甘肃行省庄浪路（州、县）治所，今甘肃省兰州市永登县城中部永登城址[17]。

根据西夏斫龙城（卓啰城）、元代庄浪州、明代庄浪卫与庄浪河之称，以及斫龙又作卓啰、搠罗、庄浪，可确定“斫龙川”即今庄浪河。《边政考》卷三《固原靖兰图》“庄浪河口”西侧标注有“张家台堡”，位于今甘肃省兰州市西固区河口镇张家台村。“斫龙川口”当即明代《边政考》卷四《庄浪卫》“要害”条红城子堡“近边寇路”之“庄浪河口”，今甘肃省兰州市西固区河口镇东北庄浪河与黄河汇流处。“斫龙谷”当即斫龙川河谷，今庄浪河谷；“斫龙（卓啰）”应为唐代兰州广武县陷入吐蕃后的吐蕃语称呼。

2. 把拶度

《续资治通鉴长编》元符二年闰九月乙亥（初六）条所引《青唐录》记载：

> 于是胡宗回言：自河州安乡城过黄河入邈川，虽属洮西，而道险饷艰，乞于兰州西关堡系桥通路，直入邈川，不惟其路坦夷，且邮置殊近，可以互相照应，兼宗河（今湟水）漕运亦便。[18]

《续资治通鉴长编》元符二年闰九月丙子（初七）条，载枢密院言：

15（宋）林希撰，黄宝华整理：《林文节绍圣日记》，《全宋笔记》第八编 · 十，郑州：大象出版社，2017：264。

16《元史》卷1《太祖本纪》，北京：中华书局，1976：24。

17 张晓非：《西夏卓啰和南军司驻地新考》，《宁夏社会科学》2020（4）：202-207。

18（宋）李焘：《续资治通鉴长编》卷516，元符二年闰九月乙亥，1995：12271。

熙河兰会路经略使胡宗回奏："自来自河州安乡城过黄河入邈川，虽是洮西本路，缘道径迂险，般运艰难。臣近体问得兰州西关堡近西，地名把京玉相近，可以系桥通路，直入邈川，不惟路径平坦，兼道里甚近，可以互相照应，兼可以于宗河行船，漕运直入邈川……。"[19]

仔细比较二者记载，可知"系桥通路，直入邈川"之地并非位于"兰州西关堡"，而实际位于"兰州西关堡近西，地名把京玉相近"。《续资治通鉴长编》元符二年闰九月乙亥条所引《青唐录》"兰州西关堡系桥通路，直入邈川"当为节文，《青唐录》原文大致当作"兰州西关堡近西，地名把京玉相近，可以系桥通路，直入邈川"。《续资治通鉴长编》元符二年闰九月丙子条有关"把京玉"记载，史源当为《青唐录》。

需要格外强调的是，"兰州西关堡近西，地名把京玉相近"之"把京玉"，《续资治通鉴长编》点校本与《宋会要辑稿》作"把京玉"；《续资治通鉴长编》文渊阁四库全书本作"把珍旺"，四库全书底本作"把京王"。《曾公遗录》记载：

是日（元符二年十月己亥朔），作圣旨，令新知河州种朴星夜赴任，计会苗履等遇河讨荡作过蕃部。又苗履申，兵马寡弱，不敢自巴揆度河，已申经略司，赴河州与姚雄等会合应援。令熙河详履所申，指挥苗履、姚雄等递相照应，互为声援，节次统制，或会合前去，具应援讨荡及解围次第闻奏。[20]

《续资治通鉴长编》元符二年冬十月己亥条亦载此事。引文"巴揆"当为黄河渡口，即元符三年四月所修把揆度桥之"把揆度"。引文"苗履"元符二年十月时为熙河兰会路都钤辖、知兰州，其"不敢自巴揆度河"，以征讨其时"作过"之"邈川蕃部"，暗示"巴揆"毗邻青唐所辖斫龙川口，而西通邈川城；"姚雄"为熙河兰会路兵马都监、知河州，苗履"赴河州与姚雄等会合应援"，苗履、姚雄当均自河州安乡桥渡河。

"兰州西关堡近西，地名把京玉相近"，反映"把京玉"位于"兰州西关堡近西"；"可以系桥通路，直入邈川"，反映"把京玉"为"可以系桥通路"之黄河渡口，且暗示"把京玉"位于斫龙川口，而"密迩邈川路"，或西经"把京玉"可至邈川城。史载元符二年十月前后兰州一带黄河渡口有金城关、"兰州西关堡近西，地名把京玉相近"之

19（宋）李焘：《续资治通鉴长编》卷516，元符二年闰九月丙子，1995：12272。
20　顾宏义点校：《曾公遗录》卷8，2016：125。

“把京玉”、把拶度桥或把拶桥关（京玉关）之把拶度。把拶度桥或把拶桥关位于西关堡西四十里，而把拶度、斫龙川口大致亦位于西关堡西四十里。因“把京玉”、把拶度均位于西关堡之西，且二者均为西通邈川城之黄河渡口，可推知《续资治通鉴长编》元符二年闰九月丙子条熙河兰会路经略使胡宗回所奏“兰州西关堡近西，地名把京玉相近”之“把京玉”当即把拶度，而位于元符二年正月庚戌条熙河兰会路经略使孙路所言“兰州之西斫龙川口有古浮桥旧基”之“古浮桥旧基”处。

元符二年八月，知熙州孙路因措置邈川事宜乖错，移知河南府，知庆州胡宗回改知熙州，胡宗回上奏宋廷“兰州西关堡近西，地名把京玉相近，可以系桥通路，直入邈川”当为元符二年九月之事。孙路元符二年正月乞请系桥渡河筑寨之斫龙川口，既便于北上经略西夏盖朱、斫龙以通甘、凉，又“与西蕃切邻”“密迩邈川路”，故当年四月曾布等人反对进筑斫龙，而当年九月胡宗回再次乞请于斫龙川口附近“把京玉”“系桥通路”。

虽然《曾公遗录》元符二年十月己亥条“把拶”与《续资治通鉴长编》元符二年闰九月丙子条“把京玉”或“把京王”语音上似难勘同，但笔者以为“把拶”即“把京玉”，《续资治通鉴长编》四库全书底本“把京王”当从《宋会要辑稿》，作“把京玉”，“王”、“玉”因形近而误。熙河兰会路经略使胡宗回元符二年九月所奏“兰州西关堡近西，地名把京玉相近”之“把京玉”当作“把[拶]京玉”，其时尚无“京玉”关名，“京玉”乃其后《续资治通鉴长编》作者李焘为“把拶”所作夹注。进而言之，把拶桥关得名于把拶桥、把拶度桥，把拶桥、把拶度桥得名于其桥修筑于黄河渡口把拶度，把拶桥修筑之前把拶度已有“古浮桥旧基”，而便于“系桥通路，直入邈川”。

需要补充说明的是，把拶桥位于把拶度，但把拶桥并非位于把拶宗（把拶宗城）。史载崇宁二年（1103年）“六月辛酉，王厚、童贯发熙州。初，厚与贯会诸将部分军事，诸将皆欲并兵直趋湟中，厚曰：‘贼恃巴金、把拶之险，挟大河之阻，分兵互〔死〕守，以抗我师。若进战未克，青唐诸部之兵继至，夏贼必为之援，非小敌也。不若分兵为二，南道出安乡冲其前，北道出京玉捣其后，贼腹背受敌，势不能支，破之必矣’”[21]，引文“把拶”“京玉（关）”同时出现，此“把拶”并非指把拶度（把拶桥），而当指《宋史·地理志》所载乐州“东至把拶宗六十里”[22]之“把拶宗”。因为京玉关元符三年夏兴

21（宋）杨仲良撰，李之亮校点：《皇宋通鉴长编纪事本末》卷139《徽宗皇帝·收复湟州》，哈尔滨：黑龙江人民出版社，2006：2330-2331。

22《宋史》卷87《地理志三》，北京，中华书局，1977：2167。

工毕功后一直位于兰州西八十里宋境内，而行政上隶兰州；把拶宗则位于湟州东六十里（原青唐吐蕃界内），而行政上隶湟州（宣和元年改称乐州）。湟州东六十里湟水南岸把拶宗（把拶宗城）后身当即明代河州卫千观台堡（今甘肃省永靖县西河镇白川村西5.8里千观台城址）。把拶宗城北部并无横跨湟水南北两岸浮桥，北宋时期湟中地区仅邈川城北存在一座横跨湟水南北两岸浮桥。

3. 唐代兰州广武梁

《新唐书 · 吐蕃传下》记载：

> 明年（长庆二年，822），请定疆候，（刘）元鼎与论讷罗就盟其国，敕虏大臣亦列名于策。元鼎逾成纪、武川，抵河广武梁，故时城郭未隳，兰州地皆粳稻，桃李榆柳岑蔚，户皆唐人，见使者麾盖，夹道观。至龙支城，耋老千人拜且泣，问天子安否……[23]

可推知引文“广武梁”位于“兰州”西至“龙支城”沿途。

唐代鄯州龙支县（今青海省民和县柴沟乡北古城村西龙支故城）后身即北宋乐州（湟州、邈川城）辖下陇朱黑城，又称安陇砦。《宋史 · 地理志》载安陇砦“（西）北至湟州四十五里”[24]，故鄯州龙支县位于湟州东南四十五宋里。北宋“自兰州京玉关至通湟寨入湟州路”[25]，与唐代兰州经广武梁至鄯州龙支县之路，在兰州至京玉关、兰州至广武梁路段（甚至两路在兰州至湟州路段）大致是重合的，故广武梁、京玉关位于兰州西至鄯州龙支县、兰州西至湟州沿途。京玉关所在“斫龙川口”唐代与北宋初期行政上分别隶属兰州广武县、青唐吐蕃（后隶北宋兰州），“抵河广武梁”反映广武梁横跨黄河而隶属（或北通）兰州广武县，故而京玉关前身“兰州之西斫龙川口有古浮桥旧基”之“古浮桥旧基”很可能即广武梁基址。此“古浮桥”盖即广武梁，广武梁可谓把拶桥关（京玉关）前身，广武梁唐代后期陷入吐蕃；盖因战火影响，其在京玉关修筑前仅存“旧基”。

汤开建先生以为《续资治通鉴长编》元符二年闰九月丙子条所载“臣近体问得兰州西关堡近西，地名巴珍旺相近，可以系桥通路，直入邈川”之“巴珍旺”，又作“把拶

23《新唐书》卷216《吐蕃传下》，北京：中华书局，1975：6102。

24《宋史》卷87《地理志三》，1977：2167。

25（宋）李复：《乞于鹅牟兀突置烽台》，（明）黄淮、杨士奇编：《历代名臣奏议》卷333《御边》，上海古籍出版社，1989：4317。

宗”，巴珍旺位于西关堡西四十里；把拶宗北面喀罗川口“古浮桥”即“把拶桥”；“把拶桥”很可能即唐代刘元鼎出使吐蕃时兰州至龙支城沿途之“广武梁”，因其多年失修，元符三年修复前仅存基址[26]。关于“巴珍旺”，《续资治通鉴长编》文渊阁四库全书本实际作“把珍旺”，上文已言“把京王”当作“把京玉”，“把京玉”当作“把[拶]京玉”，其地即把拶桥，但并非把拶宗（城）。把拶桥前身为唐代兰州广武梁，准确可从。

兰州经西关堡、把[拶]京玉至邈川之路，大致即熙和转运使李复所言“自兰州京玉关至通湟寨入湟州路”，可知自兰州西经西关堡、把拶桥（京玉关）、通湟寨可至邈川城（湟州）。结合唐代兰州经广武梁至龙支城；熙河兰会路经略使孙路乞请于斫龙川口修桥筑城，既“断西贼与吐蕃相通道”，又经营盖朱城、斫龙城，进逼遮厢，以通甘、凉二州；熙河兰会路经略使胡宗回所言兰州经斫龙川口把[拶]京玉系桥通路至邈川；熙和转运使李复所言“自兰州京玉关经通湟寨入湟州路”；可推知斫龙川口古浮桥（广武梁、把拶桥）可谓兰州西至邈川城（湟州）、邈川城东北至斫龙城、兰州北经斫龙城至凉州三条交通线汇合点（实际亦为分叉口）。

二、把拶桥关（京玉关）位置与别称

确定把拶桥关（京玉关）前身即广武梁后，可知把拶桥关位于唐代兰州广武县境、斫龙川口。欲进一步确定把拶桥关具体位置，尚需确定守护把拶桥关城所在。

1. 把拶桥（把拶度桥）之筑

《曾公遗录》卷九记载：

> （元符三年四月）癸亥（二十七日），同呈河州修安乡城桥，开厢禁军等并五百特支。……（四月）乙丑（二十九日），同呈兰州修把拶度桥，开军兵并五百特支也。亦通湟州度也。……（五月）庚寅（二十四日），同呈赐熙河京玉、安乡二关名。……（六月）癸卯（初八），同呈熙河奏安乡南城毕功。又奏把拶桥至湟州止九十九里。宗河乃湟州〔水〕也。可通五板船，漕运道路通快。候安乡北城毕功，令诸军歇泊，至秋凉修瓦吹等三堡寨。[27]

26 汤开建：《北宋“河桥”考略》，《青海师范大学学报》1985（3）：107。

27 顾宏义点校：《曾公遗录》卷9，2016：254、274、277。

《宋十朝纲要》亦载哲宗元符三年五月“庚寅，筑安乡城桥关、把拶桥关，赐名安乡、京玉”[28]。“把拶度桥”即“把拶桥”，可谓元符二年春孙路乞于斫龙川口所修浮桥毕功后正式桥名。

《宋会要辑稿·兵九》记载：

> （元符）三年二月二十八日，命熙河兰会路兵马都监兼知河州姚雄统领军马救援青唐。时吐蕃不留兵守省章（峡），却于峡外平川邀战，雄军既度峡，于是三战三捷，直至青唐，合（王）赡军弃鄯州以归。自省章峡以西皆捐之，更以湟州为都护。四月，姚雄将兵城河州安乡关，康谓将兵城兰州京玉关，夹河咸筑关堡以护浮梁。八月，雄复筑瓦吹，是为宁洮寨；次筑黑城，是为安陇寨。以圆堡为宁川堡，以膔哥为安川堡。[29]

《宋史·姚雄传》亦记载：

> 种朴战没，王赡军陷敌中，（姚）雄自鄯至湟，四战皆捷，拔出之。遂筑安乡关，夹河立堡，以护浮梁。通湟水漕运，商旅负贩入湟者，始络绎于道。[30]

可知河州安乡关、兰州京玉关原来分别名为安乡城桥关、把拶桥关，两关“夹河咸筑关堡，以护浮梁”。安乡城桥、把拶桥（把拶度桥）正式始筑于元符三年四月，夹河所筑守护浮梁关堡（例如安乡南城）约正式毕役于当年六月。把拶桥具体修筑地点当即《续资治通鉴长编》元符二年闰九月丙子条“兰州西关堡近西，地名把［拶］京玉相近，可以系桥通路，直入邈川”之“把［拶］”，或《曾公遗录》元符三年四月“乙丑，同呈兰州修把拶度桥”之“把拶度”。《宋会要辑稿·方域一三》“津渡”条载“神宗熙宁六年（1073）十月三日，诏河州安乡城黄河渡口置浮桥。详见‘桥’门”[31]，河州安乡城桥、兰州把拶桥分别控扼凤林渡、把拶度两处黄河渡口。

安乡关、京玉关修筑时代背景为宋廷已弃守鄯州、拟退保湟州，其时两关修筑主要目的当为便于河州、兰州应援湟州。上文《曾公遗录》“湟州度”当指横跨湟水南北两

28（宋）李埴撰，燕永成校正：《皇宋十朝纲要校正》，北京：中华书局，2013：380。
29 刘琳等校点：《宋会要辑稿·兵九·出师三》“青唐”条，上海古籍出版社，2014：8778-8779。
30《宋史》卷349《姚雄传》，1977：11060。
31 刘琳等校点：《宋会要辑稿·方域一三》“津渡”条，2014：9535。

岸邈川城、邈川城北水寨之浮桥；把拶度桥“亦通湟州度也”，既说明把拶度桥与河州安乡城桥均可通往青唐邈川城（湟州），亦暗示把拶桥修筑目的已并非此前经斫龙川口北上经略西夏斫龙城。自宋夏关系或宋廷经略西夏角度而言，把拶桥较安乡城桥地理位置与战略地位更加重要。

2. 京玉关位置与别称：益机滩旧堡与溢机堡（安羌城）

因兰州京玉关、河州安乡关“夹河咸筑关堡，以护浮梁”，安乡城桥关有“安乡南城”、“安乡北城”两处关堡，故把拶桥（京玉关）当亦如同安乡关“夹河立堡”，而设京玉南城、京玉北城两处关堡。因此，京玉关（把拶桥关）性质为守护把拶桥（把拶度桥）关堡。熙河兰会路经略使孙路元符二年“乞于斫龙川口复修浮桥，于桥之北置七八百步一城”“作桥筑城”“建桥修城”；三省、枢密院元符二年四月“令孙路进筑斫龙”，“欲系桥渡河筑一寨”；此“城”与“寨”实际即其后元符三年所筑把拶桥关（狭义指京玉北城），京玉关可谓元符二年春孙路乞于斫龙川口所筑城寨毕功后宋廷所赐正式关名。

狭义而言，把拶桥、把拶桥关（京玉关）并不完全等同，《宋史 · 地理志》京玉关“本号把拶桥”记载并不严谨。“把拶度”乃斫龙川口南侧黄河渡口，把拶桥即把拶度桥，亦即把拶度所修横跨黄河两岸之浮桥，而把拶桥关（京玉关）乃守护把拶桥南北两处关堡。广义而言，把拶桥关（京玉关）实际包括京玉北城、京玉南城、把拶桥三部分。

上文已言京玉关为守护把拶桥（把拶度桥）关堡，把拶桥筑于把拶度或“兰州西关堡近西，地名把[拶]京玉相近”之“把[拶]”，亦即“兰州之西斫龙川口有古浮桥旧基”处，则京玉关之京玉南城、北城当于兰州西关堡西斫龙川口附近寻之。斫龙川口今庄浪河与黄河汇流处附近黄河两岸现存两处古城遗址：一为咸水川城址（今甘肃省兰州市西固区河口镇咸水川村西 100 米），属明代时期，平面呈长方形，东西长 150 米，南北宽 100 米；一为新城城址（今甘肃省兰州市西固区新城镇城子村内），宋代始建，明清重修，平面呈方形，边长 300 米[32]。咸水川城址位于黄河北岸，西距庄浪河与黄河汇流处约 4 里；新城城址位于黄河南岸，与咸水川城址隔河相望，新城城址北距黄河岸边约 1.5 里，北距咸水川城址直线距离约 2.5 里。

《边政考》卷三《兰州卫》“至到”条载“关营堡三十”，“积积滩堡七十里”至兰州卫；“隘口二十有九”，“积积滩堡三：古浮桥七十里，骷髅湾九十里，窄道儿一百里”

32 国家文物局主编：《中国文物地图集 · 甘肃分册》（下），北京：测绘出版社，2011：22，23。

至兰州卫[33]。康熙《兰州志》卷一《地理志》“堡寨”条载“积积滩堡，州西七十里，今名新城”，[34]可知今新城城址为明代兰州卫积积滩堡。《边政考》卷三《固原靖兰图》“咸水沟”东标注有“苦水驿”，“苦水驿”南、“积积滩堡”北黄河北岸附近标注有“沈家台”。“咸水沟”即今咸水河；“苦水驿”位于苦水堡（今甘肃省永登县苦水街村），其地实际位于庄浪河、咸水河之间，并非“咸水沟”东。因此，《边政考》卷三《固原靖兰图》将“沈家台”标于“咸水沟”东很可能有误，“沈家台”盖位于庄浪河、咸水河之间，而即今咸水川城址。

《宋史·郑骧传》记载：

> 姚古奏（郑骧）为熙河兰廓路经略司属官。钱盖自渭易熙，奏辟幕下。地震，秦陇金城六城坏，骧为盖言六城熙河重地，宜趣缮治，因自请董兵护筑益机滩新堡六百步，以控西夏。堡成，以功迁官，赐绯衣银鱼。[35]

前人以为引文“姚古”宣和五年、七年为熙帅，钱盖宣和六年至宣和七年十一月知青州之前为熙帅，且郑骧筑益机滩新堡即《宋史·徽宗本纪四》宣和六年（1124年）八月“丁己，以溢机堡为安羌城”之事[36]，而间接以为益机滩新堡筑于宣和六年。

《宋史·徽宗本纪四》载宣和六年八月“丁己，以溢机堡为安羌城”[37]；《宋会要辑稿·方域八》“安羌城”条载“宣和六年以溢机堡改”[38]；《宋史·地理志三》“熙州”条载“安羌城，宣和六年，赐熙河兰廓路新建溢机堡名为安羌城，不知属何州军，姑附于此”。[39]如果《宋史·地理志》熙河兰廓路溢机堡为宣和六年“新建”记载属实，则熙河兰廓路经略司属官郑骧率军所筑益机滩新堡当即溢机堡。史载宣和六年“闰（三）月，京师、河东、陕西地大震。去冬及正月地震，至是，又震。宫中殿门皆摇动，且有声。河东、陕西尤甚，兰州地及诸山草木悉没入，而山下麦苗乃在山上。朝廷遣右司郎官黄潜善为察访，因按视焉。及归，图进曰：‘震而已，所

---

33 （明）张雨撰，薄音湖编校：《边政考》，《明代蒙古汉籍史料汇编》第7辑，呼和浩特：内蒙古大学出版社，2011：54，55。

34 康熙《兰州志》卷1《地理志》“堡寨”条，《中国地方志集成·甘肃府县志辑》①，2008：64。

35《宋史》卷448《郑骧传》，1977：13202。

36 吴廷燮撰，张忱石点校：《北宋经抚年表》，北京：中华书局，1984：252。

37《宋史》卷22《徽宗本纪四》，1977：414。

38 刘琳等校点：《宋会要辑稿·方域八》，2014：9438。

39《宋史》卷87《地理志三》，1977：2162。

传则非也。' 上意遂安。潜善又以迎合铜钱事，除户部侍郎"。[40] 因此，可知宣和六年闰三月金城郡兰州益机滩旧堡毁于地震，熙帅钱盖幕官郑骧遂率军筑益机滩新堡，当年八月宋廷赐名安羌城。《宋十朝纲要》清抄本载宣和六年八月"丁巳，熙和路筑滋溢机堡，赐名定羌城"，并不准确，"滋"当为衍文，"定羌城"当为"安羌城"之误。

欲确定京玉关位置，应厘清益机滩旧堡、新堡位置，以及二者与明代兰州卫积积滩堡关系。光绪《重修皋兰县志》卷九《舆地志上》"关隘条"记载：

> 新城一名萁萁滩堡，在县西七十里，明成化二十年（1484）置。……明赵英《城新城记》：皇明太平日久，边备渐弛，虏乃深入寇吾兰。……兰之西七十里有萁萁滩者，环山滨河，河冻时，贼往来之要地也。于斯筑城屯兵，于内则进可以遏贼来，退可以截贼去。……案：《宋史·郑骧传》：秦陇地震，金城六城坏，骧自请护筑益机滩新堡，以控西夏。《方舆纪要》：西古城在兰州西四原作八，误十里，又西四十里为积滩堡，俱宋置。考积滩堡应即益机滩堡。今新城西十里有废堡遗址，俗名老古城，应即宋时所筑。此堡既以新城命名，自系对旧城而言。赵记偶未叙及耳。又此滩多生萁萁草，故堡名因之。[41]

《边政考》卷三《固原靖兰图》所标注"积积滩堡""古浮桥墩寇大路""青石觜墩"西南，"窄道儿寇大路"东，"骷髅湾寇大路"东北之"旧古城"，当即光绪《重修皋兰县志》所载"今新城西十里有废堡遗址，俗名老古城，应即宋时所筑"之"老古城"。

据前人调查，今兰州市西固区新城镇新城城址（积积滩堡）旁侧原有旧堡一座，名萁萁滩堡，其修筑时间早于成化二十年所筑新城城址，且城址规模与《宋史·郑骧传》"因自请董兵护筑益机滩，新堡六百步"相当；距新城城址西约 10 里维尼纶厂内，原有古堡一座，亦名萁萁滩堡，维尼纶厂建厂时被拆毁，可能为地震震毁的益机滩堡[42]。因此，光绪《重修皋兰县志》以为益机滩（新）堡即明代兰州积积滩堡，并不准确。此外，光绪《重修皋兰县志》卷九《舆地志上》"关隘条"载"今新城西十里有废堡遗址，俗名老古城"[43]，《重修皋兰县志》卷十八《古迹志上》"城堡"条又载"今考西古城西三

40（宋）陈均编，徐沛藻等点校：《皇朝编年纲目备要》卷 29，北京：中华书局，2006：753。
41 光绪《重修皋兰县志》卷 9《舆地志上》，《中国地方志集成·甘肃府县志辑》③，2008：538-540。
42 雷中生、包向农、张颖：《1125 年兰州 7 级地震震中位置初探》，《西北地震学报》，2000（2）：192。
43 光绪《重修皋兰县志》卷 9《舆地志上》，《中国地方志集成·甘肃府县志辑》③，2008：540。

里有古城，俗名小古城。新城西八里有古城，俗名老古城”。[44]但今维尼纶厂实际仅位于新城城址西约两里。因此，光绪《重修皋兰县志》所载新城、老古城之间里程盖并不准确。

综合以上记载，可知明代积积滩堡（新城城址）旁侧旧堡、积积滩堡西部废堡（旧古城、老古城）均筑于明代之前，且二堡近代均称萁萁滩堡，而位于斫龙川口附近黄河之南。因此，可推知北宋益机滩旧堡即《边政考》卷三《固原靖兰图》所标注“积积滩堡”西南“旧古城”，亦即光绪《重修皋兰县志》新城西十里“老古城”，亦即前人所言新城城址西维尼纶厂内古堡（萁萁滩堡）。北宋益机滩新堡（溢机堡、安羌城）当即明代积积滩堡（新城城址）旁侧旧堡（萁萁滩堡）。此外，益机滩旧堡为守护把拶桥关城，可谓京玉南城，且为京玉南城旧城。益机滩新堡（安羌城）可谓京玉南城新城。益机滩新堡对岸咸水川城址可谓京玉北城，京玉北城无新城、旧城之分。

上述溢机堡、积积滩堡、萁萁滩堡堡名，均得名于其堡位于益机滩，益机滩得名于其滩芨芨草丛生。宋代文献所载京玉关（把拶桥关）一般狭义指黄河南岸京玉南城旧城或益机滩旧堡，京玉关遗址当即今兰州维尼纶厂内古堡（萁萁滩堡）。此外，需要承认益机滩新堡（溢机堡、安羌城）亦为守护把拶桥关堡。益机滩旧堡、益机滩新堡分别为京玉南城旧城、新城，二者亦均可谓京玉关别称。《宋史·地理志》以安羌城“不知属何州军”，而将“安羌城”附于“熙州”条下，并不准确，此主要因不明益机滩新堡（安羌城）即守卫把拶桥关堡之京玉南城新城。因益机滩新堡（溢机堡、安羌城）隶兰州，《宋史·地理志》“安羌城，宣和六年，赐熙河兰廓路新建溢机堡名为安羌城”当附于“兰州”条下。

宋廷宣和六年八月将新筑溢机堡赐名安羌城，盖因其时宋廷已收复燕云，而祈求西羌青唐之地安宁无事。《宋史·五行志》载“（宣和）七年（1125）七月己亥，熙河路地震，有裂数十丈者，兰州尤甚。陷数百家，仓库俱没”[45]，可知宣和七年七月兰州再次地震。《金史·地理志》载兰州下辖“关一京玉”，[46]京玉关废弃时间不详。但可以肯定安羌城（益机滩新堡）宣和七年七月并未毁于地震而成为废堡。

京玉关位置，尚有其他线索可寻。《宋史·地理志》载乐州（湟州）“东至把拶宗六十里”；通湟寨“东至通川堡四十里，西至湟州三十五里”；通川堡“东至京玉关

---

44 光绪《重修皋兰县志》卷18《古迹志上》，《中国地方志集成·甘肃府县志辑》④，2008：489。

45《宋史》卷67《五行志》，1977：1486。

46《金史》卷26《地理志下》，北京：中华书局，2020：701。

四十里，西至通湟寨四十里”；京玉关“东至西关堡四十里，西至通川堡四十里，南至临洮堡一百三十九里”，阿干堡“西至西关堡界二十里，南至临洮堡七十里”[47]。兰州之西西关堡、京玉关、通川堡、通湟寨、把拶宗、乐州（湟州）地望，学界均有争议，但兰州之南阿干堡（今甘肃省兰州市七里河区阿干镇）、临洮堡位置较易确定。

《中国历史地图集》第六册北宋时期“秦凤路”一图将“临洮堡”标于“京玉关”东南直线距离约125里、“结河堡（标于今改河沟西汇入洮河处附近）”西北直线距离约40里，约相当于今甘肃省临洮县太石镇一带，应当有误。临洮堡当即今牟家堡址（今甘肃省临洮县红旗乡牟家村上马家东南100米，属宋代城址，东西长100米，南北宽50米），阿干堡南至牟家堡址约78里，与阿干堡“南至临洮堡七十里（约合今79里，宋代一里约合今561.6米）”里程相符。益机滩旧堡东南至牟家堡址约159里（益机滩新堡东南至牟家堡址约157里），与京玉关“南至临洮堡一百三十九里（约合今156里）”里程吻合。因此，厘清益机滩旧堡、新堡关系后，据京玉关“南至临洮堡一百三十九里”、临洮堡即今牟家堡址，亦可确定京玉关即临洮堡北一百三十九宋里益机滩旧堡，今兰州维尼纶厂内古堡（萁萁滩堡）。

确定京玉关位置后，附带说明一下西关堡位置、京玉关与兰州里程。《宋史·地理志三》京玉关“元符三年赐名，本号把拶桥，东至西关堡四十里”[48]之“西关堡”，即《元丰九域志》卷三《陕西路》秦凤路“兰州”条“西关。州西二十里”之“西关”[49]，如果此里程记载准确，则京玉关东经西关堡至兰州六十里，京玉关位于兰州西六十里。然而，《边政考》卷三《兰州卫》“至到”条载“西古城堡四十里”至兰州卫，“西古城堡”即今甘肃省兰州市西固街区南50米西固故城。京玉关（京玉南城）之益机滩旧堡恰好位于西古城堡西北四十里，故北宋兰州西关堡当即明代西古城堡，《元丰九域志》“西关。州西二十里”之“二十”当为“四十”之误。因此，兰州西四十宋里至西关堡（西古城堡），西关堡西四十宋里至京玉关，京玉关当位于兰州西八十宋里。

此外，上文已言《边政考》卷三《兰州卫》“至到”条载“积积滩堡七十里”至兰州卫；康熙《兰州志》卷一《地理志》“堡寨”条载“积积滩堡，州西七十里，今名新城”；光绪《重修皋兰县志》卷九《舆地志上》“关隘条”载“新城一名萁萁滩堡，在县西七十里”；乾隆《皋兰县志》卷四《建置志》“里堡”条亦载“积积滩堡，县西七十

47《宋史》卷87《地理志三》，1977：2165-2167。

48《宋史》卷87《地理志三》，1977：2166。

49（宋）王存撰，王文楚、魏嵩山点校：《元丰九域志》卷3《陕西路》，北京：中华书局，1984：135。

里，今名新城”[50]。可知《边政考》、康熙《兰州志》、乾隆《皋兰县志》、光绪《重修皋兰县志》均载积积滩堡（萁萁滩堡）位于兰州西七十里。与此同时，乾隆《甘肃通志》卷十《关梁》“兰州”条载“积积滩堡，在州西南八十里”[51]；嘉庆《大清一统志》卷二五三《兰州府二》“关隘”条载“西古城堡，在皋兰县西南四十里。又积积滩堡，在县西南八十里”[52]；道光《兰州府志》卷一《地理志》“形胜关堡附”条载“积积滩堡，在（皋兰）县西南八十里”[53]。可见明清史籍对积积滩堡至兰州里程有七十里或八十里两种不同记载，因京玉关位于兰州西八十里，积积滩堡实际当位于兰州西八十里。

三、把拶桥与把拶度后身：积积滩堡“古浮桥”、新城渡

《边政考》卷三《兰州卫》“至到”条载“积积滩堡三：古浮桥七十里”至兰州卫；《边政考》卷三《固原靖兰图》“积积滩堡”西北、“青石嵛墩”东北、“庄浪河口”南黄河南岸标注有“古浮桥墩 寇大路”。万历《临洮府志》卷十一《防御考》“烽燧”条亦载“兰州卫所辖墩台二十七座”之“古浮桥墩”[54]。“积积滩堡”之侧“古浮桥”，或“古浮桥墩”之“古浮桥”，可谓北宋兰州把拶桥后身。“积积滩堡”与“古浮桥”实际均位于兰州卫西八十里，并非七十里。兰州卫“古浮桥墩”可谓“积积滩堡”北之黄河渡口，实际亦即把拶桥所在黄河渡口把拶度后身。“古浮桥墩 寇大路”反映明代经庄浪河口、古浮桥墩南下积积滩堡为交通孔道。

乾隆《皋兰县志》卷四《建置志》“桥津”条，载“新城河渡口，县西七十里”[55]。光绪《重修皋兰县志》卷十一《舆地志下》“津梁”条，亦载“新城渡，在县西七十里”[56]。“新城河渡口”即“新城渡”，亦即北宋兰州把拶度后身。

乾隆《皋兰县志》卷五《疆域志》载：

> （皋兰县）正西缘西柳沟从新城渡黄河，过八盘山，经张家河湾或从小寺沟渡河，亦经张家河湾至凉州府平番县交界马回子一百四十里，至平番县城

50 乾隆《皋兰县志》卷4《建置志》，《中国地方志集成·甘肃府县志辑》③，2008：55。
51 乾隆《甘肃通志》卷10《关梁》，影印文渊阁四库全书本。
52《嘉庆重修一统志》卷253《兰州府二》，北京：中华书局，1986：12685。
53 道光《兰州府志》卷1《地理志上》，《中国地方志集成·甘肃府县志辑》①，2008：465。
54 万历《临洮府志》卷11《防御考》，万历13年刻增修本。
55 乾隆《皋兰县志》卷4《建置志》，《中国地方志集成·甘肃府县志辑》③，2008：54。
56 光绪《重修皋兰县志》卷11《舆地志下》，《中国地方志集成·甘肃府县志辑》④，2008：13。

二百四十里。[57]

《重修皋兰县志》卷九《舆地志上》“疆域”条载：

> 案：马回子为赴西宁、碾伯间道驿路由沙井驿迳平番县城，在（皋兰）县西北湟水北岸。旧《县志》谓在县西，姑仍之。《甘肃通志》《（兰州）府志》皆谓西至张家河湾一百里，交西宁府西宁县界。今考张家河湾迤西三十里之张家寺，犹为县境界碑今存，再西十里至马回子，与平番所属土司分界。逾土司境而西，为西宁府碾伯县界。西宁县在碾伯县西，与皋邑境壤不接。[58]

可知清代自兰州皋兰县经新城渡渡黄河，既可以西经马回子（今甘肃省兰州市红古区平安村）至碾伯县，亦可以北至平番县城（唐代兰州广武县、西夏斫龙城），皋兰县至平番县城全程二百四十里。

兰州皋兰县经新城渡渡黄河北至平番县城之路，大致为宋夏时期兰州经把拶度至斫龙城之路。宋代自把拶度渡河西至邈川城，盖需依次西渡庄浪河、南渡湟水至湟水南岸，此路表面上较自小寺沟渡渡河至邈川城迂回曲折。把拶度（新城渡）位于益机滩，较其西南青石嶆渡、八盘河渡、小寺沟渡更适合大队人马渡河，且控扼兰州西至邈川城（湟州）、邈川城东北至斫龙城、兰州西北经斫龙城至凉州三路。此正为把拶桥选址斫龙川口古浮梁（广武梁）或把拶度重要原因。

结语

综上所述，宋代史籍载有邈川地区地名“把拶”“把拶度桥”“把拶桥”“把拶桥关”“把拶宗（把椮宗）”“把拶宗城（把椮宗城）”，而《续资治通鉴长编》元符二年闰九月丙子条“兰州西关堡近西，地名把京玉相近”之“把京玉”当为“把[拶]京玉”之误。把拶宗（把椮宗）即把拶宗城（把椮宗城），“宗”为吐蕃语 rdzong，“城”之意；把拶宗位于湟州东六十里、湟水南岸，今干观台城址。把拶当为吐蕃语，词义不详，其地一般狭义上指把拶度，乃兰州西关堡西四十里斫龙川口南侧黄河渡口，其后身即清代

57 乾隆《皋兰县志》卷5《疆域志》，《中国地方志集成·甘肃府县志辑》③，2008：57。
58 光绪《重修皋兰县志》卷9《舆地志上》，《中国地方志集成·甘肃府县志辑》③，2008：523。

兰州新城渡。把拶度桥即把拶桥，得名于其桥位于黄河渡口把拶度；把拶桥前身为唐代兰州广武县“广武梁”、斫龙川口“古浮桥”，后身为明代兰州卫积积滩堡北侧“古浮桥”。把拶桥关为黄河南北两岸守护把拶桥的两处关堡，后被赐名京玉关，京玉关实际有京玉南城、京玉北城南北两处关堡，且京玉南城有旧城、新城之分。京玉北城即今黄河北岸咸水川城址。京玉南城旧城即益机滩旧堡，今兰州维尼纶厂内古堡（萁萁滩堡），筑于元符三年夏，毁于宣和六年闰三月地震。京玉关位于兰州西八十里、西关堡西四十里、临洮堡北一百三十九里，宋代文献所载京玉关多狭义指黄河南岸京玉南城旧城。京玉南城新城为益机滩新堡（溢机堡），即明代兰州卫积积滩堡（今新城称址）旁侧古堡（萁萁滩堡），筑于宣和六年，当年八月改称安羌城。熙帅钱盖幕官郑骧宣和六年率军筑益机滩新堡“以控西夏”，当年溢机堡被宋廷赐名安羌城之事，反映其时宋廷固守湟州、祈求西羌安宁之战略守势。

因宋、夏、蕃关系变化，北宋修筑斫龙川口把拶桥主要目的，由元符二年北上经营西夏斫龙城，切断“西蕃、夏贼往来便道（西贼与吐蕃相通道、邈川路）”，转变为西行应援新进取之邈川城（湟州）。学者张多勇以为“邈川路”为西夏通河湟便道，指今甘肃永登县水磨沟一线；孙路计划自今大通河筑城迂回夺取斫龙川，宋廷没有同意自斫龙川口进逼卓啰监军司计划[59]，均不准确。邈川路大致指以邈川城为起点，东经把拶宗、斫龙川口至西夏斫龙城之路，宋军斫龙川口所筑把拶桥关或溢机堡（安羌城）兼有进逼西夏卓啰城（斫龙城）之战略目的。唐使刘元鼎长庆二年经兰州、广武梁、龙支城出使吐蕃，以及元符三年宋军修筑把拶桥以便西援湟州之事，反映广武梁或把拶桥为唐宋时期中原与吐蕃东西交通重要节点。河州安乡关、兰州京玉关（把拶桥关）为宋廷经略湟州的两处重要津梁关堡，京玉关（把拶桥关）重要性主要体现在控扼兰州西至邈川城（湟州）、邈川城东北至斫龙城、兰州西北经斫龙城至凉州三条交通线，此三路均路经斫龙川口，因而斫龙川口京玉关可谓探讨宋夏时期此三条交通线最重要视角。

◆ 石坚军　陕西师范大学西北历史环境与经济社会发展研究院副教授

59　张多勇：《西夏通吐蕃河湟间的交通路线及沿路军事堡寨考察》，《中国历史地理论丛》2020（3）：113-115。

米拉日巴传记唐卡源流考
——从洛杉矶郡立艺术博物馆藏米拉日巴传记唐卡出发

梁云云

内容摘要：美国洛杉矶郡立艺术博物馆藏米拉日巴传记唐卡是目前所知此类唐卡中年代最早的。本文从该唐卡出发，结合乳毕坚金1488年编撰的《至尊米拉日巴传·引道解脱与一切智》对唐卡描绘的场景及题记进行释读，发现此幅米拉日巴传记唐卡的内容与传记文献记载高度一致。唐卡中所绘直贡噶举派上师传承可以追溯到该派对米拉日巴修行地拉齐的传承与经营历史，该题材唐卡是由乳毕坚金及弟子首创，在创制时吸收了西藏流传的佛传故事唐卡构图，目的是为了推广刚问世的米拉日巴传记及道歌。

米拉日巴（མི་ལ་རས་པ། 1052-1135年）作为西藏家喻户晓的游吟苦行僧及噶举派祖师之一，大量与之相关的艺术作品在国内外流传，其中收藏于洛杉矶郡立艺术博物馆（LACMA）的米拉日巴传记唐卡是目前所见最早的此上师传记唐卡（图一）[1]。该唐卡由瑞士地质学家奥古斯托·甘瑟（Augusto Gansser，1910-2012年）在西藏西部的一座噶举派石窟寺中获得，之后辗转到文物商纳斯里·赫拉曼内克（Nasli M. Heeramaneck，1902-

1　洛杉矶郡立艺术博物馆官网，感谢该馆版权与复制部的Piper Wynn Severance授权笔者研究此幅唐卡。

1971 年）手中，1969 年，洛杉矶郡立艺术博物馆从纳斯里处购得来自印度、尼泊尔和中国西藏的文物共计 345 件，其中就有这幅唐卡[2]。

一、研究背景

目前所知最早关注这幅唐卡的是普拉塔帕迪亚 · 巴勒（Pratapaditya Pal），1969 年他简要讨论了该唐卡的构图及其对西藏叙事唐卡的传承与突破，并将其年代定于 16 世纪初[3]。之后他在 1990 年该书修订版中[4]，将此唐卡定于 16 世纪，并进一步讨论唐卡中心及左上三个场景、供养人等内容。1991 年莱因（Marlin M. Rhie）等将唐卡定为 15 世纪下半叶，主要讨论该唐卡风格，认为它体现的是同期藏西风格[5]。1997 年费希尔（Robert E. Fisher）也关注此作品[6]，他简要讨论了唐卡画面中心降魔的米拉日巴与降魔释迦牟尼的关联。2015 年杰克逊（David P. Jackson）在回顾巴勒的研究时，讨论了该作品的收藏来源和唐卡中的上师传承[7]。国内对此唐卡的研究仅见于李婷 2014 年的硕士学位论文，她将唐卡年代定为 15 世纪末 16 世纪初，辨析了画面的识读顺序并依刘立千汉译本对画中场景进行解读，认为此幅唐卡内容与传记记载不符，细节出入较大，并非按传记所绘[8]。诸位前贤未对唐卡题记一一译释，对画面内容解读不充分且部分有误，在分析米拉日巴传记唐卡来源时，多是从风格上的分析，并未注意此题材唐卡起源的历史背景，有鉴于此，笔者认为有必要对该唐卡再次分析识读。

识读唐卡画面内容之前，应首先确定识别图像所依文本。国内外学者对米拉日巴不同版本传记的研究比较充分。考虑到唐卡中最上一排上师传承与直贡噶举派密切相关，因此笔者首先对《直贡噶举古籍文献丛书》（འབྲི་གུང་བཀའ་བརྒྱུད་ཆོས་མཛོད་ཆེན་མོ）中与米拉传记相关的四部文献进行比对。这套丛书中的第七部、第八部文献在丛书目录中被称

2　来自 1971 年 3 月 30 日《纽约时报》刊登的 Nasli M. Heeramaneck 的讣告。https://www.nytimes.com/1971/03/30/archives/nasli-m-heeramaneck-dead-dealer-in-asian-art-objects.html.

3　Pratapaditya Pal, *The Art of Tibet*, New York: The Asia Society, 1969: 61, 135, fig.13.

4　Pratapaditya Pal, *Art of Tibet, A Catalogue of the Los Angeles County Museum of Art Collection* (*Expanded Edition*), Los Angeles County Museum of Art, 1990: 148-150.

5　Marylin M. Rhie, Robert A. F. Thurman, *Wisdom and Compassion: the Sacred Art of Tibet*, Tibet House New York & Harry N. Abrams, Inc., 1991: 238-239.

6　Robert E. Fisher, *Art of Tibet*, London: Thames and Hudson, 1997: 105, Fig. 85.

7　David P. Jackson, *Painting Traditions of the Drigung Kagyu School*, New York: Rubin Museum of Art, 2015: 24-26.

8　李婷：《米拉日巴唐卡图像与〈米拉日巴传〉文本比较分析》，首都师范大学硕士学位论文，2014：21-52。其所据汉译本为桑杰坚赞著，刘立千译：《米拉日巴传》，北京：民族出版社，2000。

为《米拉日巴道歌集 · 甘露河》(上册、下册)[9]，但其正文名称为《米拉日巴传记黑宝库》（上、下）[10]。安德鲁 · 昆特曼（Andrew Quintman）认为《米拉日巴传记黑宝库》的作者是第三世噶玛巴攘迥多吉（1284-1339 年），传记内容来源是米拉日巴十二弟子所作的米拉日巴传记[11]。《直贡噶举古籍文献丛书》中的第九部是《米拉日巴传》，由三个文本组成，第一份是南卡桑珠坚赞（ནམ་མཁའ་བསམ་གྲུབ་རྒྱལ་མཚན། 1408-1467 年）著《祈祷瑜伽大自在米拉日巴颂 · 虔诚开眼光鬘》，此篇为对尊者的简短赞颂，不属于本文讨论范围；第二份文献为乳毕坚金（གཙང་སྨྱོན་ཧེ་རུ་ཀ་རུས་པའི་རྒྱན་ཅན། 1452-1507 年）著《至尊米拉日巴传 · 引道解脱与一切智》；第三份文献是桑顿西齐热巴（གསང་སྟོན་ཞི་བྱེད་རི་པ། 1320-？年）1373 年著《米拉日巴传 · 日月明灯》[12]，安德鲁对该传记也有过研究，他认为此文本是作者从历史学家的角度作的“传记历史（རྣམ་ཐར་ལོ་རྒྱུས）”，而不是从传记编撰者角度作的传记[13]。另外《直贡噶举古籍文献丛书》中第十部文献为乳毕坚金编撰的《米拉日巴传中的道歌》[14]，是《米拉日巴传》的继续和补充。该派文献中收录的乳毕坚金所作《至尊米拉日巴传 · 引道解脱与一切智》及《米拉日巴传中的道歌》，是年代相对较晚、流传最广的米拉日巴传记的标准版本，也是本文辨识唐卡内容所依据的文本[15]。

9 努木编著:《直贡大法库目录：藏汉对照》，拉萨：西藏藏文古籍出版社，2012：32-33。

10 འབྲི་གུང་དཀོན་མཆོག་རྒྱ་མཚོས་བསྒྲིགས། ཧོར་དཀར་ནོ་མོས་བསྒྱུར། འབྲི་གུང་བཀའ་བརྒྱུད་ཆོས་མཛོད་ཆེན་མོ། ལྷ་ས། བོད་ལྗོངས་བོད་ཡིག་དཔེ་རྙིང་དཔེ་སྐྲུན་ཁང་། 2014（直贡 · 贡觉嘉措编，霍尔噶 · 努木译:《直贡噶举古籍文献丛书》，拉萨：西藏藏文古籍出版社，2014），第七部，第 1-544 叶，རྗེ་མི་ལའི་རྣམ་ཐར་མཛོད་ནག་མ་སྟོད་ཆ།（《米拉日巴传记黑宝库》上）。第八部，第 1-516 叶，རྗེ་བཙུན་མི་ལའི་རྣམ་ཐར་མཛོད་ནག་མའི་སྨད་ཆ།（《米拉日巴传记黑宝库》下）。

11 Andrew H. Quintman, *Mi la ras pa's Many Lives: Anatomy of a Tibetan Biographical Corpus*, Ph.D Dissertation, The University of Michigan, 2006: 161-167.

12《直贡噶举古籍文献丛书》第九部，第 1-13 叶：རྣལ་འབྱོར་པ་ཆེན་པོ་ནམ་མཁའ་བསམ་གྲུབ་རྒྱལ་མཚན། རྣལ་འབྱོར་དབང་ཕྱུག་རྗེ་བཙུན་ཆེན་པོ་བཞད་པའི་རྡོ་རྗེ་ལ་གསོལ་བ་འདེབས་པའི་ཚིགས་སུ་བཅད་པ་དད་པའི་མིག་འབྱེད་ངོ་མཚར་འོད་ཀྱི་ཕྲེང་བ།；第 15-245 叶：རྣལ་འབྱོར་པ་རུས་པའི་རྒྱན་ཅན། རྗེ་བཙུན་ཆེན་པོ་མི་ལ་རས་པའི་རྣམ་ཐར་ཐར་པ་དང་ཐམས་ཅད་མཁྱེན་པའི་ལམ་སྟོན།；第 247-494 叶：གསང་སྟོན་ཞི་བྱེད་རི་པ། རྗེ་བཙུན་མི་ལ་རས་པའི་རྣམ་ཐར་ཉི་ཟླའི་འོད་ཟེར་སྒྲོན་མེ།。

13 Andrew Quintman, "Between History and Biography: Notes on Zhi byed ri pa's *Illuminating Lamp of Sun and Moon Beams*, a Fourteenth-century Biographical State of the Field." *Revue d'Etudes Tibétaines* 23, 2012: 5-41.

14《直贡噶举古籍文献丛书》第十部，第 1-579 叶：གཙང་སྨྱོན་ཧེ་རུ་ཀ། རྗེ་བཙུན་ཆེན་པོ་མི་ལ་རས་པའི་རྣམ་ཐར་རྒྱས་པར་ཕྱེ་བ་མགུར་འབུམ།

15 རུས་པའི་རྒྱན་ཅན། རྣལ་འབྱོར་གྱི་དབང་ཕྱུག་ཆེན་པོ་མི་ལ་རས་པའི་རྣམ་མགུར། ཟི་ལིང་། མཚོ་སྔོན་མི་རིགས་དཔེ་སྐྲུན་ཁང་། 2004。与此文本对应的汉译本有以下 3 种：（1）桑杰坚赞著，刘立千译:《米拉日巴传》，北京：民族出版社，2000。此译本较为简略。（2）米拉日巴著，张澄基译:《米拉日巴大师集》(上，中)，北京：民族出版社，2001。此译本从“米拉拾柴记”开始。（3）乳毕坚瑾著，释寂凡译:《米拉日巴尊者全传——开显解脱与一切智之道》，北京：宗教文化出版社，2013，此译本最为完整。རུས་པའི་རྒྱན་ཅན 的汉译名称有汝毕坚参、乳毕坚谨、乳毕坚金等，本文采用“乳毕坚金”的译法。

图一　米拉日巴传记唐卡（美国洛杉矶郡立艺术博物馆藏）

图二　唐卡画面布局示意图及标序（作者制）

二、唐卡内容分析

美国洛杉矶郡立艺术博物馆藏米拉日巴传记唐卡的尺寸为130.8×105.4厘米，按照米拉日巴的生平顺序，笔者进行了分格标序，将唐卡画面的内容分为三十个方格（图二）。每一个方格下的黑色榜题框内都有金汁书写的乌坚体藏文题记，是对方格内的画面的解说，部分题记残损不可识读。方格内绘制主角米拉日巴和不同的人物活动以及风景等画面，关键情节处有简短题记。除占据画面大部的传记场景外，唐卡中还绘有历史人物和供养人等，提供了珍贵的历史信息，如主尊上方（A-M）和两侧（N、O）的上师像，与教法传承有关；主尊座前左侧（观者的左侧）绘有供养人像（场景a）。下文分两部分对唐卡内容进行探讨。

（一）唐卡中的传记图像

将唐卡画面中三十个方格的场景及其对应题记与乳毕坚金所著《米拉日巴传及道歌》藏文本和释寂凡、张澄基的汉译本进行对比辨析，将唐卡中描绘的图像场景内容识读如下，详细的题记对勘见文末附表。

> ①② 亲受卓绝苦谛之弘化、彻底消灭怨敌品；③ 晋见上师；④⑤ 罪障无余净除；⑥ 获得灌顶与窍诀、回自己家乡；⑦ 修习本尊；⑧⑨ 无散山中修行；⑩ 六忆上师品；⑪⑫ 驾临拉齐曲桑、雪山之歌；⑬ 岭巴岩崖罗刹女、灰鸽天女供养品；⑭ 长寿五姊妹供奉五妙欲、遇惹琼巴、调伏底斯惹巴；⑮ 遇惹巴寂光；⑯ 藤杖品；⑰ 遇切热日巴；⑱-1 长寿女神之侵袭；⑱-2、⑱-3 中阴救度密法的开示；⑱-4 长寿女神与空乐瑜伽；⑲ 遇达玛布德；⑳ 嫉妒之辩论以神变及神力回遮；㉑ 牛角品；㉒ 野马品；㉓ 正士冈波巴品；㉔ 唱常乐道歌、苯波山；㉕㉖ 灌顶与开光品；㉗ 色身融入法界。

每个方格下方的题记一般有固定格式，始于米拉日巴修行地，然后叙述画面中的主要活动，最后以该品的名称结束，可以说是该方格所绘内容的总体解说。规整的题记格式表明唐卡所依据的是一份体例成熟的米拉日巴传记。画面场景内插入的简短题记是对具体活动的说明。除⑮的题记将米拉的弟子寂光与达玛旺久混淆、⑯-a将安宗丹巴与安宗扎西巴混淆外，其余方格的题记均能与图像匹配。

唐卡中描绘的场景和书写的题记大部分能在传记文本中找到原文，图文吻合度高

图三　唐卡描绘的直贡噶举上师传承

达 90% 以上。不吻合的情况大致有两种，一是唐卡描绘内容与传记记载略有出入，如⑥-d“安立坛城”，唐卡题记是喜金刚坛城，传记记载是胜乐六十二尊圆满坛城；㉑-b 画面中是惹琼巴持牛角，而传记中是米拉日巴持牛角。另一种情况是唐卡中描绘的一些次要情节未能在文本中找到对应记载，如④-b 描绘的在屋外挤牛奶的师母、⑧-b 中四位饮酒的商人、⑪-b 中的金刚手和㉖的十一尊佛。不过，这些不一致的地方通过故事情节发生的语境，也能识读出来，并不影响对整幅米拉传记唐卡内容的识读，这些细微的差异可能来自画师的创造和不同的理解。

基于对唐卡每一方格所绘内容和题记的解读，对照传记所记载的米拉日巴的活动顺序，可以确定该作品是按照米拉日巴在家乡、到冈波巴处学法、调伏非人和摄受弟子、调伏外道、教授弟子后圆寂的顺序绘制的。画面对米拉日巴传记中所记载的内容有取舍，重点突出米拉日巴在拉齐曲洼修行时调伏长寿五姊妹的故事。通过对画面内容的解读，我们也可以看出该幅唐卡的阅读顺序：始于右下角，按顺时针向上至中心，再由中心至右侧，最后回到右下角，故事的起始和结尾两个方格相邻。中间和后半部分场景的顺序，如米拉日巴调伏非人、摄受弟子等的布局安排得较为灵活，布局顺序与故事发展顺序并未完全对应。至于方格内描绘的内容，大多数的情况是一个方格绘制一品的内容，但也有将重要故事安排在多个方格内甚至是不相邻的方格的情况；此外，还有将两三个简单的故事画在同一方格内的布局。这种灵活的布局安排应是画师根据故事情节内容和画面空间而自主做出的构图安排，从中也反证出画师对于当时流传的米拉日巴传记及道歌的熟稔和精通，因此才有可能进行灵活创作。

（二）唐卡中的上师传承与供养人图像

该唐卡除绘制米拉日巴传记场景外，还绘有上师传承与供养图像。杰克逊已对该传

承作过讨论[16]。在唐卡画面中央人物米拉日巴（F，⑱-1）上方绘有一排上师，每位上师旁边都有题记（图三），结合图像和题记，可以辨识他们的身份，依次为：A：金刚持（རྡོ་རྗེ་འཆང）、B：释迦（སྟོན་པ་སངས་རྒྱས）、C：蒂洛巴（ཏེ་ལོ་པ）、D：那若巴（ན་རོ་པ）、E：玛尔巴（མར་པ）、G：冈波巴（སྒམ་པོ་པ）、H：帕木竹巴（ཕག་མོ་གྲུ་པ），I至M均为身着藏式僧衣的上师，头戴红帽，装束、姿势一致，从题记可知均与直贡噶举相关。他们分别为：I：吉丹衮布（འཇིག་རྟེན་མགོན་པོ། 1143-1217年，直贡梯寺创建者）[17]、J：温仁·索南扎（དབོན་རིན་བསོད་ནམས་གྲགས། 1187-1234年，第二任直贡梯寺住持，1222-1234年在位）、K：迥仁波且（ཅུང་[གཅུང]རིན་པོ་ཆེ། 1210-1278年，第四任直贡梯寺住持，1255-1278年在位）。大卫·杰克逊注意到I至K之间略过了堪钦·古热瓦楚成多吉（མཁན་ཆེན་གུ་ར་བ་ཚུལ་ཁྲིམས་རྡོ་རྗེ། 1154-1221年，第一任直贡梯寺住持，1217-1221年在位）和京俄·扎巴迥乃（སྤྱན་སྔ་གྲགས་པ་འབྱུང་གནས། 1175-1255年，第三任直贡梯寺住持，1235-1255年在位），并且他推测之后的L（仁钦却□贝桑布，རིན་ཆེན་ཆོག(ས) □ དཔལ་བཟང་པོ）为妥卡哇·仁钦僧格（ཐོགས་ཁ་བ་རིན་ཆེན་སེང་གེ 1226-1284年，第五任直贡梯寺住持，1278-1284年在位），M（□仁波且，དབོན་རིན་པོ་ཆེ）为仓解巴·扎巴索朗（མཚམས་བཅད་པ་གྲགས་པ་བསོད་ནམས། 1238-1286年，第六任直贡梯寺住持，1284-1286年在位），他可能是早期传承的上师，只不过次序颠倒。但笔者认为L、M并未接续之前的上师，因为L上师题记中的“贝桑布”的称呼不见于早期直贡噶举派的上师名称，而与第十三任直贡梯寺住持曲杰仁钦贝桑布（ཆོས་རྒྱལ་རིན་ཆེན་དཔལ་བཟང་པོ། 1421-1469年，1435-1469年在位）、或第十四任住持仁钦曲杰坚赞贝桑布

16 David P. Jackson, *Painting Traditions of the Drigung Kagyu School*, 2015: 24-26.

17 直贡·丹增白玛坚参著，克珠群佩译：《直贡法嗣》，拉萨：西藏人民出版社，1995：75。“觉巴仁波且的真实名字为仁钦白，但是为了赞颂至尊帕木竹巴，弟子们尊称仁钦白为杰吉典松吉滚布（至尊三世怙主）或觉巴仁波且（救宝），所以一直这样称呼他。”

（རིན་ཆེན་ཆོས་ཀྱི་རྒྱལ་མཚན་དཔལ་བཟང་པོ། 1449-1484 年，1478-1484 年在位）接近。M 据其题记 དཔོན་རིན་པོ་ཆེ 有可能是第十三任住持之子、第十四任住持的兄长旺仁钦曲杰（དབང་རིན་ཆེན་ཆོས་ཀྱི་རྒྱལ་པོ། 1448-1504 年，未担任直贡梯寺住持），他又被称旺仁波且（དབང་རིན་པོ་ཆེ），如此，则可推断该唐卡的绘制年代上限为 15 世纪末至 16 世纪初。

作为噶举派分支的直贡噶举派历来对米拉日巴的修行地拉齐雪岭（ལ་ཕྱི་གངས་ཀྱི་ར་བ）十分重视，直贡噶举派在此地的修行史见于 19 世纪直贡法王曲吉洛珠（ཆོས་རྒྱལ་ཆོས་ཀྱི་བློ་གྲོས། 1801-1859 年，1829-1832 年在位）著的《拉齐雪岭的历史》[18]。二者的联系始于直贡觉巴向三圣地派送弟子，1215 年派以善知识雅如白扎（གཡག་རུ་དཔལ་གྲགས）为首的五万五千五百二十五名僧人到拉齐雪山去修行，雅如白扎修建拉齐寺[19]。

13 世纪中叶至 14 世纪初，第四、五、八、九任直贡住持在位期间，均按传统向包括拉齐在内的三圣地派送弟子[20]。第十任直贡住持曲吉杰布（ཆོས་ཀྱི་རྒྱལ་པོ། 1335-1407 年，1350-1395 年在位）时期，他的知名弟子拉齐瓦 · 却杰南卡坚赞（ལ་ཕྱི་བ་ཆོས་རྗེ་ནམ་མཁའ་རྒྱལ་མཚན། 1372-1437 年）对拉齐传法事业有大贡献[21]。他在少时听到几位热巴吟诵至尊米拉日巴的道歌，以往习气得以觉醒，对佛法产生信仰。在二十五岁时由曲吉杰布为首席上师为其授比丘戒。他在拉齐白吉曲洼寺（ལ་ཕྱི་དཔལ་གྱི་ཆུ་བ）前后共驻锡三十一年并圆寂于此。拉齐瓦的传法事业由其弟子们继承。在第十三任直贡住持曲杰仁钦贝桑布时期，拉齐瓦的弟子南卡桑珠坚赞（ནམ་མཁའ་བསམ་གྲུབ་རྒྱལ་མཚན། 1408-1467 年）和都增 · 阿旺坚赞（འདུལ་འཛིན་ངག་དབང་རྒྱལ་མཚན། 15 世纪）继续护持直贡噶举在拉齐的发展[22]，其中南卡桑珠坚赞正是前文提到的米拉日巴颂词的作者，他有众多弟子。阿旺坚赞将上师拉齐瓦的文集进行汇编，他还在拉齐教授过达隆巴 · 阿旺扎巴（སྟག་ལུང་པ་ངག་དབང་གྲགས་པ། 1418-1496 年，达隆寺第十二任住持）[23]。值得注意的是，上文疑为 M 上师的旺仁波切又从达隆巴 · 阿旺扎

18《直贡噶举古籍文献丛书》第一百三十二部，第 3-80 叶：ཆོས་རྒྱལ་ཆོས་ཀྱི་བློ་གྲོས་ཀྱི་གསུང་འབུམ། (《法王曲吉洛珠文集》) གསང་ལམ་སྒྲུབ་པའི་གནས་ཆེན་ཉེར་བཞིའི་ཡ་རྒྱལ་གོ་དྷ་ཝ་རི་འམ། འབྲོག་ལ་ཕྱི་གངས་ཀྱི་ར་བའི་སྔོན་བྱུང་གི་ཚུལ་ལས་བརྩམས་པའི་གཏམ་གྱི་རབ་ཏུ་བྱེད་པ་ཉུང་ངུ་རྣམ་གསལ། (《拉齐雪岭历史》)。

19 直贡 · 丹增白玛坚参著，克珠群佩译：《直贡法嗣》，1995：78，85。

20 直贡 · 丹增白玛坚参著，克珠群佩译：《直贡法嗣》，1995：101，104，111，114。

21 直贡 · 丹增白玛坚参著，克珠群佩译：《直贡法嗣》，1995 ：119-120。也见 འབྲི་གུང་དཀོན་མཆོག་རྒྱ་མཚོ། འབྲི་གུང་ཆོས་འབྱུང་། པེ་ཅིན། མི་རིགས་དཔེ་སྐྲུན་ཁང་། 2004: 382-385.

22 འབྲི་གུང་དཀོན་མཆོག་རྒྱ་མཚོ། འབྲི་གུང་ཆོས་འབྱུང་། 2004: 404-406.

23 འབྲི་གུང་དཀོན་མཆོག་རྒྱ་མཚོ། འབྲི་གུང་ཆོས་འབྱུང་། 2004: 406, སྐབས་འདིར་ཆོས་རྗེ་སྟག་ལུང་པ་ངག་དབང་གྲགས་པ་མཆོག་ལ་ཕྱིར་ཕེབས་ཏེ་རྗེའི་ཞབས་ལ་གཏུགས་ནས་བཀའ་བརྒྱུད་ཀྱི་ཆོས་སྐོར་ཡོངས་རྫོགས་ཞུས་པར་གསོལ་བ་བཞིན་དགྱེས་བཞིན་དུ་བསྩལ་བ་སོགས་དོན་བརྒྱུད་ཀྱི་བསྟན་པའི་རྒྱལ་མཚན་སྲིད་རྩེའི་བར་དུ་འདེགས་པའི་འཕྲིན་ལས་བསྐྲུན། 可译为：此时，达隆巴大师阿旺扎巴到达拉齐，顶礼尊者祈求教授圆满噶举教法，尊者欣然答应并传授，致力于诸如此类的弘扬事续之法等事。

1. N：索南拉旺波

2. O：度峡巴洛卓桑波

图四　主尊头部两侧的上师

巴学法[24]。此后第十五、第十六、第十七任直贡住持依旧按传统委派或轮换在拉齐修行的上师[25]。第二十任住持有名为拉齐雪岭密宗师衮噶白丹（ལ་ཕྱི་རྫོར་འཛིན་ཀུན་དགའ་དཔལ་ལྡན།17 世纪前后）的弟子[26]。因此结合唐卡的上师传承与直贡噶举派在拉齐曲洼的修行历史，加之前文讨论的唐卡图像与文本的关系，笔者同意此前学者对该唐卡 15 世纪末至 16 世纪初的年代判断。

此外位于唐卡主尊米拉日巴头部两侧的头戴班智达帽的上师分别为：N：索南拉益旺波（བསོད་ནམས་ལྷའི་དབང་པོ）、O：度峡巴洛卓桑波（དུས་ཞབས་པ་བློ་གྲོས་བཟང་པོ）（图四）。大卫 · 杰克逊推测他们的身份有两种可能，一是作为画面中供养人的个人上师出现，二是接续前面的直贡上师传承，并认为其中一位是觉努 · 多吉益西（ཇོ་སྨྲ་རྡོ་རྗེ་ཡེ་ཤེས། 1223-1293 年，第七任直贡梯寺住持，1288-1293 年在位），因此他推测这一传承持续至 13 世纪最后二三十年[27]。但是两位上师的题记及班智达帽表明他们并非直贡噶举派上师，更多可能是画面中供养人的个人上师。其中度峡巴洛卓桑波很可能是藏巴 · 洛卓桑波（གཙང་

24　直贡 · 丹增白玛坚参著，克珠群佩译：《直贡法嗣》，1995：137。

25　直贡 · 丹增白玛坚参著，克珠群佩译：《直贡法嗣》，1995：140，157，167。

26　直贡 · 丹增白玛坚参著，克珠群佩译：《直贡法嗣》，1995：185。

27　David P. Jackson, *Painting Traditions of the Drigung Kagyu School*, 2015: 26.

图五　画面 a 场景

པ་བློ་གྲོས་བཟང་པོ། 1360-1423 年)[28]，他在年少时曾担任仁蚌巴的管家，仁蚌巴家族很可能是该唐卡的供养人。

画面中心左下 a 场景（图五）中主要的男性供养人跏趺坐，具头光，长发垂肩，穿交领左衽长袍，双手自然搭膝盖下垂共持一串念珠。他身后有一名胁侍，下方有一排四位带头光的小供养人。巴勒认为主供养人与四位小供养人为父子关系[29]。考虑到他们不同于 15 至 16 世纪藏西贵族的装束，结合下文对米拉日巴传记唐卡的历史溯源，笔者推测他们可能是当时的仁蚌巴地方贵族。

三、米拉日巴传记唐卡的来源

（一）乳毕坚金首创米拉日巴传记唐卡

乳毕坚金作为米拉日巴的转世，他本人效仿米拉日巴的修行，同时也身体力行搜集

28 管·宣奴贝著，王启龙、还克加译，王启龙校注：《青史》，北京：中国社会科学出版社，2012：578。

29 Pratapaditya Pal, *Art of Tibet, A Catalogue of the Los Angeles County Museum of Art Collection*, 1990: 150.

米拉日巴的道歌，并制作木刻版，推动了米拉日巴传记的传播[30]。至于米拉日巴传记唐卡的图像来源，尽管大卫 · 杰克逊最早注意到该题材唐卡与乳毕坚金的直接关系[31]，但他主要从作为范本的唐卡的使用角度来讨论，并未对应唐卡的具体内容。目前对米拉日巴传记唐卡的记载最早见于乳毕坚金的弟子郭仓热巴（རྒོད་ཚང་རས་པ། 1482-1559 年）1512 年著的《藏宁嘿汝迦胜者传记金刚乘明日精要》：

> 那时（藏宁）在吉定地方闭关，心子洛本索南珠巴用手势交流，还有另一位画师，师徒三人在谁也不见的状态下，创制出与尊者米拉传记一致的布局完美的三幅传记唐卡，因此使智者们心生敬畏并大饱眼福。（藏宁）对唐卡开光并灌顶。[32]

此事件发生在 1488 年乳毕坚金完成米拉传记后，弟子们印刷成版之时。可惜唐卡的绘制过程和具体图像特征叙述得比较隐晦，仅提到乳毕坚金在闭关的状态下，同弟子索南珠巴和一位画师三人共同创作完成。弟子索南珠巴之后主要活跃于噶举派的另一圣地杂日山[33]。最重要的是，此三幅有着完美布局的唐卡的内容与米拉日巴传记内容一致，这很容易使人联想到前文讨论的米拉日巴传记唐卡。此外米拉日巴传记唐卡的绘制地吉定（དགེ་སྡིངས）位于今拉孜县与萨迦县交界处，当时属于仁蚌巴家族的势力范围。

另一则记载表明在米拉日巴传记唐卡问世后，随即引起了仁蚌巴掌权者顿月多吉（ཆོས་ཀྱི་རྒྱལ་པོ་དོན་ཡོད་རྡོ་རྗེ། 1462-1512 年）的注意：

---

30 攘卓著，克珠群佩译：《〈米拉日巴传〉的作者——乳毕坚金》，《西藏民族学院学报》1986（1）：37，“为了搜集道歌，尊者多次走遍阿里、卫藏、达布、贡布等地，历尽千辛万苦，甚至置生命危险于度外，一心一意搜集米拉道歌。经过藏宁的艰苦努力，编辑了米拉道歌三百八十四首，才成为今天规模的道歌集。尊者砍了刻板的树子，准备了一切雕版的条件，最后在西菩首次雕成，并举行开光授权仪轨。尔后又把印本迎请到亚囊卓巴菩，又印出若干，散发到卫藏各地，于是《米拉日巴道歌》就开始流传于雪域西藏。”

31 大卫 · 杰克逊著，向红笳、谢继胜、熊文彬译：《西藏绘画史》，拉萨：西藏人民出版社，2001：301。

32 རྒོད་ཚང་རས་པ། གཙང་སྨྱོན་ཧེ་རུ་ཀ་ཕྱོགས་ཐམས་ཅད་ལས་རྣམ་པར་རྒྱལ་བའི་རྣམ་ཐར་རྡོ་རྗེ་ཐེག་པའི་གསལ་བྱེད་ཉི་མའི་སྙིང་པོ། 十分感谢西藏大学的博士研究生那尕才让告知此信息，清华大学博士研究生张宁分享此传记并指明出处。该传记的整理出版，参见 Lokesh Chandra eds., *The Life of the Saint of Gtsang by rGod tshang ras pa sna tshogs rang grol*, New Delhi: Śata-piṭaka Series, vol. 69. 1969. 引文见第 147 叶：དེ་དུས་ན་འདུམ་དགེ་སྡིངས་སུ་སྐུ་མཚམས་སྐྱང་། ཐུགས་སྲས་སློབ་དཔོན་བསོད་ནམས་གྲུབ་པས་ཕྱག་ཆེ་མཛད་དེ་ལྷ་བྲིས་པ་གཅིག་དང་དཔོན་སློབ་གསུམ་མིན་པ་སུ་ལའང་མཛལ་ཁ་མེད་པའི་ངང་ནས། རྗེ་མི་ལའི་རྣམ་ཐར་དང་མཐུན་པའི་རྣམ་ཐར་ཐང་ཀ་བཀོད་པ་མཆོག་ཏུ་ཕུར་པས་བློ་གྲོས་ལྡན་པ་རྣམས་ཡིད་འཕྲོག་ཅིང་དད་པའི་མིག་རྒྱན་དུ་འགྲོ་བ་གསུམ་བཞེངས་པ་སྐྱང་། རབ་གནས་མངའ་གསོལ་དང་བཅས་པ་མཛད་དོ།

33 རྒོད་ཚང་རས་པ། གཙང་སྨྱོན་ཧེ་རུ་ཀ་ཕྱོགས་ཐམས་ཅད་ལས་རྣམ་པར་རྒྱལ་བའི་རྣམ་ཐར་རྡོ་རྗེ་ཐེག་པའི་གསལ་བྱེད་ཉི་མའི་སྙིང་པོ། 第 259 叶：མདོ་སྔགས་གཉིས་ལ་མཁྱེན་པ་རྒྱས། །སྨྲ་བའི་སེང་གེ་མཚུངས་པ་མེད། ཙ་རི་ཏྲ་རུ་བསྟན་པ་བཟུང་། །བསོད་ནམས་གྲུབ་པ་ལ་ཕྱག་འཚལ། 可译为：广泛掌握显密二宗，无比语之狮子，在杂日山传法。顶礼索南珠巴。

（藏宁）又到协浦（水晶洞）去，由是到后藏娘河上游与明妃相见时，法王顿月多吉在仁蚌庄园迎请、承侍、做纯净供养。在离开此地时，领主说，“这幅南觉旺久（རྣལ་འབྱོར་དབང་ཕྱུག）所作的与此米拉传记一致的传记唐卡还有吗？这些唐卡的原稿及指导者需要一起请来”。尊者如是答应。一路上受到供养，不间断转动法轮，到拉堆洛去。[34]

作为乳毕坚金中晚期的重要供养人之一，顿月多吉对米拉日巴传记唐卡表现出极大兴趣，请求唐卡的粉本及设计者，这可能是促进米拉日巴传记唐卡在后藏地区传播的原因。此处的南觉旺久可能是上文画师的名字。

第三条记载进一步表明乳毕坚金在藏地推广米拉日巴传记唐卡的策略和目的：

由是与米拉传记一致的传记唐卡以前在西藏不为人知，因为不流行而想使其广泛流行。传记唐卡的画像，一幅在贡塘、洛沃等上部出现并受到供奉，一幅在自己手中并使之在拉堆洛广泛流行。一幅如前被领主顿月多吉请求，在卫、藏等地下部流行。（藏宁）对心子索南珠巴说，“你吩咐绘制此传记唐卡。对卫、藏、杂日等地分发刻板，以此来利益众生。”[35]

乳毕坚金及弟子、画师创制出的三幅米拉日巴传记唐卡被分配到西藏西部贡塘和洛沃、拉齐及拉堆洛（后藏地区南部的定日县协噶尔地区周围），第三幅唐卡在仁蚌巴顿月多吉的影响下，被传播到卫、藏等地下部，因此三幅唐卡被分散到西藏大部分地区。结合当时的背景，乳毕坚金分发此唐卡是为了配合和进一步加速米拉日巴传记的传播，

34 རྒོད་ཚང་རས་པ། གཙང་སྨྱོན་ཧེ་རུ་ཀ་ཕྱོགས་ཐམས་ཅད་ལས་རྣམ་པར་རྒྱལ་བའི་རྣམ་ཐར་རྡོ་རྗེ་ཐེག་པའི་གསལ་བྱེད་ཉི་མའི་སྙིང་པོ། 第 158 叶：སྒར་ཤེལ་ཕུག་ཏུ་ཕེབས་དེ་ནས་གཙང་མྱང་སྟོད་ལ་ཡུམ་མཇལ་དུ་ཕེབས་ཚེ། ཆོས་ཀྱི་རྒྱལ་པོ་དོན་ཡོད་རྡོ་རྗེས་གཞིས་ཁ་རིན་དཔུངས་སུ་སྤྱན་དྲངས། ཞབས་ཏོག་དང་བསྙེན་བཀུར་ཡང་དག་ཕུལ་ཏེ་ཕེབས་ཁར་རྒྱལ་པོའི་གསུང་གིས་རྗེ་མི་ལའི་རྣམ་པར་མཐར་པ་འདི་དང་མཐུན་པའི་རྣམ་ཐར་ཐང་ཁ་གཅིག་རྣལ་འབྱོར་དབང་ཕྱུག་གི་མཛད་ཡོད་འདུག་པ། འདི་ཆེར་མ་ཕྱི་དང་ཞལ་བཀོད་པ་གཅིག་ཅིས་ཀྱང་སྣང་དགོས་གསུང་། །རྗེ་རིན་པོ་ཆེས་ཀྱང་དེ་ལྟར་སྣང་བར་ཞལ་གྱི་གཞེས་ཏེ་ལམ་པར་ཐམས་ཅད་དུ་འང། བསྙེན་བཀུར་འབུལ་བ་དང་ཆོས་ཀྱི་འཁོར་ལོ་བསྐོར་བ་རྒྱུན་མ་ཆད་པའི་ངང་ནས་ལ་སྟོད་ལྷོར་ཕེབས་སོ།

35 རྒོད་ཚང་རས་པ། གཙང་སྨྱོན་ཧེ་རུ་ཀ་ཕྱོགས་ཐམས་ཅད་ལས་རྣམ་པར་རྒྱལ་བའི་རྣམ་ཐར་རྡོ་རྗེ་ཐེག་པའི་གསལ་བྱེད་ཉི་མའི་སྙིང་པོ། 第 161 叶：དེ་ནས་རྗེ་མི་ལའི་རྣམ་ཐར་དང་མཐུན་པའི་རྣམ་ཐར་ཐང་ཀ་འདི་ཉིད་སྔར་བོད་དུ་མ་གྲགས་ཤིང་། མ་དར་འདུག་པས་འདི་ཉིད་དར་ཞིང་རྒྱས་པ་ཅིག་བྱུང་ན་དགོངས་པ་ཐུགས་ལ་ཤར་ཏེ། རྣམ་ཐར་ཐང་ཀའི་བྲིས་སྐུ་ཅིག་གུང་ཐང་དང་བློ་བོ་སོགས་སྟོད་ལ་སྣང་ཏེ་མང་དུ་དར། གཅིག་ཕྱག་རང་དུ་གཞུགས་ཏེ་ལ་སྟོད་ལྷོ་ཕྱོགས་སུ་མང་དུ་དར་བར་མཛད། གཅིག་རྒྱལ་པོ་དོན་ཡོད་རྡོ་རྗེས་གསོལ་བ་བཏབ་ཅིང་ཞལ་གྱི་བཞེས་པ་ལྟར་དབུས་གཙང་སོགས་སྨད་ཕྱོགས་རྣམས་སུ་དར་བར་གཞེད་དེ། ཐུགས་སྲས་བསོད་ནམས་གྲུབ་པ་ལ་བུ་ཁྱོད་ཀྱི་རྣམ་ཐར་ཐང་ཀ་འདི་བཞེངས་པའི་ཞལ་བཀོད་དང་། །དབུས་གཙང་རྩ་རི་སོགས་ལ་སྤར་འགྲེམ་དང་འགྲོ་དོན་ལ་འགྲོ་དགོས་གསུང་ཆོ།

这是使米拉日巴传记家喻户晓进程中的关键步骤。因此基于前文对洛杉矶郡立艺术博物馆收藏米拉日巴传记唐卡内容的分析，笔者认为此幅唐卡可能是乳毕坚金及弟子制作或是与原件同期的临摹件，同时也印证场景 a 中的供养人极有可能是仁蚌巴家族成员。

（二）米拉日巴传记唐卡与西藏佛传唐卡的关系

目前可知乳毕坚金等创制的米拉日巴传记唐卡在内容上紧扣他所作的传记及道歌，但传记中仅提到此题材唐卡有完美构图。结合目前流传的 15-16 世纪米拉日巴传记唐卡来看（图一、图九），乳毕坚金等三人在构思唐卡时，一定参考了更早期西藏流行的佛传唐卡的构图。

西藏佛传唐卡图像最初来源于东印度八塔八相图，目前最早的 12-13 世纪卫藏八塔变唐卡已有学者关注（图六），“唐卡的上方一排横置八小塔，透露出此幅唐卡表述的八塔八相式组合样式与早期分列式八塔八相的渊源关系，但唐卡画面呈现的场景超过八个，画面下方一行详尽地描绘佛出生至成道之前的内容，似乎本身构成一个大的单元”。[36] 之后大量佛传唐卡在形式和内容上有演变。13 世纪末至 14 世纪初的佛传唐卡，塔的形象弱化，传记场景增加 [37]。15 世纪时佛传唐卡主尊的胁侍被二弟子替代，内容更为丰富，在佛传场景基础上增加了十六罗汉或本生故事。此外西藏上师唐卡沿用佛传唐卡的构图，这也是将西藏上师等同于释迦牟尼佛的证据。如 13 世纪大量出现的帕木竹巴本生唐卡 [38]，唐卡两侧为帕木竹巴本生形象，最下为他的生平场景。另外一幅十分重要的 14 世纪释迦室利生平唐卡（图七）[39]，上师作为画面主尊，周围方格分布生平故事。

因此当乳毕坚金创制米拉日巴传记唐卡时，自然会采用西藏已有的佛传和上师生平的构图。米拉日巴传记唐卡在整体布局和中心场景的意涵上确实受到释迦牟尼传记唐卡的影响。首先，唐卡中央主尊米拉日巴周围顺时针环绕传记场景，是对释迦牟尼传记唐卡的效仿。其次，正如费希尔注意到的那样，唐卡中心受到以食肉罗刹女为主的十八大魔王的侵扰并使之顺从的米拉日巴，对应于中心受魔罗的侵扰并在菩提树下降魔成道的

---

36 谢继胜、常红红：《莫高窟 76 窟〈八塔变〉及相关的几个问题——11 至 13 世纪中国多民族美术关系史研究》，《艺术史研究》第 13 辑，2011：207-250。

37 Steven M. Kossak, Amy Heller, *Sacred Visions: Early Paintings from Central Tibet*, New York: The Metropolitan Museum of Art, 1998: 115-118.

38 David P. Jackson, *Mirror of the Buddha: Early Portraits from Tibet*, New York: Rubin Museum of Art, 2011: 134-142.

39 Giuseppe Tucci, *Tibetan Painted Scrolls II*, Thailand: SDI Publications, 1999: 334-339. Pratapaditya Pal, *The Art of Tibet*, 1969: 52, 132-133. David P. Jackson, *Mirror of Buddha: Early Portraits from Tibet*, 2011: 2, Fig.1.1.

图六　卫藏八塔变唐卡，约 13 世纪（Zimmerman Collection, HAR. No.85081）

图七　释迦室利生平唐卡，14 世纪（图片出处见注释 39）

图八　米拉日巴传记唐卡，16 或 17 世纪（图片出处见注释 41）

图九　米拉日巴传记唐卡，16 世纪（鲁宾美术馆藏，HAR. No.65120）

图一〇　米拉日巴传记唐卡，17-18 世纪（图片出处见注释 42）

图一一　米拉日巴传记唐卡，17 世纪（Hahn Cultural Foundation, HAR. No.98746）

释迦牟尼[40]，两者在内容和画面上均能对应。

（三）米拉日巴传记唐卡的演变

除洛杉矶郡立艺术博物馆收藏的米拉日巴传记唐卡外，另外三幅同期或稍晚的传记唐卡也有相同构图。其中一幅来自吉美博物馆（图八）[41]，大卫·杰克逊认为它是据 16 世纪原画绘制。将该作品与洛杉矶郡立艺术博物馆的唐卡在构图、场景内容和题记位置等对比后，发现它与洛杉矶收藏唐卡十分相近。此幅的变化在于场景之间的界限感减少，画面中青绿色调增加。

鲁宾美术馆收藏的一幅米拉日巴传记唐卡（图九）的方格画面更小更密集，但缺少题记增加了画面辨识的难度。考虑到该作品的暗红色调，笔者推测它有可能是在藏西绘制。另外一幅米拉日巴传记唐卡（图一〇）[42]画风稚拙，构图更为简化，年代应更晚。这两幅作品的相同处在于依然强调方格构图、主尊米拉日巴上方源自金刚持的祖师传承序列。从约 17 世纪以来占据主流的米拉日巴传记唐卡，在构图上放弃边框形式而更趋自由，背景以山林为主（图一一）。

四、小结

尽管美国洛杉矶郡立艺术博物馆收藏的此幅唐卡最初在藏西噶举派寺庙获得，经过上文对该幅唐卡图像与传记、乳毕坚金创制米拉日巴传记唐卡史实的讨论，笔者推测它的年代为 15 世纪末至 16 世纪初，可能是乳毕坚金创制的唐卡之一或同期临摹件，在后藏绘制后被带到藏西。此唐卡风格不同于藏西 15-16 世纪流行的大面积使用红色、深蓝色的古格风格，以青绿色为主导的色调表明其受到后藏同期绘画的影响。

此幅目前所见年代最早的米拉日巴传记唐卡在不同层面均有重要意义。首先，以唐卡形式展现米拉日巴生平，表明至少从 15 世纪后期以来，米拉日巴事迹的传播经历了从口头、文字、再到图像的多样化过程。该唐卡的画面内容、题记与 1488 年乳毕坚金

---

40 Robert E. Fisher, *Art of Tibet*, 1997: 104.

41 Antoinette K. Gordon, *Tibetan Religious Art*, New York: Paragon Book Reprint Company, 1963: 38. 此出处未标注唐卡年代。该唐卡也可见大卫·杰克逊著，向红笳、谢继胜、熊文彬译：《西藏绘画史》，2001：372，图版 69。

42 图片参见中古陶拍卖行 2018 年 12 月 12 日“梵意—集妙庄严古代唐卡专场”，https://www.epailive.com/goods/11046632?buriedPoint=fl_01.

编撰的文本高度吻合，完美地将文本视觉化和图像化，印证乳毕坚金首创“与米拉日巴传记内容一致的米拉日巴传记唐卡”的史实，但在构图上对文本的叙事顺序稍作调整。乳毕坚金创制此类唐卡的目的是为加速推广自己编撰的米拉日巴传记及道歌。其次，唐卡中出现的直贡噶举派上师传承，勾沉出直贡噶举派在拉齐曲洼修行的历史，由于该派同时在冈底斯山修行，此幅唐卡可能由直贡噶举派僧人带至藏西。再次，纵观西藏艺术史中的上师传记唐卡传统的发展历程，此幅唐卡构图形式可追溯至12-13世纪的卫藏八塔变唐卡，16世纪前后该构图依然被保持，但17世纪及之后的同题材唐卡在构图和色调上产生巨变。

附表：洛杉矶郡立艺术博物馆收藏米拉日巴传记唐卡场景识别

<table>
<tr><th colspan="2">场景划分及对应总题记</th><th colspan="2">小场景内容</th><th>小场景对应题记</th><th>对应传记出处</th></tr>
<tr><td rowspan="13">① 亲受卓绝苦谛之弘化
① 最下榜题框内题记：༎རྗེ་བཙུན་གྱི་འཁྲུང་ཡུལ་ཁབ་གུང་ཐང་ □□□□□། སྔོན་དུ་ □□□།
尊者出生地贡塘……以前……</td><td rowspan="13">② 彻底消灭怨敌品
② 最下榜题框内题记：༎དབུས་པབས་གཡུང་སྟོན་དང་འཛག་རྟེན་ □□པ་གཉིས་ □□□□པ་སློབ། དགྲ་རྣམས་ཚར་ཅད་པའི་གོར།
到卫藏雍敦和世间……二处学习，彻底消灭怨敌品。</td><td rowspan="2">a</td><td>下部：一座大房子及五人，表现米拉日巴父母俱在时过着富裕的生活。</td><td>房内题记：◌ིང་ □ ཤེར་རྒྱ།
大……</td><td>藏文本：19-20
释寂凡译本：9</td></tr>
<tr><td>上部：父亲去世后，米拉作为仆人为亲戚放牧。</td><td>མིད་ལ་ར་ལ་ □།
米拉……</td><td>藏文本：22
释寂凡译本：10</td></tr>
<tr><td rowspan="2">b</td><td>下部：宴饮。</td><td>མིད་ལ་ □□□ ཆང་དྲུར་དཀྱིད་མེད་ཀྱི་ཞུ་བ་ཕུལ།
米拉请求献……酒</td><td rowspan="2">藏文本：29-30
释寂凡译本：13-14</td></tr>
<tr><td>上部：米拉向一位坐着的女性（阿妈）下跪。</td><td>ཨ་མེ་ □□།
阿玛……</td></tr>
<tr><td>c</td><td>米拉（牵马者）向位于殿堂的雍敦措甲禀告，后者派弟子（朝画面右侧行进者）去米拉家乡查看。</td><td>题记不清</td><td rowspan="3">藏文本：33-37
释寂凡译本：15-17</td></tr>
<tr><td>d</td><td>画面右侧：雍敦措甲上师
画面左侧：米拉位于关房内，关房外有马匹。</td><td>无</td></tr>
<tr><td>e</td><td>左侧：米拉到后藏的柯隆巴云丹嘉措处学习。
右侧：米拉在关房学咒法及出现咒的验兆（对应画面中的龙）。</td><td>题记不清</td></tr>
<tr><td rowspan="2">f</td><td>米拉第一次放咒，钉在木头上的蝎子使房倒塌。</td><td>སྡིག་པས་ཁང་པ་འགྱེལ། 蝎子使房子倒下。</td><td rowspan="2">藏文本：38-39
释寂凡译本：18</td></tr>
<tr><td>木头上有六颗人头和残肢。</td><td>མཐུ་བྱུང་ཏེ་ཁང་རྒྱལ་ནས་པོ་མོ་ □□ ཆ་ལྔ་ □།
咒术使房子倒塌，死了男女（三十）五人。</td></tr>
<tr><td>g</td><td>米拉第二次放咒，降雹损坏村民庄稼。</td><td>无</td><td rowspan="3">藏文本：46-49
释寂凡译本：22-23</td></tr>
<tr><td>h</td><td>米拉和同伴因寒冷跑到岩洞，生起柽柳火，坐在火堆旁。</td><td>སེར་བ་ཕབ（ས）ནས་ཕུག་ཏུ་སྣད[སྡོད]པ། 降完雹在岩洞中。火堆两侧题记：སྟོབ་ཆེན་མི་ལ། 大咒力米拉。</td></tr>
<tr><td>i</td><td>同伴被村民召集的兵包围，之后二人脱身离开。</td><td>无</td></tr>
</table>

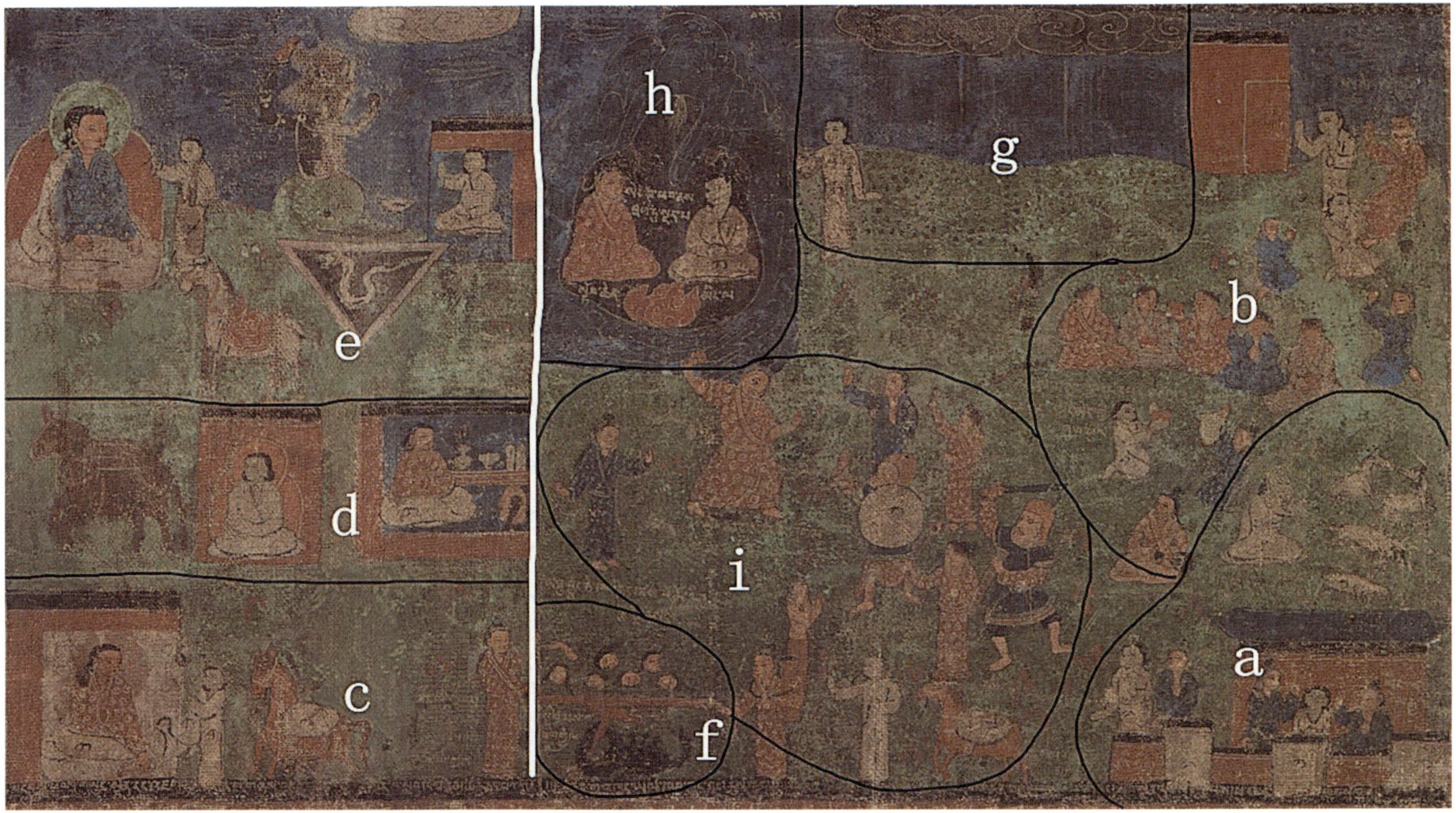

② 彻底消灭怨敌品

① 亲受卓绝苦谛之弘化

续表

场景划分及对应总题记	小场景内容		小场景对应题记	对应传记出处
③ 晋见上师 □□□□□ ཞུས་ཏེ་བླ་མ་མར་པ་ལུང་རྟེན་པའི་བསྐོར་རོ། 请求……，上师玛尔巴授记品。	a	背行囊的米拉经过，但他未认出在耕地迎接他的玛尔巴。	བླ་མ་ཞིང་ □ སྲིང་ལུང་བྲོལ་བ། 上师（玛尔巴）在耕地。	藏文本：50-58 释寂凡译本：27-31
	b	玛尔巴结跏趺坐，米拉将经书和马献给上师。	□ གྱིས་རྟ་ □□□།	
	c	穿僧装的上师受到大供养，一侧为修行的米拉。	题记不清	
④ 罪障无余净除（1） □ སྲུ་ལ་སྟོ་བྲག་ཏུ་ལེ་ཚབ་ □□ མཛད་པའི་ □□□□། 到洛扎……	a	米拉在洛扎沟头沟尾乞讨，乞讨所得换了一口四耳铜釜。	无	藏文本：59 释寂凡译本：31
	b	下部：在玛尔巴处，米拉将铜釜献给上师。	བླ་མ་ལ་ □ དང་ནས་ཕུལ། 献给上师……	藏文本：61 释寂凡译本：32
		上部：师母在屋外挤牛奶，米拉匍匐跪倒，玛尔巴扬手打米拉。	བླ་མས་ □ རྒྱག་པ། 上师打米拉。	
	c	米拉修建九层碉楼。二人搬石头做基石；师母送酒饭；米拉背土攀登梯子、用铁锹和泥等。	题记不清	藏文本：65-66 释寂凡译本：34-35
	d	九层碉楼快竣工时，米拉为了求法而佯装离开，又被玛尔巴训斥。	题记不清	藏文本：71 释寂凡译本：37
⑤ 罪障无余净除（2） □ རྔོག་སྟོན་ལ་འགྲོལ་པའི་སྐོན། ན་རོ་དང་ □□ ཕྱག་ □□། དེར་ཡང་སེར་བ་ཕབ་པའི་ □□། 逃到俄敦那里去，那若和……，再次降雹。	a	俄敦的弟子问米拉从哪里来，米拉呈上信物，僧众仪仗持胜利幢和法器前来迎请。之后米拉拜见建筑内的俄敦上师。	རྔོག་སྟོན་རྟེན་མར་འབུལ་པ། 向俄敦献信物。	藏文本：79-84 释寂凡译本：41-43
	b	俄敦让米拉放雹的过程。	题记不清	
	c	米拉在岩洞中修行，一侧有红衣上师，表现米拉缺少玛尔巴的摄受未生起觉证。	无	

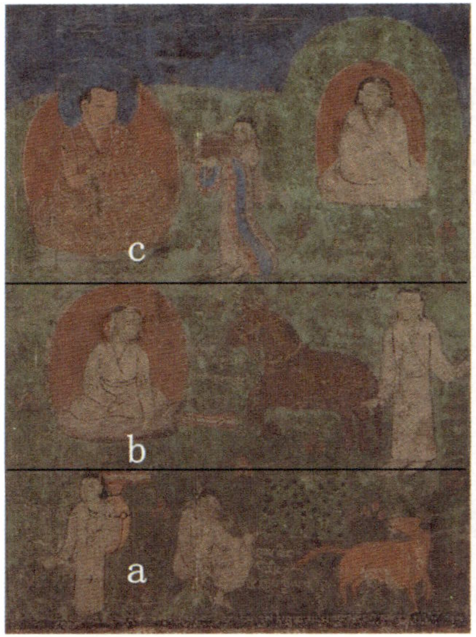

③ 晋见上师

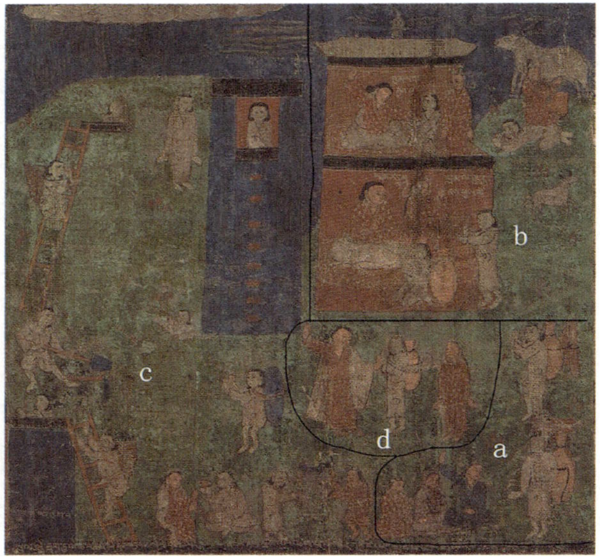

④ 罪障无余净除（1）

⑤ 罪障无余净除（2）

续表

场景划分及对应总题记	小场景内容		小场景对应题记	对应传记出处
⑥ 获得灌顶与诀窍、回自己家乡 ༄།།གཞུང་ནས་པའི་ས □□□□། 从雄地的……	a	米拉日巴和俄敦上师及眷属从雄地来见玛尔巴。	题记不清	藏文本：93-98 释寂凡译本：47-50
	b	上师为米拉日巴传授居士戒和菩萨学处。	无	
	c	上师玛尔巴供养本尊后，玛尔巴自己受用，之后赐予米拉，他一饮而尽，师母在一旁供酒。	བདག་མེད་མས་སྐྱེས་ཆང་མཛོད་པ། 达美玛（师母）奉礼酒。	
	d	安立坛城。	□□ དཀྱིལ་ □ ཞལ་ཕྱེ་དབང་ □། 坛城下题记：ཀྱེ་རྡོ་རྗེ □། 喜金刚……	
		右侧师母做供奉。	རྗེ་མོས་ཕུང་ཞུས་པ་ □□□ འགྲོ □ འི་ཞུས། 师母请求。	
	e	米拉背上行囊与师母告别。	题记不清	藏文本：116-130 释寂凡译本：59-66
⑦ 修习本尊 题记仅见 ཐུགས་།	a	米拉回到家，看见灶台旁变成乱堆并长出许多草。	ཞིང་འོང་མི་གྲུ་གསུམ་ལ་ □□ གྱི་སྐྱེས། 地上生长……草。	藏文本：130-137 释寂凡译本：66-70
		米拉看到母亲的遗骸、蓝色《妙法宝积经》。之后将母亲尸体火化，遗骨拾好。	□□ དང་ □ མེ་ □ ་སྲེག་པ། 火化……	
	b	将母亲遗骨放在衣襟中，背经书到起初教读诵的阿阇黎处，把宝积经卷首供养给阿阇黎的公子。	无	
		米拉作供奉状，二人用母亲的遗骨作成擦擦。	□□ འི་རུས་པ་ □□། 阿妈的骨骸……	
	c	猎人将米拉所在地告诉乞讨的妹妹贝达，米拉修行时妹妹和未婚妻孜色做供养。	ཐེ □ ཆང་ཕུལ། 贝……达献酒。	藏文本：159 释寂凡译本：82

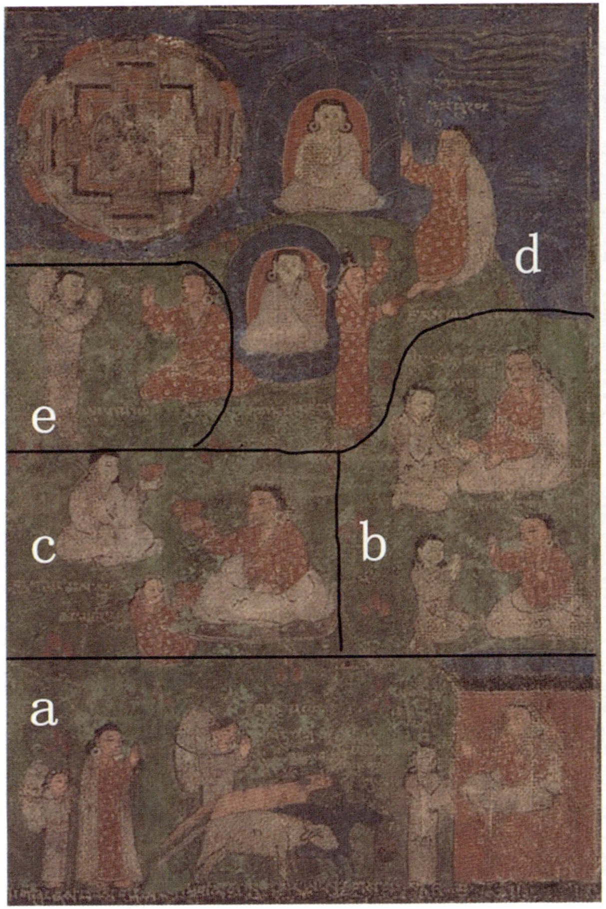

⑥ 获得灌顶与诀窍、回自己家乡

⑦ 修习本尊

续表

场景划分及对应总题记		小场景内容	小场景对应题记	对应传记出处
⑧ 无散山中修行（1） བྲག་སྐང་མཐན་པ་རྫོང་དུ་དཀའ་ཐུབ་མཛད་ནས། ཨ་ནེ་ལ་འཚོ་བ་སློང་དུ་ཕྱིན་ཏེ་འབྲེལ་གྱི་རེ་བ་ཆོད་པའི་བཀོད་དོ། 在扎岗塘坝苦行，到姑母处乞讨物资，断绝亲戚的指望。	a	姑母唆狗咬他，用棍子打他，米拉倒在沟中。	题记不清	藏文本：138-139 释寂凡译本：71
	b	四个俗人坐成一排饮酒。	□ ·འགྲོན་པོ་རྣམ（ས）ཆང་འཐུང་། 商人们饮酒。	文本中无对应。
	c	姑母为米拉做供养，用牦牛驮口袋放于米拉面前。	ཨ་ནེས་ □□□། 姑母……	藏文本：143 释寂凡译本：74
	d	妹妹贝达为米拉做供养（烧火做饭、为其沐浴）。	ཟླ་ཏ་འཚོ་ □□། 贝达…… སྲིང་མོ་ཟླ། 妹妹贝……	藏文本：156-159 释寂凡译本：81-83
⑨ 无散山中修行（2） □　□རྫོང་དུ་བཞུགས་པའི་དུས། ཤར་ □ གི་རིང་ཕེབ་ཕྱི་ར་བས་ □□□ བཀོར་རོ། 在……驻锡时，猎人……	a	米拉日巴赤身在岩洞内修行，肋骨两侧生有绿毛。	□ འཕྲུལ་གྱིས་ □།	藏文本：150-153 释寂凡译本：78-79
	b	三位跪拜的供养人，牵狗的猎人与米拉相对而立。	ཁྱི་ར་བ་བྱུང་ས། 猎人出现之地。	
	c	米拉肩负一块肉，表现受到猎人的供养。	题记不清	
⑩ 六忆念上师品 །།བྲག་དམར་འཆུང་སྙིང་དུ་དཀའ་ཐུབ་མཛད་པའི་རྗེས་བཞུགས། བླ་མ་དྲན་དྲུ་གི་མགུར་གསུངས་པས་རྗེ་མར་པ་དང་འབྱལ[འབྱུང]པའི་བཀོར།། 在扎玛琼岭苦行时，唱六念上师道歌，尊者玛尔巴出现。	a	左上：米拉在修行，对面有一口锅。 中间：他出去拾柴，一阵风把衣服和柴吹走，米拉挂在树上，衣服掉落。	མི་ལས་ □ གི་ □□། 米拉……	藏文本：194-196 释寂凡译本：101-103 张澄基译本：13
		因想念玛尔巴唱起六念上师道歌。玛尔巴骑着一头众宝庄严之白狮驾临。	སྤྲིན་དཀར་གྱི་ལྟར་ □ 白云的……	
	b	米拉走回洞窟。	□□ དུས་ནས་ཕེབ་ □□ ཆོ་འཕྲུལ་གཟིགས་པ། 看见幻化的……	藏文本：198-199 释寂凡译本：103-105 张澄基译本：15-16
		米拉面前出现幻象，如火焰般的圆圈内有七个小鬼。	□ གྱི་ཨ་ཙ་ར་བདུན། 七个阿扎日（丑角）。	

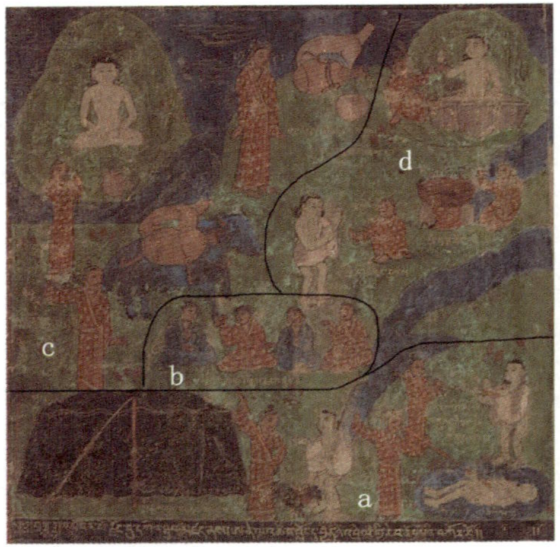

⑧ 无散山中修行（1）

⑨ 无散山中修行（2）

⑩ 六忆念上师品

续表

场景划分及对应总题记	小场景内容		小场景对应题记	对应传记出处
⑪ 驾临拉齐曲桑（1）、雪山之歌 །།ལའ་ཕྱི་གངས་ལ་ཕེབས་སྒྲུབ་པ་མཛད་པས □□□□□□ ། □□□ འི་ཡོན་བདག་ □□□ ། 到拉齐雪岭修行，施主……	a	米拉到拉齐雪岭修行，到聂拉木扎玛镇被施主们围绕顶礼和供养。	སྙ་རིང་ཕུག་དུ་སྐྱམ་ □ གསུངས་པ། ……说。	藏文本：201-211 释寂凡译本：106-111 张澄基译本：22-35
	b	米拉冬季到拉齐大降魔洞常住。之后下了十八个昼夜大雪。第二年四月弟子们前去迎请尊者遗骸。	ཡོན་དག་གཤེན་རྡོར་མོ་ཅན་རྗེ་བཙུན་འཚོལ་དུ་འགྲོ་བ། 施主贤多摩去寻找尊者。	藏文本：212-225 释寂凡译本：112-119 张澄基译本：36-52
		快要抵达住处时，看见一只雪豹趴在大磐石，接着在一个险关处看见老虎。弟子们顶礼米拉。右上有一尊金刚手。	无	
⑫ 驾临拉齐曲桑（2） （ཆུ་བཟང་ལ）བཞུགས་པས། འདིའི་དམ་པའི་བ་རི་ཆ་ □ པ་ལ་མི་འཇིགས་པའི་འགྱུར་གསུངས། སར་ □ པའི་བསྐོར་། 在（曲桑）驻锡时，对……唱无畏道歌品。	米拉在曲桑驻锡时，受到来自尼泊尔巴若地区一个大妖魔率领非人魔军的攻击。 画面中心：面目可畏的非人举起大山和各种武器攻击位于修行洞中的米拉。 画面上排：在听过米拉的数次道歌后，非人收到神变，对帐内的米拉作供养。		题记不清	藏文本：204 释寂凡译本：107 张澄基译本：24
⑬ 岭巴岩罗刹女、灰鸽天女供养品 །གུང་ཐང་གི་ལིང་པ་བྲག་ □ བསམ་ཡས་རྫོང་དུ་བཞུགས་དུས་བྲག་སྲིན་མོའི་ □ ཆད་བྱུང་ལ་མགུར་གསུངས་པས་དང་པའི་བསྐོར་རོ། 贡塘的岭巴……无边岭驻锡时，对岩崖罗刹女唱道歌品。	a	米拉在岭巴岩洞修行，右侧蓝色背景中，一个红色人骑黑色香獐，由女子牵着。之后三者顶礼米拉。	题记不清	藏文本：226-239 释寂凡译本：119-128 张澄基译本：53-66
	b	岩洞中修行的米拉头顶上有两只鸽子。表现的是戴着金耳饰灰鸽和之后它带来的七只伴友，先后向米拉俯身点头及数次围绕的故事。	无	藏文本：261-265 释寂凡译本：142-145 张澄基译本：92-96

⑪ 驾临拉齐曲桑（1）、雪山之歌

⑫ 驾临拉齐曲桑（2）

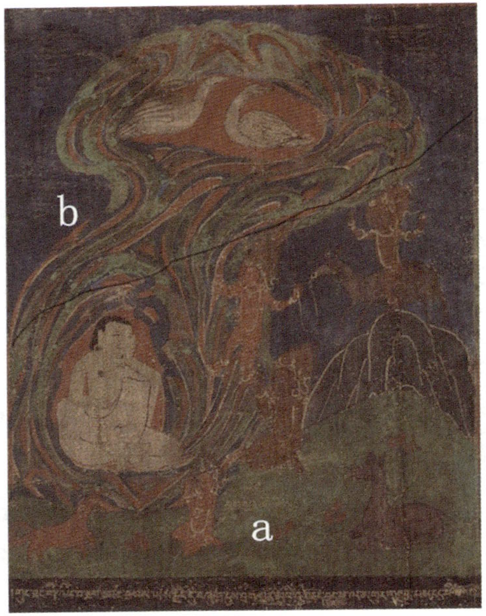

⑬ 岭巴岩罗刹女、灰鸽天女供养品

续表

场景划分及对应总题记		小场景内容	小场景对应题记	对应传记出处
⑭ 长寿五姊妹供奉五妙欲、遇惹琼巴、调伏底斯惹巴 །ཚེ་རིང་མ་མཆེད་ལྔས་འདོད་ཡོན་ལྔའི་ □ □ མཆོད་དེ། □ □ ཕྱག་རྒྱར་སྨིན་པའི་ □□ ཞུ་ལན་གྱི་བཀོར་རོ། 长寿五姊妹供奉五妙欲之……回答大手印……	a	一排八位女神向洞窟中的米拉顶礼，为长寿五姊妹主从。	无	藏文本：502-506 释寂凡译本：288-290 张澄基译本：344-349
	b	小僧人礼拜米拉。	རས་ཆུང་པས་ཐོག་མར་འཇལ་བ། 惹琼巴初见上师。	藏文本：271-277 释寂凡译本：148-152 张澄基译本：105-112
	c	米拉与一位小白衣上师在洞窟修行。	ཏི་སེ་རས་པར་གྱུར་ཏེ་སྒོམ་མཛད་པ། 调伏底斯惹巴并修行。	藏文本：367-377 释寂凡译本：208-214 张澄基译本：210-220
⑮ 遇惹巴寂光 ཆུ་བོང་ཆུ་སྔོན་མོའི་འགྲམ་དུ་རྗེ་ཙུན་དང་གྱི་ཆུང་དར་མ་དབང་ཕྱུག་དང་འཇལ། ཆུ་མིག་དངུལ་འབུམ་གྱི་བཀོར། 在曲洼曲温河畔，遇见达玛旺久，曲弥万银溪水河畔品。	a	米拉修行时，空行母预言有弟子到来。	无	藏文本：316-345 释寂凡译本：176-194 张澄基译本：158-185
	b	一位骑马的年轻人拒绝用马载米拉过河，米拉日巴飘于河面过河，米拉足底未沾水。	马下题记：ཞི་བ་འོད། 寂光。 རྐྱང་ཆུ་ནུ་དེ་་ལ་གཤེགས་པ། 在水上走。	
	c	寂光向尊者做供养。	ཞི་བ་འོད་ཀྱི་འབུལ་བ་མ་གསེས་པར་དུ་གསུང་པ། 因不需要寂光的供养而唱道歌。	
	d	寂光与叔叔顶礼尊者。	无	
⑯ 藤杖品（遇安宗丹巴品） །།སྐྱི་ལུང་ངན་རྫོང་ཕྱུག་པོ་དང་འཇལ། སྨྱ་དག་དཀར་པོའི་ □ གྱི་མགུར་གསུངས་ནང་དུ་སྤྱན་དྲངས་པའི་བཀོར།། 在吉隆与安宗富人见面，唱白藤杖道歌并受迎请品。	a	米拉日巴与弟子赛宛日巴乞食，得到老太婆指引去安宗富人那里，他赤上身在赶牛耕地。	ངན་རྫོང་ཀྱ་ཤིས་འབར་ཞིང་རྨོ་བ། 安宗扎西巴耕地。	藏文本：345-354 释寂凡译本：194-200 张澄基译本：186-195
	b	富人安宗对米拉师徒礼拜，请米拉为耕地唱道歌。米拉又唱道歌解释所持藤杖含义。	无	
	c	富人将米拉迎请到家中，米拉登上一处二层藏式建筑内讲法，富人与米拉师徒一起离开。	མང་དུ་གཤེགས་པ། 许多人走。	

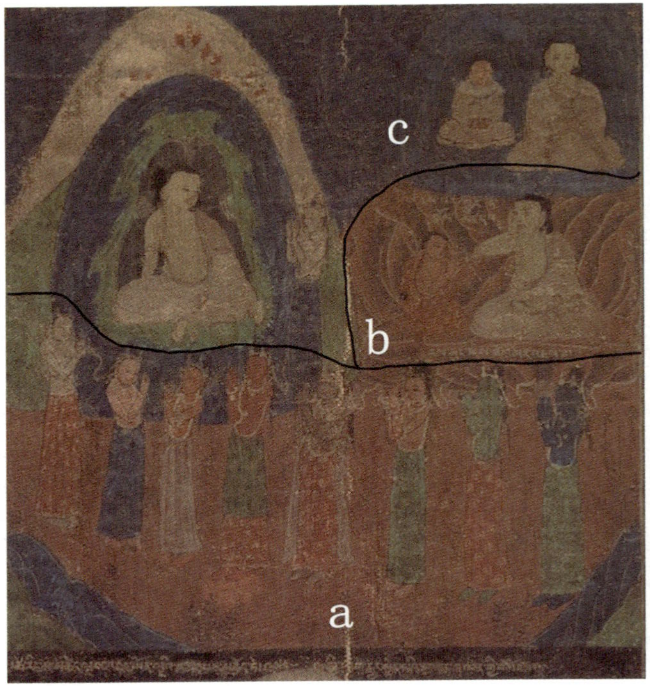

⑭ 长寿五姊妹供奉五妙欲、遇惹琼巴、调伏底斯惹巴

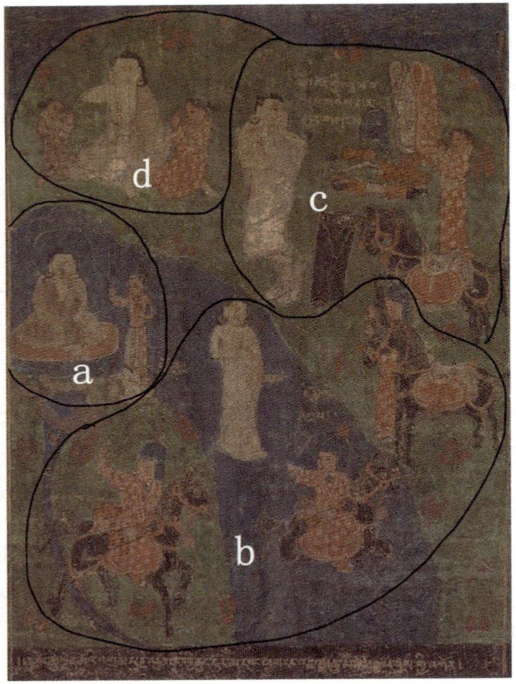

⑮ 遇惹巴寂光

⑯ 藤杖品（遇安宗丹巴品）

续表

场景划分及对应总题记	小场景内容		小场景对应题记	对应传记出处
⑰ 遇切热日巴 །□མ་བྱུང་ཆུབ་ནམ་ཁས་□ □པའི་དུས་སུ་ཁྱི་ར་བ་རྡོ་རྗེ་མགོན་པོ་□□□སུ་□□□།། 在绛曲……之时，猎人多杰衮布……	a	米拉日巴在尼泊尔与藏地的涅雄格山名为噶达亚的岩洞中修行。	无	藏文本：418-430 释寂凡译本：240-246 张澄基译本：263-274
	b	猎人持弓射向猎狗追逐的麋鹿。	རྡོ་རྗེ་མགོན་པོ། 多杰衮波。	
	c	猎人射向米拉。之后将麋鹿、猎狗、弓箭、皮围、皮索等献给上师。	རྗེ་ཙུན་ལ་འབུལ་པས་དྲུག་སྦུལ། 向尊者献六供养。 རྡོ་རྗེ་མགོན་པོ། 多杰衮波。	
	d	切热日巴、麋鹿、猎狗一起听米拉讲法。	题记不清	
⑱-1 长寿女神之侵袭 །།□་སྨན་ལྷ་དང་དྲང་སོང[སྲོང] ནམ（ས）ཀྱི་□གནས་སྨན་ལུང་ཆུ་དབར་དུ་དཔལ་བཞད་པའི་རྡོ་རྗེ་□□བ་ལ། □□□□ས་སྣང་སྲིད་ཀྱི་ལྷ་མ་སྲིན་སྡེ（བཅོ）བརྒྱད་ནམ་ཀྱི་བྱུར་བཙོད་ཙམ་པ་ལ། །རྗེ་བཙུན་གྱིས་ཐུབས་མི་འཇིགས་པའི་ངང་ནས་དཀར་པོའི་ཆོས་ཆར་ཕབས་□□□ཞིང་དད་པར་གྱུར་ཏེ་སྐུས[ལྷས]ངན་ཆོ་འཕྲུལ་གྱི་ནམ་པ་སྐར་བཏུལ་ཏོ། ཞིང་འགྱོད་པའི་སེམས་ཀྱིས་ཕྱག་དང་བཤགས་པ་བྱས་སྟེ་བཟང་པོ་གཞིས་ནས་བྱང་ཆུབ་མཆོག་ཏུ་སེམས་བསྐྱེད་པའི་□གསུངས་པའི་བསྐོར་རོ།། 药神和隐士……之地，在药谷曲洼喜笑金刚（米拉日巴）受到十八大魔王为主的妖魔鬼怪的侵扰。尊者心中无畏惧，降下善法雨并使之生出信心，又使其隐去各种狞恶之相，怀着悔恨之心礼拜并忏悔，并发最胜菩提心。	a-1	弟子冈波巴及三位弟子。	སྒམ་པོ་རིན་པོ་ཆེ། 冈波仁波切。 其余题记不清。	藏文本：439-454 释寂凡译本：252-260 张澄基译本：284-298

⑰ 遇切热日巴

⑱-1 长寿女神之侵袭

续表

场景划分及对应总题记		小场景内容	小场景对应题记	对应传记出处
	a-2	惹琼巴及智刚日巴、赛宛日巴、安宗日巴。	འབྲི་སྒོམ་རས་པ། སེ་ངན་རས་པ། ངན་རྫོང་རས་པ།	
	b-1	上部为侵扰米拉的十八大魔王为首的红面血口狼、黑炭大笑女。	དམར་མོ་ཁྲག་འཛག་གཅེ་སྤྱང་（པས）། རྒྱ་མཚོ་ཏུབ་ཏུ་འདེབས་པ། 红面血口狼，喝干海水。 སོལ་བའི་བུད་མེད་གད་རྒྱངས་ཅན། རྒྱུ་དཀར་ཞང་ལ་འབེབས། 黑炭大笑女，取下星辰放平原。	
	b-2	上部为侵扰米拉的十八大魔王为首的骷髅一笑女、怖阎王身形女。	གད་རུས་བཞད་པ་བུད་མར་གྱིས་རི་རབས་སྤང་འདེགས་པ། 骷髅一笑女，怀抱举起须弥山。 རབ་འཇིག་གཤིན་རྗེའི་གཟུག་ཅན་མ་ཉི་ཟླ་ཆ་ལང་（རྡེབ་པ） 怖阎王身形女，冲撞日月如击钹。	
	b-3	被米拉调伏后的平和相的魔众。	无	
	b-4	被米拉调伏后的平和相的魔众。	མ་མོ་ □□ འབུལ་ □ ཆོས་ཉན་པ། 鬼女献……听法。	
		妖魔身后的蓝色河水。	དངོས་གྲུབ་·ཀྱི་ཆུ་བོ་ལོ་ཏ་ཏན་ □། 加持悉地之水罗搭汗。	
	a	贵族供养场景。	无	
	b	宫殿。	ཀླུའི་རྒྱལ་པོ་དུང་སྒྲའི་ཕོ་བྲང་། 龙王海螺声宫殿。	

续表

场景划分及对应总题记		小场景内容	小场景对应题记	对应传记出处
⑱-2 中阴救度密法的开示（1） □□□□ཀུ་ཤིས་ཚེ་རིང་མ་ □□རྗེ་བཙུན་སྤྱན་དྲངས་ □□བྱུང་ནས་ □□གིས་གསུ་ □□ནས་ནང་བཀོད། 扎西次仁玛……迎请尊者……	a	四位姐妹顶礼在洞中修行的米拉日巴。之下做大供养的十位胁侍。	རྗེ་བཙུན་ལ་སྤྱན་འདྲེན་གྱི་ཞུབ་ཕུལ། 请求迎请尊者。	藏文本：476-482 释寂凡译本：273-276 张澄基译本：319-324
	b	米拉跟随一姐妹出发到次仁玛宫殿，画面中的白色通道为萨曼达扎日神通光隧道。	题记不清	
	c	位于翠妃雪山之左山颈的次仁玛宫殿，次仁玛披头散发卧病在床，坐在对面的米拉为其医治。	无	
	d	藏式建筑之上，俗人顶礼说法的米拉。	ཐྲིན་ □ཡུལ་མི་རྣམས་ཀྱིས་འདུད་པ། 镇日人们顶礼。	
⑱-3 中阴救度密法的开示（2） །།ཡང་ཟླ་བ་དེའི་ཉེར་ □གུའི་ནུབ་མོ་ཚེ་རིང་མས་ □□□□□ ཚོགས་ཀུང་ □□བཟང་བཀུལ□□□ད་པ་ཐོག་ □□དམས་ཀྱི་བཟོ་བ་དང་ □□□□□□། 又在该月月末二十九日晚上，次仁玛众……	a	长寿五姊妹前来感谢米拉。	无	藏文本：482-502 释寂凡译本：276-288 张澄基译本：324-340
	b	米拉日巴身侧有一面银镜，长寿五姊妹背朝观者向米拉顶礼。	ཚེ་རིང་མས་མི་ལུང་གི་མ་ཀྲལ་ཕུལ། 次仁玛献银镜曼陀罗。	
⑱-4 长寿女神与空乐瑜伽 །།སྨན་ལུང་ཆུ་དབར་དུ་བཞུགས་པའི་དུས་ □ □ཚེ་རིང་མ་མཆེད་ལྔ་ □□གྱི་མདང་ □□□ཆུ་ཕུལ། རང་ □□འཇིག་རྟེན་པའི་དངོས་གྲུབ་རེ་ཕུལ་པས་སེམས་སྐྱེས་ □ཿབཀོར་རོ། 在药谷曲洼驻锡之时，长寿五姊妹献世间成就，发心……	a	长寿五姊妹向米拉供奉自己的世间成就，出现一排奇异大光芒。	无	藏文本：502-506 释寂凡译本：288-290 张澄基译本：344-349
	b	一位手持点燃各种妙香之烧香，一位手执许多丰美饮食，一位手执各种妙乐器，一位手托最美衣服，一位手执各种美丽花朵。	米拉洞窟下题记： ཚེ་རིང་མས་ □□གྱི་ □མེ་མི་ཝོད་པ། 次仁玛……	
⑲ 遇达玛布德 །།རྒྱ་གར་གྱི་གྲུབ་ཐོབ་ཏ་ན་བོ་དྷི་དང་། རྗེ་མིད་ལ་གཉིས་བལ་པོའི་མཆོད་རྟེན་ནང་བྱུང་གི་ར་འབྱོལ། ཕྱུར་□གྱིས་འབལ་ལ་པའི་བཀོར་རོ། 印度成就者达玛布德、尊者米拉二人，出现尼泊尔佛塔……	a	米拉与弟子们前去尼泊尔拜会达玛布德。尊者变为身晶宝塔，达玛布德顶礼米拉。	རྒྱ་གར་ཏ་ན་བོ་དྷི་འཇལ་ □ཕུལ་བ། 印度达玛布德拜见并献……	藏文本：509-516 释寂凡译本：293-297 张澄基译本：352-357
		洞窟内的达玛布德向米拉跪拜请教。	无	
	b	米拉日巴回来后为聂拉木诸弟子讲法场景。	无	

⑱-2 中阴救度密法的开示（1）

⑱-3 中阴救度密法的开示（2）

⑱-4 长寿女神与空乐瑜伽

⑲ 遇达玛布德

续表

场景划分及对应总题记		小场景内容	小场景对应题记	对应传记出处
⑳ 嫉妒之辩论以神变及神力回遮 （之下题记无法释读）	a	左侧米拉师徒与三位戴班智达帽的法师辩论。	སློབ་མ་སྟོན་པ་གསུམ། 三位法师。	藏文本：516-540 释寂凡译本：297-310 张澄基译本：359-382
		中心一排三位法师，其中一人为罗顿。	ལོ་སྟོན་ཅན་གྲྭ་པས་ལ་ □□། 罗顿……	
		两位稍大的法师和建筑内讲法的米拉。	无	
	b	达罗法师假装忏悔来见尊者，将土抛向米拉脸上，惹琼巴抄起木棒，准备殴打。	无	
		达罗拉扯米拉，建筑内俗人围观。		
㉑ 牛角品 ||རས་ཆུང་པས་རྒྱ་གར་ □ ཕེབས། དཔལ་མོ་དཔལ་ཐང་དུ་འཇལ་བ་གཡག་རུའི་བསྐོར་རོ|| 惹琼巴从印度归来，在巴姆巴塘见面，牛角品。	a	惹琼巴将从印度求得的经书、行囊放置一侧后，向米拉跪拜。	无	藏文本：562-580 释寂凡译本：324-335 张澄基译本：408-426
	b	二人行走，惹琼巴右手持牛角。	རས་ཆུང་པས་གཡག་རུ་ཁྱེར་བ། 惹琼巴持牛角。	
		巴姆巴塘的平原中央处，黑云密布并降冰雹。	无	
		惹琼巴看见米拉位于牛角内，就俯身以面腮着地，用眼向牛角内看去。	བཙུན་གཡག་རུའི་ནང་བཞུགས། 尊者在牛角中。 རས་ཆུང་པས་སྐམ་གྱི་རྗེས་མ་ཟིན་པ། 惹琼巴不能执取。	
	c	二人向吝啬的老太婆化缘遭拒，之后老太婆去世。	རྗེ་ཙུན་ཡབ་སྲས་རྣ་བསོད་སྙོམ་ལ་གཤེགས་པ། 尊者父子去化缘。 ཡུམ་གཞན་དན་སྐྱེས་མ □ ཤི་བ། 老太婆……去世。	
	d	二人携带剩余物品，继续前行。	□□□ གཤེགས་པ། 动身……	

⑳ 嫉妒之辩论以神变及神力回遮

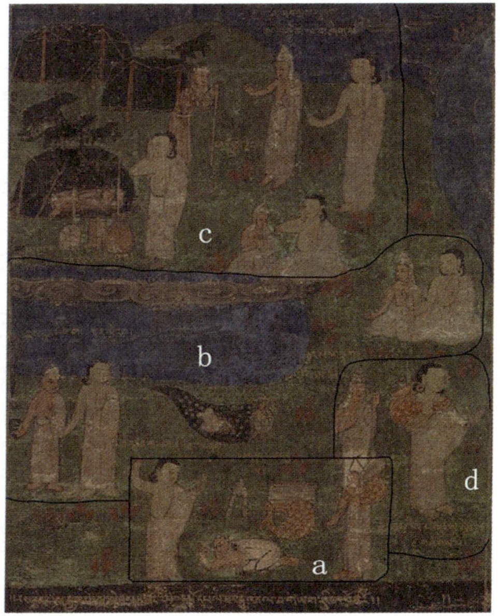

㉑ 牛角品

续表

场景划分及对应总题记	小场景内容		小场景对应题记	对应传记出处
㉒野马品 ཐག་དཀུ་□□ུ་མ་ིཇོང་དུ་ཕེབས་རས་ཆུང་པ་ལྟ་བ་བཙོག་པའི་ཕྱིར་དུ། །སྤྲུལ་རྟག་སྣ་ཚོགས་པ་སྟོན་ཏེ་སྐོར་སོས་བ་ཀྱང་འགྱུར[རྒྱུང་མགུར]གྱི་བསྐོར། 到布托（吉普尼玛宗），因为惹琼巴观看污秽（指野马生子）的原因，显示各种道貌。野马品。	a	米拉让惹琼巴去取水，米拉手持蓝色水柱。	□□□ལྟར་ཆུ་□□ི་བ།。	藏文本：580-594 释寂凡译本：335-344 张澄基译本：359-382
	b	惹琼巴到河边打水，他看到河对岸的一匹野马生下一匹小马，一直衍生到一百匹野马。	རས་ཆུང་པ་ཆུ་ལེན་དུས་ཀྱང་ར་རང་གྱི་□མིག་ཡིད། 惹琼巴取水时的幻觉。 ཀྱང[རྒྱང]དང་（ཅད་བཅས）གི་ལ་རྒྱལ་ལ་ཁང་། 野马又……	
	c	米拉将惹琼巴的经书付之一炬。	□□མེ་ལ་□□སྲེག་པ། 火烧……	
		尊者大显神通，脐轮示现上乐金刚，心轮喜金刚，喉轮马哈马雅，从口中生出塔。	གསུངས་གི་□གྱི་མཆོད་རྟེན 语之……佛塔。	
	d	尊者再显神通，从有质障的山岩中进来出去，身跨巨石于空中飞行。	ཁྱུང་ལྟར་འཕུར། 如鹏鸟般飞翔。	
		惹琼巴到扎玛的半山腰处进不去，但看见岩洞内，尊者变为三身。	རྗེ་བཙུན་སྐུ་གསུམ་སྟོན་པ། 尊者显示三身。	
㉓正士冈波巴品 །།རྗེ་ཙུན་སྒོམ་སྟེ་ཀྲ་ཤི་སྒང་དུ་བཞུགས་དུས་སྒམ་པོ་པས་འབྱུལ་□□དང་ཇ་ཕུལ། ཐབས་ལམ་གྱི་གདམ་ངག་ཞུས་ནས་དབུས་སུ་བྱོན་སྐྱེལ་མ་མཛད་པའི་བསྐོར། 尊者在吉祥岗驻锡之时，冈波巴献（金子曼扎）和茶，请求密乘道口诀，到卫藏去，（米拉）作护送者。	a	冈波巴携包裹前来拜谒尊者，以盛有十六两金子的曼陀罗和一大块茶砖供养尊者。	题记不清	藏文本：600-641 释寂凡译本：348-370 张澄基译本：449-485
	b	右侧是他于蓝色洞窟修行。	无	
		中心是他向修行的米拉顶礼。	无	
		左侧为山岗上的赛宛日巴向冈波巴供养。	སེ་བན་□ཤིང་དང་དུ་ཕུལ་ཀྱ་ལ་ལ། 赛宛献……	
	c	米拉作护送者将冈波巴送到大江旁，在石桥边告别，冈波巴顶礼米拉，二人挥手告别。冈波巴穿过桥，空中有一只鸟。	རྨི་ལམ་གྱི་བྱ། 梦中的鸟。	

㉒ 野马品

㉓ 正士冈波巴品

续表

场景划分及对应总题记	小场景内容		小场景对应题记	对应传记出处
㉔ 唱常乐道歌、苯波山 །།བྲག་བོན་པོ་རིའི་རྩེར་ཕེབས། བུ་སློབ་མ་ལ་གངས་མཐོབ་དེར་□ཨའི་ཚེ་འདིར། སྐྱིད་རྟག་གི་མགུར་གསུངས་པའི་བཀོར། 到苯波山山顶时，对弟子唱常乐道歌。	a	米拉位于洞中，两侧共八位弟子，红色身的是来客者哲丹，米拉为其唱快乐之道歌。	无	藏文本：649-653 释寂凡译本：375-379 张澄基译本：497-503
	b	米拉坐于山顶，周围共有八位弟子，右侧为苯波山风景及长寿五姊妹。	བོན་པོ་རིའི□□། 苯波山之……	藏文本：675-682 释寂凡译本：392-395 张澄基译本：528-534
㉕㉖ 灌顶与开光品 ㉕ 灌顶 །།སློ་མ་རྣམས་ལ་དབང་བསྐུར་བས། དཀྱིལ་འཁོར་གྱི་ལྷས་མ་□བླང་། བུམ་པའི་དང་རྣམ་མཁའ་ལ་ཕྱོན། དབང་བསྐུར་བའི་བཀོར་རོ། 对弟子们灌顶，取来编织的坛城，宝瓶腾空而起，灌顶品。 ㉖ 开光 །།ཚ་ཀ་ལི་ལ་རབ་གནས་མཛད་པས།། ཡེ་ཤེས་པར་མཆོད་◌ུམ་དུ་ཐམ་ནས། ལྷ་རང་རང་□མེ་ཏོག་□□□། 为画像开光，智慧……神像和花朵……	米拉为十二位弟子讲解坛城。		ཀྱིའི་རྡོ་རྗེའི་དཀྱིལ་འཁོར། 喜金刚坛城。	藏文本：682-684 释寂凡译本：396-397 张澄基译本：535-536
	左下为供品，右侧宝瓶立于两位弟子头顶。		无	
	右下两位弟子向米拉跪拜并做供养，立姿弟子可能是惹琼巴。之上为金刚亥母。最右为十一尊佛。		无	
㉗ 色身融入法界 རྗེ་བཙུན་དགོང་པ་ཆོས་ཀྱི་དབྱིངས་སུ་གཤེགས་པ་ལ།། བུ་སློབ་མ་གྱིས་ཡོན་ཏན་□□□ཐ་དད་དུ་བྱུང་◌ི་བཀོར་རོ། 尊者欲往法界，弟子……	a	米拉日巴右手持与愿印，右侧一供养女性，左侧三位弟子。	无	藏文本：790-848 释寂凡译本：465-497 张澄基译本：632-642
	b	对弟子作最后开示，有缘弟子在曲洼集聚。	无	
	c	大众瞻仰完遗容，进行火化。	无	
	d	米拉去往法界，天界降下宝花雨。骑狮子，天人与空行携带各种迎请供养物品前来供养尊者。	无	

㉔ 唱常乐道歌、苯波山

㉕㉖ 灌顶与开光品

㉗ 色身融入法界

附记：感谢浙江大学汉藏佛教艺术研究中心谢继胜教授及贾维维副研究员、中国社会科学院廖旸研究员在本文写作过程中给予的悉心指导，感谢西藏大学的那尕才让博士研究生、清华大学的张宁博士研究生在藏文文献上提供的帮助。

◆ 梁云云　四川大学艺术学院专职博士后

汉藏文化交融下的推陈出新之作：丽江市博物院旧藏释迦牟尼佛与十六罗汉唐卡组画

李凯

内容摘要：丽江市博物院旧藏中有一套17幅唐卡组画，绘制内容为释迦牟尼佛与十六罗汉，风格上是汉风流溢，兼具藏风，且对禽鸟走兽及饮食场景大量着墨，别具一格。通过与丽江市博物院旧藏另一套带有藏文题记的唐卡进行对比分析，推断这套唐卡很有可能出自明末清初西藏著名艺术家第十世噶玛巴却英多吉之手，是他创作的"汉式唐卡"风格的代表作。这两套唐卡均是汉藏文化长时期、大规模、多方面、深层次交流的结晶。

丽江市博物院旧藏中有一套17幅组画（下文简称"丽博17幅本"），画心为丝质，高78厘米，宽52厘米，绘制的是释迦牟尼佛与十六罗汉（图一至图一七），没有题记与钤印，装裱为唐卡样式。

美国鲁宾美术馆资深策展人杜凯鹤先生（Karl Debreczeny）在他的博士论文中首次披露了这组唐卡，并围绕其作者问题进行了简短讨论[1]，后又略加修订发表，指出这

1 Karl Debreczeny, *Ethnicity and Esoteric Power: Negotiating the Sino-Tibetan Synthesis in Ming Buddhist Painting*, PhD dissertation, University of Chicago, 2007: 327-331.

图一　释迦牟尼佛（本组唐卡图片出处见注释 2、3）

图二　捧菇罗汉

图三　持瓶罗汉

是明末清初西藏著名艺术家、藏传佛教噶玛噶举第十世噶玛巴却英多吉（ཆོས་དབྱིངས་རྡོ་རྗེ། 1604-1674 年）设计、由他的作坊绘制的唐卡[2]。之后，国内也陆续公布出版了这组唐卡[3]。

学界关于附有却英多吉题记的唐卡作品有过深入探讨，其艺术面貌逐渐清晰，已认

2　Karl Debreczeny, *The Black Hat Eccentric, Artistic Visions of the Tenth Karmapa*, New York: Rubin Museum of Art, 2012: 129-147.

3　康·格桑益西主编：《噶玛嘎孜画派唐卡》，北京：文物出版社，2015：50-57；《藏族美术集成·绘画艺术·唐卡·四川卷 1》，成都：四川民族出版社，2015：25-36。

图四　焚香罗汉

图五　手捻长眉罗汉

图六　伏虎罗汉

图七　降龙罗汉

图八　背挂拂尘罗汉

图九　持钵罗汉

图一〇　笼袖罗汉

图一一　合十罗汉

图一二　执扇罗汉

图一三　补纳罗汉

图一四　戏猫罗汉

识到他的唐卡绘画受到汉地绘画艺术深刻影响[4]，这也与藏族传统称之为“汉式唐卡（རྒྱ་བྲིས་ཐང་ཀ）”相合[5]。鉴于却英多吉在西藏地方历史文化与祖国多民族交流史中的重要地位，本文基于相关研究，尝试对丽博17幅本这组遗珍的题材、风格、作者与年代等问题作进一步探讨，以期能对却英多吉的艺术创作进一步增进认识。

4　目前，却英多吉的题记唐卡公布有三件（套）。一是“骑羊护法”唐卡一张，国外私人收藏，海瑟·斯图多德于1995年发现并进行了公布研究，见 Heather Stoddard, "A Brief Note on a Tangka Painted by Choying Dorje, Tenth Black Hat Karmapa of Tibet in 1655: The 'Oath-bound Great Being' (*Dam can Skyes bu chen po*)." In *The Tenth Karmapa & Tibet's Turbulent Seventeenth Century*, eds. Karl Debreczeny and Gray Tuttle, Chicago: Serindia Publications, 2016: 185-194, fig.8.1. 二是“玛尔巴”唐卡一张，国外私人收藏，施罗德2001年进行了公布，见 Ulrich von Schroeder, *Buddhist Sculptures in Tibet*, Vol.II, Hong Kong: Visual Dharma Publications, 2001: 807-810, Fig.XII-23. 三是“释迦牟尼佛与十六罗汉”唐卡组画7张，丽江市博物院旧藏，杜凯鹤于2003年公布，见 Karl Debreczeny, "The Buddha's Law Among the 'Jang: The 10th Karma-pa's Development of his 'Chinese-Style *Thangka* Painting' in the Kingdom of Lijiang." *Orientations*, April 2003: 46-53，Figs.8a-8g.

5　参见根秋登子：《藏族传统美术概论》，北京：中国藏学出版社，2002：121-122。感谢四川大学博士研究生多杰仁青帮助查阅该则信息。

图一五　读经罗汉

一、却英多吉简介

万历三十二年（1604 年），却英多吉出生在今青海果洛与四川甘孜毗邻的一处河谷地区，六岁时经第六世夏玛巴却吉旺秋（ཆོས་ཀྱི་དབང་ཕྱུག 1584-1635 年）寻访，成为第十世噶玛巴，并向明中央政府进贡，承袭了大宝法王封号。1614 年，却英多吉前往拉萨楚布寺，此后长期在西藏学习、朝圣、讲法。

1642 年，支持噶玛噶举派的藏巴汗政权被蒙古和硕特部固始汗和格鲁派联盟推翻，却英多吉被迫于顺治二年（1645 年）出逃丽江，得到木氏土司长期庇护，直到七十岁左右时才返回楚布寺，于 1674 年圆寂[6]。

政教上的重大失利无法掩盖却英多吉作为一名杰出艺术家的耀眼光芒，他在绘画、

6　关于十世噶玛巴生平的详细研究，参见 Irmgard Mengele, *Riding a Huge Wave of Karma, The Turbulent Life of the Tenth Karma-pa*, Kathmandu: Vajra Publications, 2012.

图一六　观猴读书罗汉

图一七　交手持念珠罗汉

雕塑、文学、音乐等方面皆有很高造诣，特别是在绘画方面极具天赋，不但掌握勉塘、齐乌等西藏传统绘画风格，而且积极吸收中原艺术养分，开创出后世所称的“汉式唐卡”，成为西藏艺术史上一座难以逾越的高峰。

二、组画的题材

汉藏佛教中均流行释迦牟尼佛涅槃时嘱托十六罗汉住世护法以及福泽信众的说法，因此释迦牟尼佛与十六罗汉常见于汉藏佛教绘塑作品中。

汉传佛教中十六罗汉之说出现很早，北凉（397-439 年）道泰译《入大乘论》中就有提及，但直到玄奘（600-664 年）译出《大阿罗汉难提蜜多罗所说法住记》，其完整名号才为世人知晓[7]，依座次分别是：宾度罗跋啰惰阇、迦诺迦伐蹉、迦诺迦跋厘堕阇、

7　参见周叔迦：《漫谈罗汉》，《周叔迦佛学论著全集》第三册，北京：中华书局，2006：1110-1111。

苏频陀、诺距罗、跋陀罗、迦理迦、伐阇罗弗多罗、戍博迦、半讬迦、啰怙罗、那伽犀那、因揭陀、伐那婆斯、阿氏多、注荼半讬迦[8]。此后十六罗汉绘塑之风渐起，绵延不绝，大量作品留存至今[9]。通过不断探讨，学界逐渐认识到《法住记》只规定了罗汉名号、座次、驻地与眷属，并没有图像学上的规定，因此他们的相貌、体态、服饰、持物、侍者、伴兽等富于变化，虽存在一些相对固定的图式传统，但没有和某一位罗汉形成对应关系，因而无法仅据图像特征得出罗汉名号[10]。

藏传佛教十六罗汉信仰传承自1042年从印度入藏的阿底峡，后由1204-1214年间从克什米尔入藏的喀且班钦释迦室利跋陀罗进一步规范，其作《尊者礼供与仪轨略摄》明确了罗汉名号、座次、驻地、眷属与图像特征，所以藏传佛教罗汉像的身份容易辨识，他们分别是：因揭陀（手持香钵与拂子）、阿氏多（双手作结禅定印）、伐那婆斯（结期克印持拂子）、迦理迦（手持金色之耳环）、伐阇罗弗多罗（结期克印持拂子）、跋陀罗（结说法禅定印）、迦诺迦伐蹉（双手执持宝羂索）、迦诺迦跋罗堕阇（双手结禅定印）、巴沽拉（手捧吐宝兽）、罗怙罗（手捧宝冠）、注荼半托迦（双手结禅定印）、宾度罗跋罗堕阇（手持经书与钵盂）、半托迦（持经书结说法印）、那迦犀那（手持宝瓶与锡杖）、戍博迦（持经书函）、阿秘特（捧菩提塔）[11]。

此外，释迦牟尼佛常见的胁侍二弟子，在汉传佛教中为迦叶与阿难，通常表现成一老一少的僧人形象，在藏传佛教中为舍利弗与目犍连，通常表现成面相一致的青年僧人。

从丽博17幅本尊像的组合与数量来看，这是一组汉传一佛二弟子与十六罗汉，只是没有题名，现根据画面内容暂分别命名为："释迦牟尼佛""捧菇罗汉""持瓶罗汉""焚香罗汉""手捻长眉罗汉""伏虎罗汉""降龙罗汉""背挂拂尘罗汉""持钵罗汉""笼袖罗汉""合十罗汉""执扇罗汉""补衲罗汉""戏猫罗汉""读经罗汉""观猴读书罗汉""交手持念珠罗汉"。但值得注意的是，释迦牟尼佛唐卡上方画有一尊噶玛巴

8 《大正新修大藏经》第49册，No.2030，1998：13。

9 关于汉传十六罗汉画兴起的文献梳理，同时参见陈清香：《罗汉图像研究》，台北：文津出版社，1995：25-30。李玉珉：《罗汉画话罗汉罗汉画特展介绍》，《佛陀形影》，台北故宫博物院，2011：108-126。

10 松本荣一较早注意到该问题，详见松本荣一著，林保尧、赵声良、李梅译：《敦煌画研究》（上册），杭州：浙江大学出版社，2019：297。

11 关于藏传罗汉渊源、名号与图像研究，详见张长虹：《汉藏佛教的交流与融合：藏地罗汉渊源考》，《中国藏学》2021（4）147-154；《汉藏佛教的交流与融合：汉藏罗汉名号与座次考》，《中华文化论坛》2020（6）：24-39；《汉藏佛教的交流与融合：汉藏罗汉名号解析》，《西藏大学学报》2020（3）：22-28。

小像（图一），其头上戴着标示身份的折沿尖顶黑帽[12]，表明该组汉式一佛二弟子与十六罗汉事实上是服务于藏传罗汉信仰的。

这种现象看似特别，实具渊源，在藏文文献中，基本认为西藏最早的十六罗汉像是通过鲁梅到汉地摹画一组唐朝的十六罗汉塑像而来，并供奉在拉萨附近的叶尔巴寺，这即是著名的“叶尔巴尊者”唐卡。虽然学界对鲁梅的身份尚无定论，但同意这是一位生活在10世纪的人物[13]，该事件发生在喀且班钦入藏之前，毕竟在阿底峡时西藏已经开始流行造十六罗汉像了[14]，这也就排除了鲁梅依据藏传罗汉图像特征改绘这组十六罗汉的可能。由此可以推断，丽博17幅本与叶尔巴寺的古老传统一脉相承，即用汉传十六罗汉服务于藏传罗汉信仰。

三、组画的风格

整组画作汉风流溢，兼具藏风，二者水乳交融，体现出画家对汉藏艺术有着深邃的理解与娴熟的掌握。

从构图来看，“释迦牟尼佛”唐卡采用藏传佛教绘画中常用的中心构图法（图一），上方绘祖师，下方绘供品，将一佛二弟子置于画面正中，且中央主尊释迦牟尼佛的体量远大于二弟子，旨在突出其主体地位，同时通过画面留白再作强调，后者为汉地绘画传统中惯用。

罗汉唐卡多用汉地绘画传统中的一角半边之意，加之可见画底的水墨树石表现，为观者营造出了一种空间舒朗与意境安宁之感。此外，部分画作的构图能够直接远绍贯休，背挂拂尘罗汉蹲坐在画面左侧巨石之间的构图就与贯休罗汉画的构图极为相似（图八、图一八）。

就造型而言，释迦牟尼佛体现出在阿里地区流行的克什米尔佛教艺术风格的影响。佛像圆圆的肉髻，额前的V形发线、长长的耳垂，稳固的结跏趺坐姿，灵动的施转法轮印的双手，袒露的圆润右肩、有着平行褶痕的袈裟，齿状的袈裟边缘纹饰（图一），这

12 关于噶玛噶举黑帽来源的文献、图像材料梳理与相关问题讨论，参见谢继胜、才让卓玛：《宋辽夏官帽、帝师黑帽、活佛转世与法统正朔（上、下）——藏传佛教噶玛噶举上师黑帽来源考》，《故宫博物院院刊》2020（6、7）：45-60，58-71。

13 参见 Giuseppe Tucci, *Tibetan Painted Scrolls*, Vol.II, Thailand: SDI Publications, 1999: 557.

14 详见扎雅·诺丹西绕著，谢继胜译：《西藏宗教艺术》，拉萨：西藏人民出版社，1989：147-148。

图一八 （传）贯休十六罗汉图之一（采自京都国立博物館編集:《高台寺の名宝》，京都：便利堂，1995：83）

图一九 坐佛像（图片出处见注释 15、16）

与一尊采集于札达县皮央遗址的铜佛像非常相似（图一九）[15]，施罗德称赞后者是已知来自克什米尔的最重要佛像[16]。此外，在释迦牟尼佛宝座底部与背屏中隐现的南亚面庞、上身袒露、珠饰突出的供养与伎乐人物也常见于阿里壁画中[17]。

---

15 四川大学中国藏学研究所、四川大学历史文化学院考古学系、西藏自治区文物事业管理局编著:《皮央·东嘎遗址考古报告》，成都：四川人民出版社，2008：164。

16 乌尔里希·冯·施罗德著，罗文华译:《西藏寺庙珍藏佛教造像 108 尊》，北京：文化艺术出版社，2010：32-33。

17 关于阿里壁画的基本情况，同时参见霍巍、张长虹主编:《藏族美术集成·绘画艺术·壁画·阿里卷 1》，成都：四川民族出版社，2017。熊文彬:《西藏阿里古格王朝壁画中的克什米尔风格》，《藏学学刊》第 17 辑，2017：156-171。

图二〇　抱狮侍者（感谢王瑞雷研究员供图）

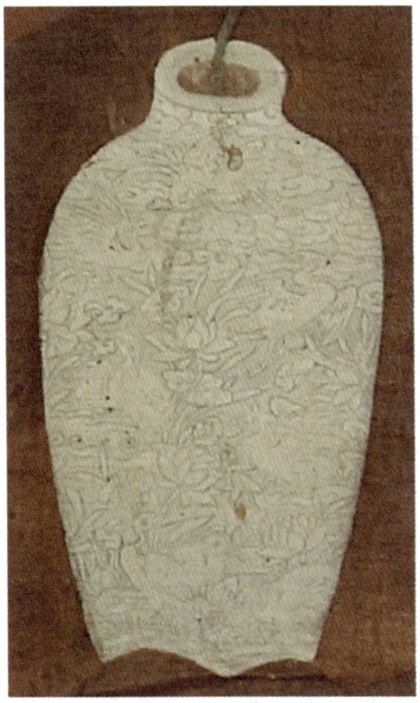

图二一　“补纳罗汉”唐卡局部

罗汉可按面相分为青年汉僧与中老年梵僧，后者基本可以认为是不同程度地脱胎于贯休罗汉画，但值得提出的是，手捻长眉罗汉（图五）与背挂拂尘罗汉（图八）虽与之最为接近，面色却选择与青年汉僧面相罗汉一样白里透红，给人以亲近可爱之感，这与贯休表现胡貌梵相的罗汉大异其趣。罗汉服饰除手捻长眉的罗汉所套棕色对襟坎肩外（图五），余皆为汉式僧衣[18]，鞋履也为汉地罗汉画中常见。

罗汉侍者有两位与藏地艺术相关，余皆来自汉地艺术传统。第一位是“捧菇罗汉”唐卡中的夜叉（图二），其头戴摩羯帽、腰围摩羯皮是藏传佛教多闻天王侍从财神夜叉的特征，面相也脱胎于藏传佛教怒相神，只是改为平和相，但他凸起的肌肉一般不为藏传佛教夜叉所取，而这正是汉传佛教夜叉要刻意显现的。第二位是“持瓶罗汉”唐卡中的抱狗童子（图三），与拉萨甘丹寺收藏的一套十六罗汉刺绣唐卡中的一位抱狮侍者多有相似（图二〇）[19]，但前者上身袒露，肩部宽厚，腹部紧缩后外放，配饰金色耳环、项圈与手镯，颇具克什米尔佛教艺术风韵。

18　参见陈悦新：《佛衣与僧衣：古代造像着装法式解读》，《美成在久》2017（3）：68-79。周叔迦：《漫谈汉族僧服》，《周叔迦佛学论著全集》第三册，2006：1117-1124。

19　关于该组唐卡的研究，详见王瑞雷：《西藏甘丹寺藏明初十六罗汉刺绣唐卡相关问题初探》，《故宫博物院院刊》2018（3）：23-43。

图二二 “执扇罗汉”唐卡局部

图二三 吕纪秋鹭芙蓉图（采自《故宫书画图录》七，台北故宫博物院，1991：175）

罗汉伴兽皆来自汉地绘画传统，且猴、虎、龙等在早期汉传罗汉画中就已出现[20]，但其在藏地罗汉画中也可见新意，如前述甘丹寺唐卡中的大、小狮相望即为汉传罗汉画中的一则传统图式，在“持瓶罗汉”唐卡中变为了大、小狗相望（图三）。

该组唐卡也模拟汉地绘画，将唐卡中的器具描绘得极为精细，几乎每件瓷器都画出装饰纹样，如龙纹、松鼠葡萄纹与鹭鸶纹（图二一）等。成对的鹭鸶还见于“执扇罗汉”唐卡中的扇面（图二二），这样的图样让人想起了明代宫廷画家吕纪（约 1439-1505 年）笔下的《秋鹭芙蓉图》（图二三），两者之间显然有密切的关系。

在笔墨表现上，可谓兼工带写，如人物头部用赭色作浓淡不同渲染，服饰注重在褶痕处用暗色强调，似乎意在写实的明暗关系；又如山石用淡墨渲刷，意笔写树枝藤蔓，

20 详见孔凡礼点校：《苏轼文集》第二册，北京：中华书局，1986：586-591。

水墨浑然一体，湿润通透见底；再如描绘禽鸟走兽主用没骨，同时辅以细致点染与丝毛，这都反映出作者的汉地绘画技法训练有素。

四、组画的创作者

丽江市博物院旧藏中另有一套7幅释迦牟尼佛与十六罗汉唐卡组画（下文简称“丽博7幅本”，图二四至图三〇），其首幅释迦牟尼佛唐卡中的藏文题记提供了作品的题材、年代、作者、施主等重要信息，其译文如下：

> 阳铁鼠年（1660年）吉日，按信徒王子噶玛平措旺秋之意，为弘传世尊释迦牟尼佛之正法，由技艺炉火纯青、享有“世自在”美誉的第十世噶玛巴却英多吉绘制遵从释迦牟尼佛之令、为天人一切众生福德利益不入涅槃而住世的十六罗汉和主尊释迦牟尼佛像7幅，愿此使以施主为首的一切有情众生获得无上福果，吉祥如意。[21]

丽博7幅本即是杜凯鹤先生指认17幅本与却英多吉紧密相关的主要根据。现同以此为据，结合藏文文献，从创作理念与风格两方面对两组唐卡对比分析。

（一）创作理念

首先，丽博7幅本中的释迦牟尼佛唐卡中的两位弟子也为一老一少，即汉传佛教中的迦叶与阿难。唐卡共绘出主尊人物十八位，除了十六罗汉外，另出现了达摩多罗与布袋和尚，这两位为藏传传统中与十六罗汉一起出现的两位侍者，前者采用了禅宗伏虎罗汉式造型[22]，后者为常见的布袋和尚形象。因此，7幅本也是用汉传一佛二弟子与十六罗汉来服务于藏传罗汉信仰，加入藏传传统中的达摩多罗与布袋和尚即为进一步证明。这种根植于“叶尔巴尊者”唐卡的做法出现在却英多吉身上不难理解，因为文献记载他一

---

21 关于该组唐卡题记的转录、翻译及其研究，参见 Karl Debreczeny, *The Black Hat Eccentric, Artistic Visions of the Tenth Karmapa*, 2012: 97-127. 熊文彬：《西藏著名艺术家十世噶玛巴活佛却英多吉笔下的汉式风格作品》，《中国藏学》2016（1）：44-61。熊文彬：《十七世纪西藏绘画艺术的伟大变革：云南丽江博物馆藏十世噶玛巴活佛的〈十六罗汉〉唐卡组画》，《美术研究》2018（4）：19-24。此处使用熊文彬教授的汉译文。

22 参见谢继胜：《伏虎罗汉、行脚僧、宝胜如来与达摩多罗——11至13世纪中国多民族美术关系史个案分析》，《故宫博物院院刊》2009（1）：76-96。

图二四　释迦牟尼佛（本组唐卡图片出处见注释 3、21）

图二五　罗汉热茶

图二六　饮食三罗汉

图二七　庭院中的罗汉

图二八　布袋和尚与二罗汉

图二九　罗汉观画

图三〇　罗汉用斋

生中多次摹画过这组唐卡，甚至在 1645 年避难丽江途中还随身携带着早年在叶尔巴寺仿齐乌大师摹本的作品 [23]。

第二，丽博 7 幅本释迦牟尼佛唐卡中同样有无数珠宝供品，虽没像 17 幅本中夹杂一些汉式器具，但已足够标新立异，一般来讲藏传佛教绘画中的珠宝供品是粒粒可数且摆放有序的。却英多吉画作出现如此之多的珠宝供品应与 1625 年第一次在六世夏玛巴却吉旺秋跟前闻习佛法的体会有关，他当时讲佛法真像堆满各种宝石的海岛，今日只从中采得一粒，来日一定要跟随却吉旺秋驶向宝石之岛 [24]。因此，画作中的满地宝石既应有象征无边美妙佛法之意，又或是却英多吉获得诸多证悟的表现。

23 Irmgard Mengele, *Riding a Huge Wave of Karma*, *The Turbulent Life of the Tenth Karma-pa*, 2012: 195.

24 Irmgard Mengele, *Riding a Huge Wave of Karma*, *The Turbulent Life of the Tenth Karma-pa*, 2012: 121-122.

图三一　周季常、林庭珪五百罗汉图之一局部（采自贲古艺术传媒出品:《南宋五百罗汉图》，2018：103）

图三二　周季常、林庭珪五百罗汉图之一局部（采自贲古艺术传媒出品:《南宋五百罗汉图》，2018：91）

第三，丽博7幅本同样对罗汉伴兽有大量表现，包括孔雀、喜鹊、鹭鸶、老虎、鹅、兔、鸡、鹿、猫、猴、鹤、大雁、水鸟、青蛙等，17幅本则有猴、戴胜、狗、鹿、喜鹊、松鼠、老虎、鸡、龙、鹅、鹭鸶、鹤、孔雀、猫等。除数量远超一般罗汉画外，许多动物罕见随罗汉出现过。这应与却英多吉喜爱动物直接相关，文献中对此有大量生动记述，且部分能与画作相对应，如1650年却英多吉在青海果洛时，当地人知道他喜欢鸟后为他送来了满屋子的鸟[25]，这里两组画作就尤为重视描绘禽鸟。

第四，丽博7幅本同样对饮食内容多有表现，依然突出大米与蘑菇两种食物以及动物吃食场景，而且有部分罗汉也加入了饮食，可以说是较17幅本有过之而无不及。

杜凯鹤先生从文献中找到三点却英多吉重视饮食内容的可能原因：一是早年在纳塘

25 Irmgard Mengele, *Riding a Huge Wave of Karma, The Turbulent Life of the Tenth Karma-pa*, 2012: 228.

寺临摹过名为“十六罗汉赴宴”的唐卡；二是避难丽江以及后来前往青海途中忍饥挨饿；三是时常给穷人、小鸟、年老的狗、马施食[26]。

其实，应注意到日本大德寺藏南宋宁波画家周季常、林庭珪的《五百罗汉图》中就有罗汉与动物吃食场景（图三一、三二），而乾隆八年（1743年）《丽江府志略》中记载的唯一一位画家是明代江南画家马肖仙[27]，却英多吉入清以来长期旅居丽江，观赏了大量木土司珍藏与当地寺院壁画，马肖仙的作品当在其中。当地甚至相传马肖仙是天启年间（1621-1627年）木增土司从宁波请到剑川鸡足山与丽江绘制壁画，后被六世夏玛巴请去了西藏[28]，还有说就是却英多吉邀请的[29]。因此，却英多吉重视饮食内容应是他在丽江吸收到了江南地区汉传罗汉画中的饮食表现且由个人经历极度放大后的结果，毕竟未见其他汉传十六罗汉画对饮食内容如此大量着墨。

（二）风格比对

首先，两组画作中的释迦牟尼佛唐卡均采用中心构图，罗汉唐卡也都运用汉地绘画中的常见构图，虽然丽博7幅本使用近、中、远景加之大量留白的具体方法与17幅本不同，但二者均表现出淡泊安宁之意境。

第二，释迦牟尼佛与青年汉僧面相罗汉等人物造型基本一致。佛陀均圆发髻、长耳垂、细长弯眉、双眼俯视、小鼻红嘴，结跏趺坐，袒右肩披红袈裟，衣纹平行紧密，左肩衣角呈齿状。如前所述，这是克什米尔艺术风格的释迦牟尼佛像，而据文献可知却英多吉的确钟情于克什米尔雕塑，重要的是他确有摹画塑像的经历[30]。青年汉僧面相罗汉均鹅蛋脸、短发、大耳，眉、眼、鼻、口简单勾勒，依然是俏皮的小红噘嘴，穿着样式与色彩搭配如出一辙的汉式僧衣，如此描绘的罗汉在却英多吉画作之外难觅踪影。

但在笔墨表现上，丽博7幅本释迦牟尼佛与罗汉的头部均用墨线勾勒，淡染出头发与面色，没有明显的色彩与浓淡变化，17幅本中可见与之相同者（图四），但大多注重了这方面的变化。就服饰而言，7幅本依然使用接近单色薄涂的方法，仅用墨线勾出数道衣纹，而17幅本如前述用暗色强调衣纹，似在追求较为写实的明暗关系。

---

26 Karl Debreczeny, *The Black Hat Eccentric, Artistic Visions of the Tenth Karmapa*, 2012: 111.

27 管学宣、万咸燕撰修：《丽江府志略》，丽江纳西族自治县县志编委会办公室，1991：181。

28 丽江纳西族自治县文化局、丽江纳西东巴文化博物馆编：《丽江白沙壁画》，成都：四川人民出版社，1999：13。

29 和仕勇主编：《丽江白沙壁画图释》，昆明：云南人民出版社，2011：2。

30 Irmgard Mengele, *Riding a Huge Wave of Karma, The Turbulent Life of the Tenth Karma-pa*, 2012: 99, 176, 238, 258.

第三，丽博 17 幅本释迦牟尼佛法座造型虽与 7 幅本不同，但座基和文献记载中 1630 年却英多吉在楚布寺为六世夏玛巴建造的灵塔基座非常相似，座顶饰树叶对鸟则是一种在 8 世纪的克什米尔铜佛像中就已出现的做法[31]。不过，两绿色法座的笔墨表现不同，前者是用深浅不同的绿色随形层层涂染，并略施白色高光，后者是先泼淡墨打底，再用墨线勾形，内薄涂浅绿色，后随墨线略染亮绿色，形成了二者瓷质与玉质的不同观感。

第四，丽博 7 幅本中也描绘了大量汉式器具，且不乏与 17 幅本中相似者，如蓝色封面的经书，带有黑斑的葫芦以及黄色平涂的香炉、瓶、壶等。

第五，丽博 7 幅本同样大量使用没骨及水墨来描绘禽鸟走兽，淡墨渲刷出通透画底的山石，以及墨线勾形、内染青色的圆润假山，熟练颤笔画出的低矮木栏与水景中意笔点出的杂草白莲等均与 17 幅本相似。

（三）杜氏观点

杜凯鹤先生提出丽博 17 幅本是却英多吉设计但由他的作坊绘制的观点，其具体意见有四点：

一是相关文献中有却英多吉创建作坊的记载，包括 1637 年朝圣途中，在山南甘丹玛莫（དགའ་ལྡན་མ་མོ）与十位雕塑家合作建立了一个作坊，制作米拉日巴尊者雕像送给每一位前来修行的人；同年在孜拉岗（ཙེ་ལྷ་སྒང）与数十位工匠一起制作了出自其手的拥有极其美妙当地元素的圣十六罗汉画像、三格丝绸帷幔、八吉祥纹饰的柱幡、十二供养天女纹饰的唐卡帷幔；1661 年，在云南中甸建立作坊以修建五方佛寺。

二是相关文献记载却英多吉赠送他人艺术品时，有的会加上丽博 7 幅本藏文题记中“全部出自其手（ཡོངས་སུ་རྫོགས་པ་ཕྱག་གྲིས）”的类似限定词，有时则不强调，如“完成十六罗汉唐卡上色后，却英多吉赠与贡都桑布”，这种区分就意味着可能存在作坊。

三是两张释迦牟尼佛唐卡的笔墨表现有所不同，相较之下丽博 17 幅本的释迦牟尼佛用色更亮、平、厚，手、脚掌心染红色且未用颤笔勾形，头部也更圆润，二胁侍弟子面部像被晒伤、僵硬扁平，衣纹处理简单平化、不太自然，法座背屏因大量使用程式化浪花纹看起来繁复，扁平浅绿色和白色高光的结合使深色画布留白看起来别扭，且法座到画面留白没有过渡，显得突兀。

31 Christian Luczanits, “Inspired by the Past: The Art of Choying Dorje and Western Himalayan Sculpture.” In *The Tenth Karmapa & Tibet's Turbulent Seventeenth Century*, 2016: 107-151.

四是丽博 17 幅本内的笔墨表现不统一，如“观猴读书罗汉”唐卡（图一六）中的果蔬篮活灵活现，罗汉却很扁平，山石也没有达到同组其他唐卡的水平，又如人物面部毛发既有用干燥笔触点出，也有生硬的厚重白色染出。

这四点意见或许难以成立，试与杜凯鹤先生商榷如下：

第一，文献记载中的这些作坊皆为应临时需求组建，不是师徒团队式的长期作坊，且所谓却英多吉在孜拉岗与十余位工匠一起制作十六罗汉画像的该则文献翻译也值得探讨[32]。

第二，上述引文没有说是谁完成了十六罗汉唐卡上色，在此顺利成章理解成却英多吉应最为合适，而要引申为他的作坊是牵强的，毕竟绘画作坊从未在相关文献中明确出现过。

目前在相关文献中只能检出一条却英多吉教授绘画的记载：1652 年在羊隆，却英多吉给了年幼的七世夏玛巴耶歇宁波（ཡེ་ཤེས་སྙིང་པོ། 1631-1694 年）纸与墨，让他按照去年自己绘制的一幅十六罗汉环绕释迦牟尼的丝质唐卡起稿[33]。

另有来自噶玛噶举派重要寺院德格八蚌寺大画师唐拉泽旺（ཐང་བླ་ཚེ་དབང་། 1902-1989 年）的消息，他说却英多吉有一个由匠师、弟子与学生构成的艺术团队，且亲眼见过留存下来的一些汉式风格画作，还说九世司徒贝玛宁杰汪波（པད་མ་ཉིན་བྱེད་དབང་པོ། 1774-1853 年）翻新寺院壁画时，要求画师遵照却英多吉的画作绘制[34]。此消息有待进一步证实，但目前刊布的收藏于八蚌寺的一些唐卡确属却英多吉的风格[35]，只是寺院管理森严，

32 该则文献出自 18 世纪后期司徒班钦和白洛撰著《噶玛噶仓历代活佛传 · 水晶宝鬘》（བསྒྲུབ་བརྒྱུད་ཀརྨ་ཀམ་ཚང་བརྒྱུད་པ་རིན་པོ་ཆེའི་རྣམ་པར་ཐར་པ་རབ་འབྱམས་ནོར་བུ་ཟླ་བ་ཆུ་ཤེལ་གྱི་ཕྲེང་བ）中的《却英多吉传》，原文为：

འཕགས་པའི་གནས་བརྟན་བཅུ་དྲུག་གི་སྐུ་བརྙན་ཡུལ་ཉམས་ཁྱད་པར་ཅན་ཡོད་པ་ཕྱག་རིས་དང་། ཕྱག་སི་གནང་བའི་ཡོལ་བ་ལིང་ཚེ་གསུམ་པ། ཀ་རྒྱན་ཟུང་ལ་བཀྲ་ཤིས་པའི་རྟགས་བརྒྱད་སོགས་ཡོད་པ། གདུང་ཁེབ་ལ་མཆོད་ལྷ་བཅུ་གཉིས་ཡོད་པ་རྣམས་བཟོ་བོ་བཅུ་ཕྲག་གིས་ཕྱག་གཡུག་ཞུས་ཏེ་བསྐྲུན་པར་མཛད།

杜凯鹤 2012 年和 2016 年的均对这则文献记载进行了翻译，其中 2016 年的翻译为：却英多吉与数十位工匠一起制作了拥有极其美妙风景元素的圣十六罗汉画像……

施罗德与门格勒（Irmgard Mengele）分别在 2001、2012 年也对这段进行过翻译，但与杜凯鹤的翻译截然不同，施罗德 2001 年的翻译为：在孜拉岗，却英多吉绘制了美妙的十六罗汉画像，并在十位工匠的帮助下制作了一对饰有八吉祥图案的柱幡……；门格勒的翻译为：却英多吉停留在孜拉岗寺庙期间，他绘制了景色别致的十六罗汉画像。他同时和工匠们一起制作一对柱子 ...

笔者就这段藏文记载向熊文彬教授请教，试译为：绘制景色别致的圣十六罗汉画像，与十余位工匠完成三格丝绸帷幔，饰有八吉祥纹等图案的柱幡和绘有十二供养天女形象的梁罩等物。

33 Irmgard Mengele, *Riding a Huge Wave of Karma, The Turbulent Life of the Tenth Karma-pa*, 2012: 234.

34 Karl Debreczeny, *The Black Hat Eccentric, Artistic Visions of the Tenth Karmapa*, 2012: 191, 251.

35 康 · 格桑益西主编：《噶玛嘎孜画派唐卡》，2015 ：34-42 ；《藏族美术集成 · 绘画艺术 · 唐卡 · 四川卷 1》，成都：四川民族出版社，2015：2-17。

图三三　骑羊护法（图片出处见注释 36）

图三四　玛尔巴（图片出处见注释 36）

很难有人能亲见这些作品，更遑论其整体收藏情况了。因此，目前却英多吉风格追随者的情况是极不明朗的。

第三，杜凯鹤先生关于两张释迦牟尼佛唐卡的描述显然偏向艺术品评。仅就两组画作的笔墨区别而言，如上节指出是确实存在的，但这完全可能是却英多吉尝试不同技法的结果，难以想象这位极具天赋且拥有多元艺术背景的画家在不同作品中持续使用一种画法，如现已公布由国外私人收藏的两幅却英多吉题记作品“骑羊护法”唐卡（图三三）、“玛尔巴”唐卡（图三四）与丽博 7 幅本三者之间就有明显不同观感[36]。进一步讲，目前发现的题记作品数量太少，远不足以反映却英多吉的绘画艺术全貌，因此在判

36 关于这两幅题记作品的研究，除见于已提及的杜凯鹤先生与熊文彬教授论著中，另可分别参见 Heather Stoddard, "A Brief Note on a Tangka Painted by Choying Dorje, Tenth Black Hat Karmapa of Tibet in 1655: The 'Oath-bound Great Being' (*Dam can Skyes bu chen po*)." 2016: 185-194. Ulrich von Schroeder, *Buddhist Sculptures in Tibet*, Vol.II, 2001: 807-810.

断其他无题记作品是否出自其手时只能将题记作品作为重要参考而不是标尺。

第四，杜凯鹤先生最后一点论述文字也略带品评性，至于其中说“观猴读书罗汉”唐卡中山石水平较低，未必是然，画家应人物塑造需要在毛发等细节处理上有所不同实为正常。

综上，目前将丽博 17 幅本断定为出自却英多吉作坊是不妥的，从与 7 幅本创作理念及风格高度重合考虑，特别是笔墨表现更为多样，或为却英多吉亲绘，但更确切的认定还有待更多却英多吉相关作品的公布。

五、组画的年代

相关文献对英多吉艺术创作活动有大量记载，且基本包括时间、地点、题材、数量乃至受赠对象、使用情况等详细信息[37]，虽不能认为毫无遗漏，但足资参考，为梳理却英多吉艺术风格发展阶段提供了重要依据。

由这些记载可知，十六罗汉应是却英多吉最钟情的绘画对象，罗汉创作基本贯穿其一生，数量远超其他题材，或多达百余幅，加之罗汉是汉藏佛教共有的崇拜对象与艺术创作题材，可以推知这是他“汉式唐卡”形成的基石。其“汉式唐卡”的创作至迟在 1653 年已经完全成熟，当年他自信地讲：“在藏土，没有人绘画与诗歌在我之上，我是使观音菩萨感到愉悦的人，我是为绘画来此世间的。”[38] 同年，唯一一次艺术活动就是上文提及的指导七世夏玛巴绘画十六罗汉，而前一年三次绘画活动中有两次也是画十六罗汉。

创作于 1660 年的丽博 7 幅本当属完全成熟阶段的作品，且题记中也明确此时却英多吉“技艺炉火纯青”。据载，同年他又三次赠送他人十六罗汉画作，1661 年赠送了六次，1662 年赠送了一次，此后无载。

综上，丽博 17 幅本若为却英多吉亲绘，当与 7 幅本一样属成熟阶段的作品，即大致创作于 1653-1662 年间。

37 相关文献记载的梳理，同时参见熊文彬：《西藏著名艺术家十世噶玛巴活佛却英多吉笔下的汉式风格作品》，《中国藏学》2016（1）：44-61。Irmgard Mengele, *Riding a Huge Wave of Karma*, *The Turbulent Life of the Tenth Karma-pa*, 2012: 371-383.

38 Irmgard Mengele, *Riding a Huge Wave of Karma*, *The Turbulent Life of the Tenth Karma-pa*, 2012: 234-235.

六、小结

丽博 17 幅本展现出了与明确为十世噶玛巴却英多吉绘制的丽博 7 幅本同样独特的创作理念与令人赏心悦目的艺术风格，所以极有可能也出自其手，至少不失为他汉式风格唐卡的代表作。

因此，除无题记略有遗憾，其在西藏绘画史上的地位可与 7 幅本相较，不但丰富了传统唐卡的造型语言，而且在宗教艺术中抒发情感，表现生活、关注生命，佛性让位于人性，散发出了人文主义的强烈光芒，同时充分体现出 17 世纪以他为首的西藏艺术家对中原艺术文化的喜爱和认同，这对今天中华民族的繁荣仍具有十分重要的现实意义[39]。

此外，却英多吉对汉地艺术的熟悉与喜爱无疑对噶玛噶举派另一位著名大活佛司徒班钦（སི་ཏུ་པཎ་ཆེན་ཆོས་ཀྱི་འབྱུང་གནས། 1700-1774 年）产生了深刻影响，他在德格八蚌寺开创的新噶玛噶孜画派充分地吸收了来自汉地绘画的养分，实为藏传佛教晚近绘画流派中的翘楚[40]，但遗憾的是这些画作又回到了对高高在上诸佛菩萨世界的描绘，却英多吉为藏传佛教艺术带来的人文主义火种没有得到接续，他就如刹那间划过天边的耀眼流星，令人惊叹也唏嘘。

附记：本文得到四川大学熊文彬教授的帮助与指导，张长虹教授惠赐新作并在编审中提出了宝贵意见，丽江市博物院惠示了两组珍贵的罗汉唐卡，在此由衷致谢！

◆ 李凯　四川省文物考古研究院助理馆员

---

39 熊文彬：《十七世纪西藏绘画艺术的伟大变革：云南丽江博物馆藏十世噶玛巴活佛的〈十六罗汉〉唐卡组画》，《美术研究》2018（4）：19-24。

40 关于司徒班钦艺术活动研究的汉文成果，同时参见杜凯鹤著，张秀云译、朱润晓校：《菩萨在云之南：司徒班钦在云南的活动及其艺术影响力》，《故宫博物院院刊》2011（2）：101-139。熊文彬：《继承与创新：18 世纪藏族艺术著名艺术家司徒班钦的艺术成就》，《中国藏学》2018（2）：64-73。

藏语巴德话的基本指示词 $nə^{53}$ 和 $tə^{31}$*

宋晓红

内容摘要：藏语巴德话的基本指示系统由 $nə^{53}$ 和 $tə^{31}$ 构成。基本指示词 $nə^{53}$ 和 $tə^{31}$ 可单独做论元，也可修饰名词性成分。它们与名词有前置、后置和前后并置三种语序类型，前后并置型语序在跨语言中较少见。巴德话三种类型的指名结构在指示功能和指称意义上存在差异。后置型是藏语的优势语序，巴德话后置指示词 $tə^{31}$ 表定指，这是语用功能诱发的；指示词前置于中心语承担指别功能，可能是语言自身语法系统和语言接触共同作用的结果。

巴德话是四川省甘孜藏族自治州雅江县麻郎措镇巴德村所使用的语言，属藏语康方

---

* 本文为国家社科基金重点项目“藏语诗歌节律及相关韵律音系问题研究”（21AYY024）和“中国语言资源保护工程 - 四川雅江巴德话”（YB1912A072）的阶段性研究成果之一。本文得到语言老师给扎、旦增普错、启米翁姆、扎西青措的帮助，康方言程章话、木里茶布朗话和安多藏语华锐话相关信息分别源于南开大学阿错教授、西南民族大学鲁绒翁丁和南开大学鲍闹藏的私下讨论，承蒙南开大学阿错教授、复旦大学盛益民教授和孙凯博士后等诸多师友指导，谨致谢忱！

语法术语缩写：1 第一人称，2 第二人称，ABL 从格，ABS 通格，ALL 向格，CL 量词，COL 集体，CONJ 连词，COP 判断动词，DAT 与格，DEM 指示词，DUR 持续体，EGO 自源，ERG 作格，EXT 存在动词，FACT 事实断言，GEN 领属格，IMP 命令，LINK 连接成分，LOC 位格，NEG 否定，NMZ 名物化，PART 助词，PEF 完成体，PL 复数，Q 疑问，REP 传闻示证，SG 单数，VIS 亲见（视觉触觉）示证。

言南路土语群。巴德话可归纳为 57 个声母，韵母有单韵母和复韵母；单音节词可归纳为四个声调[1]。

nə^{53} 和 tə^{31} 是巴德话的基本指示词[2]，nə^{53} 指示相对于听话者离说话者较近的对象；tə^{31} 指示相对于听话者离说话者较远或离听说双方都远的对象；tə^{31} 所指对象可以是视线可及的，也可以是超出视线范围的。它们可单独做句法论元，也可修饰名词性成分。基本指示词语与名词性成分三种语序类型包括前置型、后置型和前后并置型，前置指示词与后置指示词出现功能的分化，前后并置型在世界语言中较少见。

巴德话基本指示词 nə^{53} 和 tə^{31} 构成个体、处所、时间、方式性状、数量五类指示词，具体词形如下：

表一　巴德话指示词词形

		近指	远指
个体	单数	nə^{53}	tə^{31}
	复数	nə^{55}ɣʉ:^{55}	tʉ^{31}ɣʉ:^{55}
处所		ne:^{55}	te:^{24}
时间		nə^{55}ty:^{55}/nə^{55}dzɛ^{53}	tʉ^{31}ty:^{55}/tə^{31}dzɛ^{53}[3]
方式性状		nə^{55}ɳdʐɛ^{53}/nə^{55}ɳdʐe^{53}	tə^{31}ɳdʐɛ^{53}/tə^{31}ɳdʐe^{53}
数量		nə^{55}dzi^{53}	tə^{31}dzi^{53}

另外，巴德话处所指示词还有更远指的 pha^{55}ze^{53} 以及垂直指示词 ja^{31}ze^{53} 和 ma^{31}ze^{53}；相应地，可构成指个体的 pha^{55}ze^{53}tə^{31}、ja^{31}ze^{53}tə^{31} 和 ma^{31}ze^{53}tə^{31}。

本文主要依据笔者收集记录的第一手语料，包括四篇长篇语料和情景诱导收集的语句，主要分析巴德话基本指示词 nə^{53} 和 tə^{31} 的语法 - 语义和语用功能，以及巴德话指名结构的语序类型。

1　宋晓红：《雅江藏语巴德话概况》，《西藏研究》2022（4）：149-160。
2　刘丹青：《语法调查研究手册》，上海：上海教育出版社，2008：399-400。
3　巴德村有两个自然村，这组指示词主要用于巴德一组（智村），可指未来的时间。

一、指示词 nə^{53} 和 tə^{31} 的语法 - 语义功能

巴德话指示词具有指代、指别和定指等功能，具体语法和语义功能如下。

（一）指示词 nə^{53} 和 tə^{31} 可单独做论元以及论元的领属成分[4]，通过曲折变化表不同格，作格和属格形式后可再加格助词 ɣɯ^{31}。具体如下：

表二 巴德话基本指示词的形式

	通格	作格 / 属格	与格
近指	nə^{53}	ni^{53}(-ɣɯ^{31})	nəɛ^{55}/na^{53}(nə^{53}-ɣɐ^{31})
远指	tə^{31}	ti:^{24}(-ɣɯ^{31})	təɛ^{24}/ta:^{24}(tə^{31}-ɣɐ^{31})

指示词 nə^{53} 和 tə^{31} 指代的对象为个体单数，包括人、物等。若指代复数用 nə^{55}ɣʉ:^{55} “这些” 和 tʉ^{31}ɣʉ:^{55} “那些”；指代集体，如家庭、班级、村等，可用 nə^{53} tsɯ^{31} 和 tə^{31} tsɯ^{31}。如：

（1）nə^{53} khi:^{55} ʐe^{31} tə^{31} ŋi:^{24} ʐe^{31}

DEM 3SG: GEN COP DEM 1SG:GEN COP

那是他的。这是我的。

（2）ŋɐ^{31} təɛ^{24} gɐ^{31}=ɣɔ:^{55} ʐe^{31} nə^{53} ɣɐ^{31} mɯ^{31} gɐ^{31}

1SG: ABS DEM:DAT 喜欢 =LINK FACTDEM DAT NEG 喜欢

我喜欢这。不喜欢那。

（3）ni^{53} dɛ^{31}lɔ^{53}shɛ:^{55}shɛ:^{55}ʐe^{31} ti:^{24} dɛ^{31}lɔ^{53} tũ:^{24} ŋ̥ʉ̃:^{55} ŋ̥ɔ^{53} ʐe^{31}

DEM:GEN 叶子 黄色 COP DEM:GEN 叶子 还 绿色 COP

这的叶子黄了。那的叶子还是绿的。

例（3）中，指示词与后面的名词有领属关系，同例（1-2）都指代个体。

4　句法上与名词性成分共现，有领属关系，指示词指代论元的领有者，形态不同于表指别的指示词。

巴德话中指示词有时也可指“分类性类指”[5]，如：

（4）ŋa:^{24} tʉ^{55}mbo^{53}ka:^{55}ka:^{55} (dua^{24}) tə^{31} gʉ:^{24} to^{31} tə^{31} ja^{31} to^{31}

1SG:DAT 衬衣 白色 CL DEM 要 VIS DEM 好 VIS

我要那类白色的衬衣。那（类）好（看）。

例（4）种，后一句的指示词 tə^{31} 指前面的“白色的那类”，多用于回指。

（二）指示词 nə^{53} 和 tə^{31} 可修饰限定名词性成分，有前置、后置和前后并置三种语序类型，指示词前置词形为 nə^{53} 和 tə^{31}，与所修饰的 NP 没有领属关系。前后并置型有 nə^{53}-NP-nə^{53}、tə^{31}-NP-tə^{31}、nə^{53}-NP-tə^{31} 三种组合类型。后置指示词根据指名短语所指对象的语义角色用不同的格形式。指示词修饰名词如下：

（5）nə^{53} ɕe^{31}ɣɯ^{53} ŋi:^{24} ʐe^{31} tə^{31} ɕe^{31}ɣɯ^{53} khi:^{55} ʐe^{31}

DEM 书 1SG:GEN COP DEM 书 3SG:ERG COP

这（本）书是我的。那（本）书是他的。

（6）nə^{53} ɕe^{31}ɣɯ^{53} nə^{53}/tə^{31} ŋi:^{24} ʐe^{31} tə^{31} ɕe^{31}ɣɯ^{53} tə^{31} khi:^{55} ʐe^{31}

DEM 书 DEM 1SG:GEN COP DEM 书 DEM 3SG:GEN COP

这本书是我的。那本书是他的。

（7）ɕe^{31}ɣɯ^{53} nə^{53} ŋi:^{24} ʐe^{31} ɕe^{31}ɣɯ^{53} tə^{31} khi:^{55} ʐe^{31}

书 DEM 1SG:GEN COP 书 DEM 3SG:GEN COP

这本书是我的。那本书是他的。

例（5-7）指示词修饰光杆名词，通常指个体单数；若指个体复数，后置指示词用复数形式。例（6）后置的 nə^{53} 可换为远指形式，而后置的 tə^{31} 不可换用近指形式，距离义主要由前置指示词表达，后置的 tə^{31} 距离义不凸显，但后置的 nə^{53} 仍保留近指义，“*tə^{31}+NP+nə^{53}” 中前后所指相悖，巴德话中没有此用法。例（7）中的近指与远指指示

5 Manfred Krifka, Francis J. Pelletier, Gregory Carlson, Alice ter Meulen, Gennaro Chierchia and Godehard Link, "Genericity: an Introduction." In *The Generic Book*, eds. G. Carlson and J. Pelletier, Chacago: The University of Chicago Press, 1995: 1-124.

词不能互换顺序，NP+tə^{31} 所指已涵盖了现场存在的对象，即后置型指示词 tə^{31} 所限定对象是言谈现场仅存的或上文已提及的个体，不需要加手势指别，听话者便可识别。指示词为 tə^{31} 的后置型结构用于非区别性语境，tə^{31} 常常可以省略，但所指对象和指称属性存在区别；在宾语、表语等句法位置表定指指示词不能省。如：

（8）ɕe^{31}ɣɯ^{53} (tə^{31})　ŋ̊i:^{24}　ʐe^{31}　tʂy:^{31}ɳ̊əo^{53} (tə^{31})　khi:^{55}　ʐe^{31}

书　(DEM) 1SG:GEN　COP　笔　(DEM)　3SG:GEN　COP

（那本）书是我的。（那支）笔是他的。

（9）a. khʉ:^{55}　l̥əo^{55}mɐ^{53}　ʐe^{31}

DEM　学生　COP

他是学生。

b. khʉ:^{55}　l̥əo^{55}mɐ^{53}　tə^{31}　ʐe^{31}

DEM　学生　DEM　COP

他是那（个）学生。

例（8）指言谈现场仅存的个体，加指示词用于指个体单数；若不加指示词则还可指个体复数。例（9a）仅仅是描述所指对象的身份，而（9b）“学生 +tə^{31}”指特定的某个学生，常用于回答“某某学生是谁？”或可理解为认同指，后置指示词不能省。由此，巴德话中光杆名词可指个体单数、复数以及类指（9a），也可表定指（例 8）或不定指，也可以是无指的（9a），但加后置指示词 tə^{31} 构成的指名结构指个体单数，并且是定指的（9b）[6]。

三种类型的“指名”结构的指称意义以及指称对象的不同还体现在以下几方面。

首先，指示词修饰“名数”短语时，指称意义不同。指示词前置表所指对象集合中的个体，说话者需指出听话者才可识别；后置指示词指言谈现场确定或仅存的个体，不需要加手势，数名结构后的指示词不能为复数形式。如：

（10）nə^{53}　ɕe^{31}ɣɯ^{53}　ɳ̊i:^{55}(nə^{53}/tə^{31})ŋ̊i:^{24}　ʐe^{31}　tə^{31}　ɕe^{31}ɣɯ^{53}　ɳ̊i:^{55}(tə^{31})

DEM　书　二　(DEM)　1SG:GEN　COP　DEM　书　二　(DEM)

6　Yunchuan Chen and L. Julie Jiang, "Noun Phrases in Lhasa Tibetan." In *Proceedings of the 2nd Conference on Central Asian Languages and Linguistics*, 2017: 2-3.

khi:^{55} ʐe^{31}

3SG:GEN COP

这两本书是我的。那两本书是他的。

（11）ɕe^{31}ɣɯ^{53} ɳ̥i:^{55} tə^{31} ŋi:^{24} ʐe^{31} tʂy:^{31}ɳ̥əo^{53} ɳ̥i:^{55} tə^{31} khi:^{55} ʐe^{31}

书 二 DEM 1SG:GEN COP 笔 二 DEM 3SG:GEN COP

这两（本）书是我的。这两（支）笔是他的。

第二，指示词修饰的对象有形容词、关系小句修饰或有领属成分时，后置指示词倾向于用 tə^{31}。如：

（12）(nə^{53}/tə^{31}) ky:^{24} sa^{55}pɐ^{53} sɐ̃^{53} tə^{31} ŋi:^{24} ʐe^{31}

(DEM) 衣服 新:NMZ 三 DEM 1SG:GEN COP

（这/那）三（件）新衣服是我的。

（13）ŋi:^{24} (nə^{53}/tə^{31}) ky:^{24} sɐ̃^{53} tə^{31} khʉ:^{55} te^{53} ɣɯ^{31}

1SG:GEN (DEM) 衣服 三 DEM 3SG 给 EGO

我的（这/那）三（件）衣服（是）他给的。

第三，由后置指示词 tə^{31} 构成的指名短语可表“分类性类指”，即后置指示词限定的类为下位概念的整体属性，具有定指性[7]。如：

（14）nə^{53} tʉ^{55}mbo^{53} ka:^{55}ka:^{55} (dua^{24}) tə^{31} ja^{31} to^{31}

DEM 衬衣 白色 (CL) DEM 好 SEN:VIS

这类白色的衬衣好看。

（15）a. ŋɐ^{31} m̥ɛ̃:^{55}pɐ^{53} (*dua^{24}) (*tə^{31}) zɔ^{31} sɐ̃^{53} to^{31}

1SG 医生 (*CL) (*DEM) 做 想 VIS

我想当医生。

b. ŋɐ^{31} qhəo^{53} təo^{53}=ɳy:^{24} m̥ɛ:^{55}pɐ^{53} (dua^{24}) tə^{31} zɔ^{31} sɐ̃^{53} to^{31}

1SG 针 打 =NMZ:GEN 医生 (CL) DEM 做 想 VIS

我想当打针的（那类）医生。

---

7 陈振宇：《汉语的指称与命题：语法中的语义学原理》，上海：上海人民出版社，2017：23。

例（14）可指言谈现场的事物所代表的类；例（15a）中，“医生”后不能加指示词或表类量词 dua²⁴；例（15b）指示词限定“打针的医生”，可用“tə³¹/tə³¹ɳdʐɛ⁵³+ 上位概念（+dua²⁴）+tə³¹”或指示词 tə³¹ 回指。例（14-15b）中的后置指示词不能换为近指形式。

第三，前置指示词以及后置指示词 nə⁵³ 不能限定独一无二的事物，如：太阳、地球等，后置指示词 tə³¹ 可以，但不具有强制性。如：

（16）ɳã:²⁴ tə³¹ xha:⁵⁵ɕho⁵³ ɳe³¹ xha:⁵⁵ wũ:²⁴ ʐe³¹
太阳 DEM 东方 ABL 升起 来 :LINK FACT
太阳从东方升起。

第四，限定对象为 lɔ³¹“年”、dua²⁴“月”、tshi:⁵⁵pɐ⁵³“日 / 日子”、ɳĩ:²⁴/ɳã:²⁴“天”[8]、tɕhu⁵⁵tshʉ⁵³“时”等时间词，用前后并置型或后置型，近指形式指当前时间，前置的远指形式指过去的或未来的时间。修饰具体时间通常用后置型。如：

（17）ŋɐ³¹ nə⁵³ dua²⁴ nə⁵³/tə³¹ ɣɐ³¹ mɐ³¹ shɯ̃:⁵⁵ ɣɯ³¹ tə³¹ dua²⁴ tə³¹
1SG:ABS DEM 月 DEM LOC NEG 去 :PEF EGO DEM 月 DEM
ɣɐ³¹ shɯ̃:⁵⁵ ɣɯ³¹
LOC 去 :PEF EGO
我这个月没去，那个月去了。

（18）ŋɐ³¹ dua²⁴ ŋɐ⁵⁵pɐ⁵³ (nə⁵³/tə³¹) ɣɐ³¹ l̥əo⁵⁵tʂɛ:⁵⁵ nũ:²⁴ ɕʉ³¹ ɣɯ³¹
1SG:ABS 月 第五 (DEM) LOC 学校 :GEN 里 EXI EGO
我五月在学校。

第五，指示词可后置于小句，指示动作行为。如：

（19）tɕhu⁵⁵tɕɐ̃⁵³ pa⁵⁵pɐ⁵³ ko⁵³ ʔɛ³¹ tə³¹ sɐ³¹=ɣɔ:⁵⁵ ʐe³¹
芭叶大黄 皮 剥 CONJ DEM 吃 =LINK FACT
芭叶大黄剥皮吃。

8 “那天”有 tə³¹ɳĩ:⁵⁵ 和 khɐ⁵⁵ɳĩ:⁵⁵ 两种说法，若指两天或两天以上常常用 ɳã:²⁴。

例（19）中，指示词位于由 ʔɛ^{31} 连接的两个谓词性成分之间，指示词限定的小句表后一动作的方式；若说话者描述自己正在进行的动作，可用近指指示词。

综上，指示词修饰名词性成分，距离远近主要由前置指示词表达，后置的近指指示词也有距离义；而后置的远指指示词距离义不凸显，可用于非区别性语境。它们限定的对象以及与限定对象构成的指名短语的指称意义也不同。具体如下：

表三 巴德话指名结构的类型 - 语义

		距离义	指称意义	指称对象		
				独一无二	动作	时间词
前置型		+	个体	-	-	-
后置型	近指	+	个体	-	+	+
	远指	-	个体、分类性类指	+	+	+
前后并置型		+	个体、分类性类指（后置指示词限远指形式）	-	-	+

（三）后置指示词也可解读为 NP 的同位语，根据所指对象用单数、复数或集体指示代词。如：

（20）ɴɢɔ^{31}ɕha^{53} tʉ^{31}ɣʉː^{55} kɯ̃ː^{24} l̥ɐ^{53} to^{31}

开花的 DEM: PL 价格 便宜 VIS

那些开花的（松茸）不值钱。/ 开花的（松茸）它们不值钱。

（四）指示词 tə^{31} 位于关系小句和核心名词间，可换为定语标记 ɣɯ^{31}。如：

（21）[[ʑa^{31}mɐ^{53} maː^{55}maː^{55} tɕʉ̃ː^{24}=ɳ̥u^{31} (tə^{31})]RC pũː^{24} ku^{31}jʉ^{53}]S ʐʉ^{31}nʉ̃ː^{55}

藏装 红色 穿 =NMZ (DEM) 女孩 PL 1PL:INC

tʂɯ̃ː^{31}mbɛː^{55} ʐe^{31}

村 :GEN COP

穿红色藏装的女孩们是咱们村的。

二、指示词 nə^{53} 和 tə^{31} 的语篇指示功能

Himmelmann 基于语篇将指示词的指示功能归为情景用、语篇用、示踪用和认同用[9]。巴德话指示词还可用于关联指[10]。

（一）情景用

指示出现在言谈情景中的实体。如：

（22）te:^{31}ɣe:^{55} tə^{31} ʐɯ^{31}ti:^{24} lɐ^{31} no^{31} tũ:^{55} mɯ^{31}ɳdʐɐ^{53} le^{53}
然后 DEM 山 DEM:GEN LOC LOC 特别 不同 NMZ:GEN
tɕhʉ:^{55}tɛ̃:^{55} ɕɔ:^{24} ʐe^{31} ta:^{24}
塔子 EXI:LINK FACT 现在
然后在那座山上面现在有个特别不一样的塔子。

此例句中的“山”和“塔子”是当地实际存在的，尽管讲述过程中它们于听说双方而言都是不可见的，但讲述者用手势指示了它们所在方位。同样，也有用近指指示词的情景。

（二）语篇用

指示邻接的话语片段，所指对象为命题或事件。如：

（23）gẽ:^{24} dɯu^{55}ka:^{55} ŋʉ^{31}nʉ̃:^{55} ɣɐ^{31} lɔ^{31} tʂə^{55}tʂe^{53} ɕe^{31}ɣɯ^{53} l̥əo^{53}=ɣɔ:^{55}
老师 多呷 1PL DAT 年 每 书 教 =LINK
ʐe^{31} ti:^{24} ŋʉ^{31}nʉ̃:^{55} phɛ̃:^{55}tho^{53} he:^{55}tshɛ̃:^{55} n̥ũ:^{55}
FACT DEM 1PL 益处 非常 EXI
多呷老师每年教我们。那对我们非常有帮助。

---

9 Nikolaus P. Himmelmann, "Demonstratives in Narrative Discourse: A Taxonomy of Universal Uses." In *Studies in Anaphora*, ed. Barbara A. Fox,1996: 205-254. 术语参见方梅:《指示词“这”和“那”在北京话中的语法化》，《中国语文》2002（4）：343-356。

10 Himmelmann (1996: 210-211) 指出“真正”的指示词不用于关联 - 回指。然而，巴德话后置指示词表定指除在特定句法位置与光杆名词指称不同外，大情景指等冠词用法不具有句法强制性，因此在此处讨论。

语篇直指最常用方式指示词，既可上指，也可下指。如：

（24）ɕe^{55}khɐ^{53} lɐ^{53} ty:^{24} te:^{31}ge:^{55} tə^{31}ndʐe^{53} zʉ:^{24} ʔɛ^{31} ndzɔ^{31}dɐ^{53} tshʉ:^{55}

春天 说 CONJ 然后 那样 做：PEF CONJ 左打 向心

wu^{31} gʉ:^{24} ʐe^{31}

来 要 COP

春天的时候，然后，那样做，要回来左打（地名）。

（三）示踪用

指代语篇中已提到的对象。如：

（25）ŋ̥ʉ:^{55}no^{53} ŋ̥u^{31} tɕi^{53} ɕʉ^{31}=zi^{53} ʐe^{31} ti:^{24} ɣɯ^{31} sɛ:^{55} ʐa^{31}

以前 人 一 EXI=LINK FACT DEM:ERG ERG 金子 捡到

ŋ̥əo^{24} ʐe^{31}

经历 :LINK FACT

以前有个人。他捡到过金子。

本文参照的话语材料显示，光杆指示词、指示词 +NP、NP+ 指示词、指示词 +NP+ 指示词在话语中分布存在明显差异，尤其是示踪用。初步统计了《米拉日巴的故事》、《七姑娘山》和《巴德妖怪》中指示词的示踪用共 173 处，计时 17 分钟。具体如下：

表四 语篇中的示踪用

	DEM	DEM+NP	NP+DEM[11]	DEM+NP+DEM
米拉日巴的故事	34	1	68	6
七姑娘山	12	1	12	14
巴德妖怪	20	0	1	4
	38%	1%	47%	14%

11 巴德话《米拉日巴的故事》中有三例为“Dem+Dem”，前面的指示词指代前文的名词性成分，归入此类。

结果可见，示踪用主要使用光杆指示词、后置型和前后并置型指名结构，其中指示词都为远指指示词。前置型指名结构基本不用于回指，主要用于现场直指。书面藏语远指和近指指示代词分别指代前后文[12]，而巴德话未见近指指示词的示踪用。

另外，回指对象为人时，也会用第三人称代词。相比而言，临时引入的对象常用指示词回指，说话者亲近熟悉的用第三人称代词回指。如：

（26）khʉː^{55} kə^{31}lyː^{55} zʉː^{24} maː^{24} lɛ^{53} wu^{31}=zi^{53} ʐe^{31}

3SG 慢慢 做 :PEF 向下 来 来 =NMZ COP

teː^{31}geː^{55} tiː^{24} tiː^{24} kho^{53} maː^{24} kə^{31}lyː^{55} zʉː^{24} ʔɛ^{31}

然后 DEM:ERG DEM:GEN 山沟 向下 慢慢 做 :PEF CONJ

tə^{31} ʐʉ^{31}ɳ̥iː^{55} ɣɯ^{31}lɐ^{55}maː^{55} xĩː^{55} phe^{53} the^{31} lɛː^{55}

DEM 咱们 GEN 喇嘛 去世 行走 PEF 说 :PEF

他（喇嘛）慢慢地下来了。然后那（扎西）慢慢地下到那个山沟了，说：“咱们的喇嘛圆寂了。”

（27）ŋʉ^{31}tsɯ^{31} ʔɐ^{55}ɳ̥ɛ^{53} tɕhã^{53} nũː^{24} mɯ^{31} n̥ũː^{55} khʉː^{55} tɐ^{55}tɕəo^{53}

1COL 爷爷 家 里 NEG EXI:VIS 3SG 赛马

tɐ^{53}=shɐ^{53} the^{31}

看 =NMZ 去 :PEF:VIS

我爷爷不在家。他看赛马去了。

例（26）讲述喇嘛收服妖怪的故事，第三人称代词回指喇嘛；而指示词指上文临时引入的对象。例（27）第三人称代词回指“我爷爷”，此处不能用指示词回指，否则听话者会认为另有其人。

其次，间接引语中，若小句论元与“说话者”同指，用第三人称代词。如：

（28）teː^{31}geː^{55} ʔɐ^{55}ɳ̥ɛ^{53} ʐɯ^{31}ʁɯ̃ː^{55} ɣɐ^{31} lɐ^{53} nə^{31}nə^{31}nə^{31} hʉː^{55} pu^{31} tshaː^{55} ʔɐ^{53}

然后 爷爷 兔子 DAT 说 CONJ 2SG 男孩 照顾 Q

xheː^{55} khʉ^{55}tsɯ^{31} pu^{31} tshaː^{55} gʉː^{24} toː^{24} lɛː^{55} zɯ^{31}

会 3COL 男孩 照顾 要 VIS:PART 说 :PEF INFR

12 格桑居冕、格桑央金：《实用藏文文法教程》，成都：四川民族出版社，2004：239。

khʉː55　pu31　tshaː55　xheː55　lɛː55　zɯ31

3SG　男孩　照顾　会　说:PEF　INFR

然后（那对父母）对兔子爷爷说："你会照顾孩子吗？"他家孩子需要照顾。（兔子）说他会照顾孩子。

例（28）中，间接引语中第三人称代词分别指"那对父母"和"兔子"，不可换为指示词；若指示对象与"说话者"不同指则指示词或第三人称代词都可用。

（四）认同用

所指对象是说话人认为听话人可根据他们特有的共同经历识别出的，不依赖于言谈现场和话语内容。巴德话表认同用可通过后置或前后并置结构表达，指示词为远指形式。如：

（29）kyː24　tə31　ɳʉː24　xu31

衣服　DEM　买:PEF　来

买了那件衣服回来！

（五）关联用

巴德话中后置型指名结构可指代与已知事物相关的对象，前后并置型可用于"作品-作者"关联指[13]；指示词限于远指形式。如：

（30）ŋʉ31tsɯ31　ʔɐ55pɛː55　so31　tɕi53　ɳʉː24　zɯ31　(*tə31)　ŋɐ55mɐ53

1COL　爸爸:ERG　牛　一　买:PEF　INFR　(*DEM)　尾巴

tə31　kaː55kaː55　ʐe31

DEM　白色　COP

我家爸爸买了一（头）牛。那尾巴是白色的。

（31）ʔɐ55jaː55　ɣɯ31　ŋa:24　ɣɐ31　ɕe31ɣɯ53　tɕi53　te53　ɣɯ31

姐姐　ERG　1SG:DAT　DAT　书　一　给　EGO

(tə31)　tsãː55mbɐ53pɔ31　tə31　tshãː55ʑãː55dʑɐ31tshɔ31　ʐe31

---

13 Florian Schwarz, "Two Types of Definites in Natural Language." Ph.D dissertation, University of Massachusetts Amherst, 2009: 53-54.

(DEM) 作者　　DEM　仓央嘉措　　COP

姐姐给了我一本书。那作者是仓央嘉措。

综上，巴德话指名结构的语篇指示功能如下，其中示踪用、认同用和关联用的后置指示词限于远指形式：

表五　指名结构的语篇指示功能

	前置	后置	前后并置
情景用	+	+	+
示踪用	-	+	+
认同用	-	+	+
关联用	-	+	(+) 限“作品 - 作者”

三、藏语巴德话指示词和名词的语序类型

黄布凡指出藏缅语指示词与名词中心语的语序有前置型、后置型、前置后置两可型和前置、后置、前后并置三可型四种类型。黄布凡先生推测指示词前置可能为“原始藏缅语和汉语分化前的语序”，指示词后置“可能是受‘名 - 形’和‘名 - 数’逆修饰语序的影响所致”，是后起的，前置、后置皆可是前置向后置的过渡形式；“大多数藏缅语的指示代词都前置或可以前置”，后置型的语言大多量词较发达，“指 - 量”是“指 - 名”的衍生。而量词不发达的语言，是由于受藏缅语形容词和数词修饰名词后置，名词和人称代词表领属前置，表修饰后置的格局的影响[14]。

藏语书面语以及现代藏语方言指示词（འདི 和 དེ）与名词中心语呈现出复杂的语序类型，方言内部又呈现出不同的特点。如：

前置型：中甸[15]

后置型：藏文、拉萨、华锐

14 黄布凡：《藏缅语“指代 - 名”偏正结构语序》，《藏语藏缅语研究论集》，北京：中国藏学出版社，1991：400-410。

15 中甸、藏文、拉萨话中指示词和名词的语序类型，参见黄布凡：《藏缅语“指代 - 名”偏正结构语序》，1991：400-410。

前置和后置并存型：昌都[16]

前置、后置和前后并置型

前置通格：东旺[17]、东纳[18]、巴德、程章、木里

前置属格：玉树[19]

前后词干不同：拉达克[20]

藏语为有文字记载的语言，藏文文法归纳的指示词后置于中心语。现代藏语方言除中甸藏语外，指示词后置是藏语的共有语序。巴德话、木里茶布朗话等藏语方言复数指示词只能后置。指示词后置是藏语（书面藏语时期）的优势语序。藏语各方言中，前置于中心语的指示词词形不统一（其中，属格形式与中心语无领属关系），应是藏语方言平行演变的结果。前后并置型是一种过渡形式，这种结构在世界语言中较少见[21]，是巴德话等藏语方言的一大特点。本节主要分析由藏语后置型语序类型到巴德话三种语序类型的演变动因。

首先，藏文中指示词后置于名词性成分具有指别和提示主题的功能[22]，如：

（32）རི་དེ་དང་ནགས་འདི།

ri de dang nags 'di

山 DEM 和 森林 DEM

那座山和这片森林。

（33）རྫིང་ཆུང་ལྟག་ཆུ་ཆད་པ་དེ། །གང་ཡང་མྱུར་དུ་སྐམ་པར་འགྱུར།།

rdzing chung ltag chu chud pa de

小池塘 水源 断 :PEF DEM

gang yang myur du skam pa-r 'gyur

满 CONJ 快速 PART 枯竭 -PART 变易

断了水源的小池塘，即使盈满也会很快枯竭。

16 金鹏：《藏语拉萨日喀则昌都话的比较研究》，北京：科学出版社，1958：134-158。

17 Ellen L. Bartee, "A Grammar of Dongwang Tibetan." Ph.D dissertation, University of California, Santa Barbara, 2014: 252.

18 邵明园：《河西走廊濒危藏语东纳话研究》，广州：中山大学出版社，2018：73-74。

19 孙凯：《玉树藏语方言（拉布话）研究》，南开大学博士学位论文，2020：218-221。

20 A. H. Francke, "Sketch of Ladakhi Grammar." *Journal of the Asiatic Society of Benal*, 1901: 23.

21 Matthew S. Dryer, "Order of Demonstrative and Noun." In *The World Atlas of Language Structures*, eds. Haspelmath, Martin & Matthew S. Dryer & David Gil & Bernard Comire, Oxford University Press, 2005: 358-361.

22 胡书津：《简明藏文文法》，昆明：云南民族出版社，2000：174-175。

据胡书津先生，例（32）指示词后置于名词性成分，指示距离远近；例（33）指示词后置于名词性成分提示“主题”。阿错老师指出位于话题后的指示代词是“‘论元共指式话题’的‘共指’成分”，还不是纯粹的话题标记[23]。

第二、指示词前置于中心语，这种语序的出现有多种可能性。（1）巴德话指示词做论元，可用指名结构复指。如：

（34）a. nə^{53}// mbu^{31} ti:^{24} dɛ^{31}lɔ^{53} sɐ^{31} de^{31} to^{31}

DEM 虫子 DEM:ERG 叶子 吃 DUR VIS

这虫子在吃叶子。

b. [nə^{53} mbu^{31} ti:^{24}] dɛ^{31}lɔ^{53} sɐ^{31} de^{31} to^{31}

DEM 虫子 DEM:ERG 叶子 吃 DUR VIS

这个虫子在吃叶子。

例（34a）中，指示词 nə^{53} 与指名结构后需停顿，nə^{53} 指明离说话者近，但这种说法较少见。本文认为前后并置型指名结构（34b）很可能是（34a）的重新分析。后置指示词指示功能消减，指示功能由前置指示词承担。

（2）指示词可前置于名词性成分，并承担指示功能，也可能与周边语言接触有关。语序很容易受到语言接触影响[24]。藏语西部以及东北部的语言中 DemN 语序占优势地位[25]。汉族进入雅江地区可追溯到两百年前[26]，巴德话指示词前置可能受到周边羌语支语言、汉语等的影响。

第三，巴德话前置和后置指示词的功能分化。后置指示词 tə^{31} 出现冠词化，指示功能由前置指示词承担。后置指示词 tə^{31} 语义上可表定指，用法如上文所述大情景用、关联用以及表分类性类指，并且可用于非区别性语境。语用功能对巴德话后置指示词冠词化演变有重要作用。巴德话后置型结构可引入或建立话题，也可延续话题，且指示词限于远指形式；而前置型基本不具有此功能。如：

---

23 意西微萨 · 阿错：《藏语的话题标记—— ཉི་སྒྲ（ni sgra）》，第 11 届中日理论言语学研究会，2007：10。

24 Heine Bernd, "Contact-Induced Word Order Change Without Word Order Change." In *Language Contact and Contact Language*, eds. Peter Siemund and Noemi Kintana, 2008: 32-60.

25 Matthew S.Dryer, "Word Order in Tibeto-Burman Languages." *Linguistica of the Tibeto-Burman Area*, 2008 (31): 50.

26 意西微萨 · 阿错：《藏、汉语言在“倒话”中的混合及语言深度接触研究》，南开大学博士学位论文，2003：26。

（35）te:^{31}ɣe:^{55} ɕa:^{31}tʂɐ^{53}pe^{31}mɐ^{31}ʐĩ:^{31}ndzĩ:^{31} lɐ^{53}=lə^{53} tə^{31} lɐ^{55}ma:^{55} khʉ:^{55}ʐəo^{53}

然后 霞扎 说 =NMZ DEM 喇嘛 身体

ɳʉ:^{55}mɐ^{53} nə^{55}ɖʐe^{53} zʉ:^{24} ʔɛ^{31} lɐ^{55}ma:^{55} nə^{55}ɖʐe^{53} zʉ:^{24} ʔɛ^{31} tshʉ:^{55}

以前 这样 做 :PEF CONJ 喇嘛 这样 做 :PEF CONJ 向心

tɕə^{31} phe^{53} wu^{31} ty:^{24}

PART 行走 来 CONJ

然后，霞扎喇嘛的前身以前这样做，喇嘛这样做，来的时候……

（36）te:^{31}ɣe:^{55} pũ:^{24} dʉ̃:^{24} ti:^{24} ɣɯ^{31} l̥ɐ^{55}tshe:^{55} dʉ̃:^{24} tsi^{53} ʔɛ^{31} l̥ɐ^{55}tshe:^{55}

然后 女孩 七 DEM:ERG ERG 塔子 七 垒 CONJ 塔子

ti:^{31}tsɐ^{53} ɣɐ^{31} so^{53}tɕe^{31} tʂhẽ:^{55}=zi^{53} ʐe^{31}

那里 LOC 自杀 过 =LINK FACT

然后那七个女孩垒了七个塔子，在塔子那里自杀了。

例（35）“霞扎喇嘛”在话语中首次出现，通过“关系小句 +tə^{31}”引入新的话题；并且讲述的过程中还辅助手势表示往这边走，表方式的指示词用了近指形式。例（36）为回指用法，具有延续话题的功能，也可用前后并置型结构。语篇回指抑制了指示词的空间指示义；典型话题具有有定性，这为它出现冠词用法提供条件。tə^{31} 与 nə^{53} 不同的发展路径以及二者在语篇中分布的不对称性，也可见语篇指示功能对后置指示词 tə^{31} 冠词化的重要作用。

综上，藏文指示词后置到巴德话三种语序类型可能经过以下阶段：首先是后置型阶段；其次是在内部演变和语言接触的作用下，指示词可前置于 NP，出现前后并置型结构；第三是 NP-tə^{31} 后置型结构由于频繁用于回指，延续话题，其中的 tə^{31} 发生冠词化；第四是指示功能由前置指示词承担，前置型语序稳定形成。

结语

巴德话指示词 nə^{53} 和 tə^{31} 可单独做论元或做领属成分；与名词性成分共现时，有前置、后置和前后并置三种语序类型，它们的指称意义和指示功能不同，前置指示词指别，后置指示词 tə^{31} 表定指。前置型指名结构主要用于情景用，后置型和前后并置型还可用于示踪用、认同用。后置型还可用于大情景用和关联用，当然，“作品 - 作者”关联指也可用前后并置型。除情景用外，其它指示功能基本不使用近指形式。后置型是书面藏语时期的优势语序；语用功能为巴德话后置指示词 $tə^{31}$ 表定指提供了条件，巴德话指示词前置语序可能是语言内部系统和语言接触导致。

现代藏语方言指示系统存在差异，指示词与名词语序类型复杂，词形以及功能各异，藏语方言指示系统以及语序类型值得进一步深入研究。

◆ 宋晓红　南开大学文学院博士研究生

十九世纪中叶法国传教士对康区的区域认知 *

罗宏　刘晓旭

内容摘要：十九世纪中叶，法国天主教在康区的传播进入了一个很长的独享期。康区作为连接西藏与内地的桥梁地带，是法国人进藏传教必经的一个重要区域。遣使会古伯察，巴黎外方会马伯乐、罗勒拿等人曾在来往信件和旅行日记中就康区区域认识有过很多讨论。古伯察、罗勒拿等人更是亲历康区，对当地交通有过详细记录。受早期欧洲关于藏地认识的影响，他们的讨论与记录存在诸多主观的成分，与历史事实存在很大的出入。这些错误的认识对西方影响至深，为以后川藏界务等问题蒙上了诸多阴影。

康区介居内地与西藏之间，其地理范围包括今西藏东部、四川西部、云南西北以及青海东南的大片区域，是连结内地与西藏，沟通西南与西北的桥梁地带。从 1846 年开始，法国天主教在康区的传播进入了一个 30 年的独享时期[1]。道光年间遣使会（Les Lazaristes）会士古伯察（Evariste Huc）、秦噶哔（Joseph Gabet）被清廷遣返而途经康区。期间，二人曾与时任巴黎外方四川传教会主教马伯乐（Jacques Léonard Pérocheau，又译贝罗书）有过接触，谈及这一区域地理和交通方面的诸多情况。稍晚，法国人罗勒拿

* 本文的研究受到四川大学中央高校基本科研业务费专项资金和四川大学“从 0 到 1”创新研究项目资助。

1 赵艾东：《1846-1919 年传教士在康区的活动考述》，《贵州民族研究》2011（5）：184-190。

（Charles René Alexis Renou）在与马伯乐多次沟通之后，选择由川、滇两地入藏考察。此举成为了十九世纪四十年代法国传教士在康实地活动的典型事件。以上述几人为代表，法国人关于这一时期康区的表述一方面反映出当时欧洲对该地区域和交通状况的认知程度，另一方面也对清季以来天主教在藏地的活动及策略，以及二十世纪西方势力在川、藏划界等问题上的认识和态度产生了十分负面的影响。

囿于史料的限制，国内学者关于十九世纪中叶法国人在康区活动过程中的区域认知和交通探索的研究尚不深入[2]。笔者拟以现存巴黎的法文档案为基础，结合时人旅行记等相关资料，对这一时期法国人康区区域知识形成的历史脉络、各人意见及争论焦点、交通探索方面的具体实践等问题进行一个大致的梳理，并就其影响等相关议题做些许探讨。

一、十七至十八世纪欧洲关于青藏高原东部的早期认识

十六世纪初欧洲列强逐步侵入南亚地区，对青藏高原西部及南部情况多有了解。十七世纪天主教开始涉足青藏高原地区教务，传教士多选择从喜马拉雅山脉南麓的印度、尼泊尔、克什米尔等地进藏，由高原西部渐至拉萨。至十八世纪中叶，耶稣会（les Jésus）、卡普清修会（les Capucins）等以西藏阿里、日喀则、拉萨等地为中心，先后建立据点进行传教活动[3]。1745 年因西藏僧俗的强烈反对，意大利卡普清修会撤离西藏，宣告了天主教在青藏高原早期传教事业的结束。值得注意的是，这一时期传教士的活动范围主要集中在西藏，基本未涉足青藏高原东部的康区。造成这一局面的原因是多方面的。从自然状况而言，康区险恶的地理条件使得传教士们心生忌惮；从当时社会环境来看，明末至清初朝廷严格的禁教政策增加了传教士们经由内地进入康区的困难[4]。

虽然如此，这一时期西方传教士们对青藏高原东部地区已经有所了解。这一点可以

2　目前国内学者对相关问题的研究主要在对这一时期法国人进藏传教相关史实的梳理方面，比较代表性的成果有刘瑞云、赵艾东、向玉成等人的一些论文。参见刘瑞云、陈建明：《19 世纪中叶巴黎外方传教会内部关于成立西藏传教会的分歧与结局》，《世界宗教研究》2017（6）：136-147；刘瑞云：《巴黎外方传教会传教士罗勒拿藏区开教史实考》《宗教学研究》2018（2）：238-247；刘瑞云：《1848 年清廷驱逐进藏法国传教士罗勒拿之外交交涉》，《世界宗教研究》2020（2）：150-160；赵艾东：《1846-1919 年西方人在康藏活动之基本认识》，《乐山师范学院学报》2015（11）：97-101；赵艾东：《1846-1919 年传教士在康区的活动考述》，《贵州民族研究》2011（5）：184-190；向玉成、肖萍：《19 世纪 40-60 年代中期法国传教士“独占”康区的活动及其影响》，《西藏大学学报》2011（1）：74-81。

3　伍昆明：《早期传教士进藏活动史》，北京：中国藏学出版社，1992：347-352。

4　参见刘瑞云：《19 世纪中叶拉萨宗座代牧区首任主教选立波折》，《西藏大学学报》2021（2）：85-93。

从当时的西方地图中得到反映。十七世纪阿姆斯特丹、罗马、威尼斯等地出版的拉丁文地图中出现了“SIFAN”（即西番）一词，其中较早的如1655年左右由约翰尼斯·布劳（Johannes Blaeu）根据传教士卫匡国（Martinus Martini）在中国的考察手稿绘制的《中国新图》（即《Imperii Sinarum Nova Descriptio》）[5]。“SIFAN”很明显是西方人对汉文“西番”一词的音译。这说明欧洲人最早接触到青藏高原东部地区的知识直接或者间接来源于内地的汉文文献。从当时的地图来看，“SIFAN”常被标注于青藏高原东部临近今四川西北、甘肃西部一带的大片区域，范围十分广阔。在1660年左右阿姆斯特丹初版的一张地图中，该区域用拉丁文标记为“SIFAN ReG: Sive TIBET”，[6]意为“西番王国：或西藏”。类似的情况还见于1690年左右威尼斯绘制的一张意大利文地图，图中将这一区域标记为“SIFAN, O TIBET, R”。[7]由此可见，十七世纪的西方人对于西番的方位只是有一个大致的了解，并不十分清楚其具体的范围及与西藏之间的关系。

相较十七世纪，十八世纪欧洲涉及“SIFAN”的地图语言种类也更加丰富，除拉丁语外，还增加了法语、英语等语言。地图出版地点则增加了巴黎、伦敦、纽伦堡等。在具体表述上，大部分地图都将这一区域记作“SIFAN”。1796年伦敦出版的一张英文地图则将其标注为“SEE FAN”。[8]“SIFAN”一词在地图中出现的频率明显增高，但其所标注的区域与17世纪相比没有大的变化，仍然比较模糊。并且，该词常与“TIBET”一词随意地摆放在地图中，二者字号的选择也忽大忽小。这一情况说明十八世纪欧洲传教士和探险家们对青藏高原东部区域的知识并未有所增加。康区之于西方仍然是一块尚待探知的地区。

二、古伯察对“康区”和“西番”之表述

十八世纪中叶卡普清修会撤离西藏之后，天主教在青藏高原的活动销声匿迹长达一百年之久，至十九世纪中叶才重见其踪迹。十九世纪四十年代法国遣使会会士秦噶

5 Johannes Blaeu, *Imperii Sinarum Nova Descriptio*, Amsterdam, 1655 circa.

6 Peter Schenk & Gerard Valk, *Iunnan*, *Queicheu*, *Quangsi et Quantun*, *Provinciae Regni Sinensi Praefecturae dictae*, Amsterdam, 1700 circa. 该地图初版时间约为1660年，1700年左右再版。现在通行的版本是1720年Gerard Valk / Peter Schenk的重印版。

7 意为“西番，或西藏王国”。Vincenzo Maria Coronelli, *Hunouang*, *e Sucuhen*, *Provincie della China*, Venice, 1690 circa.

8 John Barrow, *A General Chart on Mercator's Projection*, *To Shew The Track of the Lion and Hindostan from England to the Gulph of Pekin in China, and of their return to England*, London, 1796.

哔、古伯察二人经热河、蒙古诸旗、宁夏、甘肃，自行进入青海、西藏。二人于 1846 年初抵达拉萨，在此居留近两个月后被清廷驱逐，途经康区到达四川，之后再经湖北、江西、广东至澳门。古伯察在被遣返之后，将其沿途见闻等整理成《鞑靼西藏旅行记》一书。书中关于康区的概念和区域认知曾有很多介绍[9]。其中，涉及康区的概念，康、西番两个关键性的词汇值得注意。古伯察在书中多次提及“Kham”“Si-Fan”的相关情况。

“Kham”一词则来自于藏文“ཁམས”（多用以指代康区）一词的转写[10]。其中值得注意的是，“Kham”一词在书中并不单独出现，大多数地方都表述为“la province de Kham”[11]，后者可直译为“康省”。在耿昇先生的译本中，该词被译作“康地”“康省”或“康区”。[12] 需要说明的是，古伯察被遣返是在 1846 年，《鞑靼西藏旅行记》于 1850 年首次出版，其笔下的“康省”与清末民国时期中央政府筹划设立的西康省二者并没有直接的关联。古伯察的这一认识可能是参照法国本土或者清代内地以省划分地方区域的做法，而将其借用到对藏地的记述中。

关于“Kham”所指的区域范围，古伯察也并未做明确的界定。根据其被遣返所经过的区域，我们可以大致推断，古伯察所谓的“Kham”当指今天的西藏昌都地区。《鞑靼西藏旅行记》一书记述作者被遣返至察木多（ཆབ་མདོ）时，多次以“Kham”一词论及当地。书中写到：“察木多是康省（la province de Kham）的首府，建于被高山环抱的一个山谷中。”[13] 可以看出，“Kham”被古伯察视作是以察木多（今西藏昌都县）为中心的一个行政区。书中还另外提到：“察木多喇嘛寺的住持是一名呼图克图喇嘛，他同时也是整个康地（Toute la province de Kham）的一名世俗官员。”[14] 这里的察木多喇嘛寺当为昌都强巴林寺（ཆབ་མདོ་བྱམས་པ་གླིང），文中的住持则是第八世帕巴拉 · 罗桑济美班垫丹贝尼玛（འཕགས་པ་ལྷ་བློ་བཟང་འཇིགས་མེད་དཔལ་ལྡན་བསྟན་པའི་ཉི་མ། 1759-1847 年）。该活佛为强巴

9 参见 [法] 古伯察著，耿昇译：《鞑靼西藏旅行记》，北京：中国藏学出版社，2006。法文版参见 M. Huc, *Souvenirs d'un voyage dans la Tartarie, le Thibet et la Chine, pendant les années 1844, 1845 et 1846*, Paris : A. Le Clère et cie, 1850.

10 藏文文献中“ཁམས”的含义有广狭之分。广义上的“ཁམས”指包括安多和康区在内的青藏高原东部广大地区，狭义即指康区。“ཁམས”一般转写为“Khams”。

11 M. Huc, *Souvenirs d'un voyage dans la Tartarie, le Thibet et la Chine, pendant les années 1844, 1845 et 1846*, 1850: 453, 456, 506.

12 [法] 古伯察著，耿昇译：《鞑靼西藏旅行记》，2006：553，555，581。

13 [法] 古伯察著，耿昇译：《鞑靼西藏旅行记》，2006 ：553。法文原文参见 M. Huc, *Souvenirs d'un voyage dans la Tartarie, le Thibet et la Chine, pendant les années 1844, 1845 et 1846*, 1850: 453.

14 [法] 古伯察著，耿昇译：《鞑靼西藏旅行记》，2006 ：555。法文原文参见 M. Huc, *Souvenirs d'un voyage dans la Tartarie, le Thibet et la Chine, pendant les années 1844, 1845 et 1846*, 1850: 456.

林寺第二十五任法台，总管当时察木多地区的僧俗事务，其权力的获得受到“北京朝廷封赐并由拉萨大喇嘛确认”。[15] 古伯察在《旅行记》中同时对察木多下辖的硕般多的两座藏传佛教寺院的印经情况，以及当时察雅爆发的冲突做了记载。这些事务都被置于“ Kham”地方事务的范畴。由此可见，古伯察笔下的“ Kham”所指代的范围当为当时的整个昌都地区。

《旅行记》一书中与康区密切相关的另一概念则是“ Si-Fan”。该词的使用主要见于秦、古二人进入青海，以及离开察木多后的相关游记中，特别是关于丹噶尔（今青海省湟源县）、青海湖、打箭炉 (དར་རྩེ་མདོ) 等地的记述[16]。由此可以大致推断，古伯察书中“ Si-Fan”范围主要指青藏高原东部临近内地的少数民族聚居区，是一个广义的地理范围。这一点与十七、十八世纪欧洲地图中“ SIFAN”的大致范围基本是一致的。古伯察关于“ Si-Fan”的表述和认识很明显是受到早期进入青藏高原的欧洲传教士和探险家们的影响。

然而，在论及藏地具体范围时，古伯察对“ Si-Fan”的理解与十七至十八世纪的欧洲传教士们还是有所差异。这一点主要体现在《旅行记》中对“ Si-Fan”和“ Kham”二者的区别论述中。就所涉及的区域而言，古伯察笔下“ Si-Fan”包括了今天安多和康区的诸多区域，是一个比藏地或藏族更常提及的概念。例如，他在论及塔尔寺（སྐུ་འབུམ་དགོན་པ）正月十五宗教庆典时也曾有“ Les Si-Fan du pays d'Amdo”（译为“安多地区的西番人”）这样的记述[17]。古伯察在谈及金沙江东部地区的语言时，称当地的语言“不再是在拉萨和康区（la province de Kham）所操的那种纯洁的藏语，而主要是出自西番（Si-Fan）民间的一种方言”。[18] 可以看出，古伯察口中的“ la province de Kham”是一个与“拉萨”和“ Si-Fan”相并列的区域，且“ Si-Fan”的语言也与“ Kham”存在差异。根据上下文可以判断，金沙江似乎是“ Kham”与“ Si-Fan”的一条重要的分界线。正是基于这样的认识，古伯察在谈及第十一世达赖喇嘛凯珠嘉措（ཏཱ་ལའི་བླ་མ་སྐུ་ཕྲེང་བཅུ་གཅིག་པ་མཁས་གྲུབ་རྒྱ་མཚོ）的出身时写到：“他出身于西番人（Les Si-Fan），出自明正土司一个贫穷

15 [法] 古伯察著，耿昇译：《鞑靼西藏旅行记》，2006：555。

16 [法] 古伯察著，耿昇译：《鞑靼西藏旅行记》，2006：305-589。

17 M. Huc, *Souvenirs d'un voyage dans la Tartarie, le Thibet et la Chine, pendant les années 1844, 1845 et 1846*, 1850: 97. [法] 古伯察著，耿昇译：《鞑靼西藏旅行记》，2006：328。

18 [法] 古伯察著，耿昇译：《鞑靼西藏旅行记》，2006 ：581。法文原文参见 M. Huc, *Souvenirs d'un voyage dans la Tartarie, le Thibet et la Chine, pendant les années 1844, 1845 et 1846*, 1850: 506.

而无名的家族。”[19]古伯察在这里认为第十一世达赖喇嘛是“Les Si-Fan”（即西番人），而没有说“Ssamba”（康巴人）[20]，也与其对“Kham”和“Si-Fan”的不同界定有关。据此可以大致推断，《旅行记》中所谓“Si-Fan”的地域范围应该包含当时察木多以东至打箭炉一带的康区。这与当时藏、汉文献中所指的“ཁམས”和“喀木”存在明显的区别，包含了古伯察本人的很多主观臆断。

秦噶毕、古伯察二人被遣返，是近代法国人首次实地接触康区。其经历和见闻，以及由此形成的康区认知存在很多失实的情况，但对法国宗教界产生了很大的影响，其中就包括时任巴黎外方四川传教会主教的马伯乐和西藏传教会第一次进藏的传教士罗勒拿。

三、巴黎外方传教会马伯乐康区认知之混乱

19 世纪进藏的法国传教团体中，除了秦噶哔、古伯察二人所在的遣使会，另一支更为重要的力量便是法国巴黎外方传教会（la Société des Missions Etrangères de Paris）。1846 年 3 月，罗马教皇格列高利十六世（Grégoire XVI）谕令成立拉萨宗座代牧区（Vicariat Apostolique de Lhassa），并命巴黎外方传教会组建新的传教会以管理代牧区教务。至此，整个青藏高原的天主教事务得以统归巴黎外方传教会。按照罗马和巴黎方面的规划，新成立的西藏传教会（la Mission du Thibet）需由外方传教会下辖的四川传教会主教马伯乐选拔新任主教及传教士，并且由四川途经康区进入拉萨。然而，从实际情况来看，这一计划似乎只是罗马教廷和外方会巴黎总部一种纸面上的行动，在执行层面遭到四川传教会的强烈抵制，传教活动也并未立即展开[21]。在此过程中，教会内部围绕进藏问题有过许多争论，其中涉及到了康区的一些区域知识。

此时，教会上下关于整个青藏高原（包括康区）情况并不十分了解。巴黎外方会总部在写给马伯乐的信中也承认，整个青藏高原都是“一个基本尚未被探知的地区”。[22]

19 [法] 古伯察著，耿昇译：《鞑靼西藏旅行记》，2006：485。法文原文参见 M. Huc, *Souvenirs d'un voyage dans la Tartarie, le Thibet et la Chine, pendant les années 1844, 1845 et 1846*, 1850: 343.

20 古伯察书中的“Ssamba”在耿昇先生译本中作“康巴人”。参见 M. Huc, *Souvenirs d'un voyage dans la Tartarie, le Thibet et la Chine, pendant les années 1844, 1845 et 1846*, 1850: 342. [法] 古伯察著，耿昇译：《鞑靼西藏旅行记》，2006：484。

21 刘瑞云：《拉萨宗座代牧区成立史实考述》，《宗教学研究》2016（4）：215-219。刘瑞云、孙蕊：《19 世纪中叶法国巴黎外方会早期进藏活动史考》，《藏学学刊》第 24 辑，2021（1）：216-242。

22 A. M. E., vol. 171, Le ttre commune du 10 mai 1846: 179.

然而，为了敦促马伯乐执行罗马教廷筹备西藏传教会的谕令，巴黎外方会在信中谈及了一些之前该会在穆坪（今四川雅安宝兴县境内）方面的相关情况，谎称“卫浩尔（Verrolles）主教因他在穆坪修院的经历很了解（藏地的）情况”。[23] 实际上四川传教会虽然在川秘密传教多年，但一直未有大的进展，教会对于西藏和康区的情况仍不甚了解。其中缘由可能与当时清廷严苛的禁教环境，以及马伯乐的个人因素有密切关系。马伯乐在川多年，一直致力于四川传教会的工作，坚决反对进藏传教。

马伯乐对于藏地情况的了解，与法国遣使会秦噶毕、古伯察有密切关系。秦、古二人被遣返途中和在成都期间，马伯乐与他们有过信件上的往来和接触。二人对马谈及了许多有关康区的见闻，特别是关于“西番”地区山川河流对进藏可能造成的恶劣影响等方面的情况。马伯乐后来在写给巴黎外方传教总会的信中，曾多次提及川、藏之间艰险的自然地理障碍，称途中有“70 座可怕的、几乎是常年积雪的高山……常常有行人跌落布满积雪的深渊摔死……”，[24]“那 70 座位于四川和西藏交界地带的巨大的雪山应该使传教士们尽可能地走其他的道路，以避免巨大的死亡危险。”[25] 这些信息的获得显然与秦、古有密切的关系。二人被遣返途中与一名原籍四川的驻藏官员李国安同行。后者向古伯察等提供了一本关于进藏站程等相关知识的书籍《卫藏图识》。此书曾作为清代驱逐廓尔喀入藏官兵的指南性读物，流传很广[26]，在描述成都到拉萨途中需要经过的山脉时，恰好列举了 70 余座高山峻岭[27]。这与马伯乐的上述说法十分吻合。

马伯乐关于当时康区知识的表述多反映在进藏旅途的艰险程度方面，而几乎未提及“Kham”等区域概念，更多的则是对“西番”（“Sy-fan”或“Sifan”）的论述。罗勒拿进藏之前，马伯乐多次与其谈及西番传教的种种问题。如 1849 年 8 月 29 日，罗勒拿在写给巴黎长上们的信中就称：“马伯乐主教阁下在最近给他（指巴班神父）的一封信中提到，是我又一次向他要求去西番（Sy-fan）传教。”[28] 而在第一个传教点的选择问题上，马伯乐提议罗勒拿前往龙安府（今四川平武）。罗勒拿借用此前龙安一位传教士的话，对马伯乐的建议进行了反驳：“（龙安的）这些会口分布在陕西和甘肃附近，前往西

23 A. M. E., vol. 171, Le ttre commune du 10 mai 1846: 179.

24 A. M. E., vol. 527, Le ttre de Mgr Pérocheau aux directeurs du Séminaire de Paris, le 1 septembre 1847: 297.

25 A. M. E., vol. 527, Le ttre de Mgr Pérocheau aux directeurs du Séminaire de Paris , le 1 septembre 1847: 298.

26 参见赵心愚：《乾隆〈卫藏图识〉的体例特点及资料价值》，《上海地方志》2019（4）：71-80。杨学东：《〈卫藏图识〉作者、材料来源及文献价值考述》，《藏学学刊》第 24 辑，2021（1）：205-215。

27 参见马少云、盛梅溪：《卫藏图识》，沈云龙主编：《近代中国史料丛刊》第五十七辑，台北：台湾文海出版社，1966。

28 A. M. E., vol.556, M. Renou aux directeurs du Séminaire des M.E.P., Hong-Kong, le 29 août 1849: 56.

番（Sifan）的路很糟糕。”[29] 可以看出，“Sy-fan”或“Sifan”是当时马、罗二人论及龙安、打箭炉等川省周边民族区域时的一个常用概念。马伯乐在使用“西番”一词时，概念所指非常模糊。这一点可以在罗勒拿的信中得到反映。罗勒拿称：“如果我不是被派到这些地方？不管他（马伯乐）愿意怎样称呼（这些地方），或者‘西藏’，或者‘西番’，或者‘蛮子的’，或者‘不文明的’。”[30] 由此可知，马伯乐在指代藏地时，对“西番”或“西藏”的认识可能并没有一个严格意义上的区分。

康区地处汉藏之间，跨越当时的四川、西藏等行政区，对于康区内部区域的划分，尤其是如何区分藏地和汉地、西藏与四川的界限也成为了马伯乐和罗勒拿讨论的一个重要话题。对此，马伯乐在 1847 年 8 月 2 日写给罗勒拿的信中表示：

> 等您到了当地，我认为您一定很容易分辨藏地和汉地的界限，居民很清楚他们的土司是向汉地政权还是向西藏地方政权纳税；这是一个非常确定的标志，能够知道您是在汉地还是在藏地传播福音。[31]

马伯乐授意罗勒拿以当地纳税情况判断自己是身处汉地还是藏地。此番言论显然缺乏历史事实依据，同时也反映出马伯乐对于康区内部的汉、藏之间族群界限并没有一个明晰的认识。而对于当时四川和西藏之间的边界，教会内部“有人认为四川的边界是打箭炉，相反，有人认为是金沙江”。[32] 马伯乐反对罗勒拿进藏，面对罗勒拿关于在川及在藏不同阶段传教权的请求时，他并没有予以正面回应，只是称：

> 我的期望是您（指罗勒拿）首先在特别托付给我们的这个省（四川）的地盘上（活动），然后再在汉藏交界的地区（活动），最终，在条件允许的情况下，（再进入）到西藏邻近四川的地方（活动）。[33]

天主教对传教士在不同区域的传教权限有不同的规定。马伯乐此番表述，言外之意即罗勒拿去往何处、身处汉地还是藏地以及行使何种传教权限等需要根据具体的情况自

29 A. M. E., vol.556, M. Renou aux directeurs des M.E.P., Hong-Kong, le 29 août 1849: 53.

30 A. M. E., vol. 556, M. Renou aux directeurs du Seminaire des M.E. Hong-Kong, le 29 août 1849: 51.

31 A. M. E., vol.556A, Mgr. Pérocheau à Renou, le 2 août 1847: 21.

32 A. M. E., vol.556, M. Renou aux directeurs du Séminaire des M.E.P., Hong-Kong, le 29 août 1849: 58.

33 A. M. E., vol.556A, Mgr. Pérocheau à Renou, le 2 août 1847: 21.

行判断。这也从侧面反映出马伯乐对汉藏界线及康区地域的模糊认识。

上述情况的产生实际上牵涉到当时新成立的拉萨宗座代牧区的区域范围问题。1846年罗马教廷谕令成立这一代牧区时，教皇格列高利十六世的谕令中只是表示“将上面提到中藏、[34]前藏及与四川传教会毗邻的地区从西藏—印度斯坦宗座代牧区分离出来，成立以中心城市（拉萨）命名的宗座代牧区”，[35]而并没有明确新代牧区具体的传教范围，加之巴黎外方传教会对藏地情况的陌生，这就导致了马伯乐在讨论西番传教问题时，对汉地和藏地范围、四川和西藏边界等情况的混乱认知。

四、罗勒拿的康区探索及对区域的再认识

1847年8月罗勒拿从四川崇庆州（今四川崇州）出发，正式踏上了进藏之旅。作为巴黎外方西藏传教会第一位进藏的传教士，罗勒拿的进藏活动前后有两次，时间分别为1847年8月至次年3月、1852年9月至1857年。在此期间，罗勒拿对康区打箭炉、巴塘（འབའ་ཐང）、察木多以及云南涉藏地区等地进行了考察。1848年1月12日、12月28日，以及1849年8月29日，罗勒拿三次写信给巴黎外方会长上，述及其进藏情况及与马伯乐之间的纠葛。其中，许多内容涉及到他在青藏高原东部康区探索过程中的认识。罗勒拿对康区的区域考察，主要有以下两个方面的内容：

（一）区域考察与边界知识的梳理

与马伯乐坚决反对进藏的态度不同，当时巴黎外方传教会内部一些狂热的传教士却极力主张进藏，罗勒拿即是其中一位。在与马伯乐谈及西藏传教会在藏地的活动范围时，罗勒拿极力主张要扩大传教区域。他表示：“我希望传教士也进入到那里，（这）势必给出一个比阁下（指马伯乐）表达出来的广阔得多的区域。实际上，这些大部分位于打箭炉西部和西北部的土司占据着广阔至库库诺尔的区域。”[36]罗勒拿这里所指的要扩大的传教区域即包括青藏高原东部康区和安多的大部分地区。因此在第一次进藏期间，罗勒拿便对这一区域，特别是康区进行了广泛的考察。在此过程中，打箭炉、巴塘、察木

34 这里的“中藏”当是藏文的“卫”(དབུས) 的翻译。在汉文的表述中通常只有前藏、后藏之分，很少有中藏、前藏之分。这里谕令将“卫”与“前藏”并置，反映出当时法国人对西藏地域概念的混乱认知。

35 Bref de Grégoire XVI pour l’érection du Vicariat Apostolique de Lhassa, le 27 mars 1846. In A. LAUNAY, *Histoire de la mission du Thibet*, Tome 1, Paris : Les Indes Savantes, 2001: 66.

36 A. M. E., vol.556, M. Renou aux directeurs du Séminaire des M.E.P., Hong-Kong, le 29 août 1849: 56.

多等地是罗勒拿关注的重点。

打箭炉是罗勒拿与马伯乐曾经反复讨论的一个地区。进藏之前，马伯乐极力主张罗勒拿以龙安府作为西藏传教会的第一个传教点，但遭到后者的拒绝。罗勒拿当时从语言、交通等方面考虑，认为打箭炉是一个比龙安更适合传教的区域。1847 年 9 月初罗勒拿到达打箭炉，在此停留了一个月学习藏语之后，便迅速经由理塘（ལི་ཐང）到达巴塘。巴塘是罗勒拿进入藏地的第二站。罗勒拿到达当地的时间大致是在 1847 年 11 月。在巴塘期间，他一直计划寻求机会与当时西藏地方噶厦政府的首席噶伦（le premier minister）建立联系，然而并未如愿。经多方打探后，罗勒拿于 1848 年 2 月离开巴塘，西行前往察木多，再次准备"邂逅"这位高官，但旋即被清廷驻当地兵站官员逮捕[37]。

在第一次进藏活动失败后，罗勒拿计划由云南再次进藏。在四川代牧区副主教范若瑟（Eugène Jean Claude Joseph Desflèches）等人的支持下，罗勒拿于 1852 年 9 月底伙同传教士让 · 夏尔 · 法日（M. Jean-Charles Fage，也译作肖法日）从云南大理出发，准备前往滇西北地区。经过一年多的波折，罗勒拿最终于 1854 在崩卡（今属林芝市察隅县察瓦龙乡）建立起了西藏传教会在藏地的第一个传教点，并以此为基地逐渐拓展天主教在当地及青藏高原东南部区域的影响[38]。

罗勒拿两次进藏，对当时四川与西番、川藏之间的区域界线有了一个基本的认知。虽然早期西方地图和传教士屡屡提及西番，但该地与四川之间的界线长期并未明晰。罗勒拿于 1847 年 9 月初到达打箭炉，他在 1848 年 12 月 28 于香港写给巴黎长上的信中将打箭炉视作"四川和西番的边界"。[39] 而关于四川和西藏的边界，这一点实际上牵涉到当时罗勒拿在藏地的传教范围和权限。他曾就此问题与马伯乐进行过商榷。罗勒拿经过实地考察，提出"这两个地方——理塘和巴塘还属于四川管辖"，[40] 且"四川牢牢的统治着这条河（指金沙江）"，[41] 从而澄清了当时巴黎外方传教会内部关于川、藏边界认识上的一些误区。并且，罗勒拿还将"察木多以及另外一个我在跨过金沙江之后经过的土司辖地"视作是"四川以西不被拉萨管辖的、向朝廷纳贡的地区，为汉地的边缘地区"。[42] 与此同时，罗勒拿还对法语中的"Thibet"一词所指代的区域进行了阐释。他提出：

37 刘瑞云：《巴黎外方传教会传教士罗勒拿藏区开教史实考》，《宗教学研究》2018（2）：238-243。

38 刘瑞云：《法国巴黎外方传教会传教士罗勒拿由滇进藏活动史实考述》，《西北民族论丛》2019（1）：114-140。

39 A. M. E., vol.556, M. Renou aux directeurs des M.E.P., Hong-Kong, le 28 décembre 1848: 11.

40 A. M. E., vol.556, M. Renou aux directeurs des M.E.P., Hong-Kong, le 28 décembre 1848: 11.

41 A. M. E., vol.556, M. Renou aux directeurs des M.E.P., Hong-Kong, le 28 décembre 1848: 14.

42 A. M. E., vol.556, M. Renou aux directeurs du Séminaire des M.E.P., Hong-Kong, le 29 août 1849: 59.

西藏的边界从哪里开始呢？真正意义上的西藏是什么？这个欧洲式的名字在中国以及我走过的地方都不为人所知。如果 Thibet 这一名字只指以拉萨为首府的区域，我就没有进入西藏。[43]

可以看出，罗勒拿通过自己的亲身实践，对欧洲人建构的“Thibet”一词产生了深深的怀疑。这种怀疑无疑是对西方既往藏地区域认识的一种否定。

（二）对康区交通的探索

古伯察被遣返途经康区时，曾论及康区的区域和交通情况方面的相关问题。他在《旅行记》一书中多次提及这一地区的大山大河对于康区道路的阻隔，强调康区交通对于传教士活动的危险性。他的这一看法对马伯乐造成了极大的影响。对此，罗勒拿以他往返察木多的亲身经历表达了不同的观点。他认为：

不应该仅仅依据古伯察与秦噶毕的描述就做出判定，（他们的描述）充满了对道路（艰险）的夸大其词，应该还原（道路）本来的价值。通过往返（察木多），我走了他们出藏之际所走过的大部分道路，它们（指这些路）不能说很美好，但是，那些汉官坐着滑竿从那里经过，他们的士兵每天都走这些路，那些商人赶着他们驮茶的牛群路过，它们比上述先生们（指秦噶哔、古伯察）所描述的要好走一些。[44]

关于当时入藏的主要道路，进藏前罗勒拿本人及其他传教士也有提及。罗勒拿在写给巴黎的信中表示，当时去往打箭炉“最直接最安全的路就是商人和军队走的路，即荥经县（Yun-kienhien）的路或者是经过小金川的穆坪的路。安贝尔（Imbert）主教与卫浩尔（Verrolles）主教也思考过这一事业（指西藏传教），在这一点上他们与马里埃特（Mariette）先生观点一致。他们认为打箭炉的路是最合适的，实际上也是最有利的。”[45] 可以看出，当时“商人和军队走的路”在罗勒拿等传教士眼中是比较笼统的交通线，在他们看来也是进藏较为合适的交通线。然而，罗勒拿进入康区之后，经过实地的考察

43 A. M. E., vol.556, M. Renou aux directeurs du Séminaire des M.E.P., Hong-Kong, le 29 août 1849: 59.

44 A. M. E., vol.556, M. Renou aux directeurs des M.E.P., le 28 janvier 1849: 26.

45 A. M. E., vol.556, M. Renou aux directeurs du Séminaire des M.E.P., Hong-Kong, le 29 août 1849: 55.

发现，当时入藏的道路有“官道”和所谓“便道”之别。“官道”即“从打箭炉一直到拉萨之外，中国人有一条结束于定日的军事线路，到拉萨共有15或者16个驿站，（每个驿站）有一位武官，级别高低不一，手下有几十个士兵……中国政府建这些兵站的主要目的是为了方便皇帝派往西藏汉官的行走以及（进出藏）官文的寄送。这种路就是我前往西藏并返回时所走的路，被人们称作大路或者官道（grandes routes ou routes chinoises）。”[46] 罗勒拿认为官道的劣势在于，它需要途经人口稠密之地，且大幅增加了进藏传教士的行程距离，同时，途经官道需要持有护照[47]。相较而言，“有一种小路或者叫便道（petites routes ou routes de traverse），它们要直接得多，沿途要翻越的山脉也要低得多，这种路是汉藏商人常走的路……这些路在空旷的荒野中穿行，有时五六天都碰不到一户人家”。[48] 因此罗勒拿认为，“传教士不能走被称作官道的路，（官道）太危险，而是要走便道，他（指进藏传教士）将非常容易前往官道南北两侧大量的部族当中立足。”[49] 罗勒拿的这一观察为传教士进藏提供了很多有用的信息，这对于当时的巴黎外方会而言至关重要。

古伯察《旅行记》中对康区的交通也有过一些论述，比如他在察木多时，曾谈及当时察木多城左右通往四川和云南的两条道路。这是当时康区与东部地区联系的主要交通路线。罗勒拿在第一次进藏之后对此做了评估，表示：

> 我只认可四川的路是合适的。……云南的路过于受限，不能与北部地区最重要的一些地点相通。四川有好几条便捷的路，它们与所有从云南出发及不是从云南出发能到达的地点相通。但是，为了传教士们能够实施他们为西藏传教会所指定的（传教）计划，只让他们从四川（开展进藏活动）是不够的。[50]

在第一次进藏活动中，由川入藏的路线是罗勒拿的首选。然而失败的经验使得他不得不对此重新考虑。第二次进藏筹备阶段，罗勒拿改变了之前的想法。他在向巴黎长上们的汇报中说到：“我们终于可以希望西藏传教会在云南边境上可以有一个安全的落脚点了，……从那里我们可以很容易与外界联系，并经由一些看起来没有四川那么危险的

46 A. M. E., vol.556, M. Renou aux directeurs des M.E.P., le 28 janvier 1849: 17.
47 A. M. E., vol.556, M. Renou aux directeurs des M.E.P., le 28 janvier 1849: 17.
48 A. M. E., vol.556, M. Renou aux directeurs des M.E.P., le 28 janvier 1849: 17.
49 A. M. E., vol.556, M. Renou aux directeurs des M.E.P., le 28 janvier 1849: 16.
50 A. M. E., vol.556, M. Renou aux directeurs des M.E.P., le 28 décembre 1848: 14.

道路一点点进入西藏腹地（拉萨）……”。[51] 可以看出，为避免重蹈前次由川进藏被捕之覆辙，罗勒拿此次进藏已经基本上决定放弃走四川的道路。

另外，罗勒拿还以自身在打箭炉、理塘、巴塘、察木多等地的经历对康区各地之间的路程和距离做了记述。他说到：理塘距离打箭炉有“8 天步行路程”。[52] “巴塘，我急切的请求传教士可以进去以及实际上我在那里待过三个月，离打箭炉有步行 15 天的路程。”[53] 江卡则位于“巴塘过去 5 天路程的地方”。[54] 类似的记载还有很多。罗勒拿的这些记述与古伯察的记录基本一致 [55]，但更为详细。

罗勒拿对康区交通的探索，是这一时期构成法国人康区区域知识的一个重要组成部分。古伯察等人途径康区是由清廷官兵护送，所经路线主要为当时朝廷官兵出入西藏的官道。为了避免清廷在入藏沿线所设关卡的盘查，罗勒拿对川藏、滇藏两线有过诸多评估，且其赴藏多借由便道。因此，他的活动一定程度上完善了法国人既有的康区区域和交通知识，同时也部分修正了后者有关康区区域边界的认知。

五、结语

康区地处内地与青藏高原交界的边缘地带。历史上汉文和藏文文献关于该地的书写构成了最主要的两种认识。十七世纪藏传佛教格鲁派史籍中多次提及“མདོ་ཁམས”这一藏族传统的区域和文化概念 [56]。清代的汉文史籍称这一地方为“喀木”[57]。十九世纪中叶天主教上层开启了重返西藏的传教计划。有学者因此将十九世纪中叶至二十世纪初欧洲人对青藏高原的考察视作是西方对康藏地区的“发现”时期 [58]。这其中，法国传教士成为了当时的一支主导力量，其对康区的区域表述构成了汉、藏文献之外的第三重认识。

十七世纪以来欧洲人对青藏高原东部地区的认知中，已经出现西番的概念，但这种认识比较模糊，西番与西藏二者时常被混淆。康区之于欧洲仍然是一块尚待探知的区域。十九世纪中叶以后，遣使会古伯察等人因被遣返途经康区，在他的记录中，康区与

---

51 A. M. E., vol.556, Renou aux directeurs du Séminaire des M.E.P., le 8 juilllet 1852: 306.

52 A. M. E., vol.556, M. Renou aux directeurs des M.E.P., Hong-Kong, le 28 décembre 1848: 11.

53 A. M. E., vol. 556, M. Renou aux directeurs du Seminaire des M.E. Hong-Kong, le 29 août 1849: 55.

54 A. M. E., vol.556, M. Renou aux directeurs des M.E.P., Hong-Kong, le 28 décembre 1848: 11.

55 古伯察的记录参见了《卫藏图识》一书，并结合了自身经历。参见 [法] 古伯察著，耿昇译：《鞑靼西藏旅行记》，2006：587。

56 高琳：《17 世纪中叶 -19 世纪格鲁派史籍中的康地》，《西藏大学学报》2013（1）：93-96。

57《清史稿》第 12 册，卷 117，北京：中华书局，1976：3408。

58 赵艾东：《1846-1919 年西方人在康藏活动之基本认识》，《乐山师范学院学报》2015（11）：97-101。

西番二者之间存在一定的界限，康区被用以特指当时以察木多为中心的地区，而西番则包含了察木多以东至打箭炉，以及安多在内的青藏高原东部的广阔区域。因涉及藏地教务，巴黎外方会内部关于康区的认识存在两种倾向：一种以四川主教马伯乐为代表，因反对进藏传教，其关于康区的知识多道听途说，对西番、西藏等概念非常模糊，对汉藏、川藏之间的界限也不清楚，以致进藏传教活动长期停摆。另一种以罗勒拿为代表，作为外方会首位进藏的传教士，他亲赴康区各地，对这一区域边界和道路交通等做了很多考察，对历史上欧洲既有的青藏高原区域认知提出了一定的质疑，并以打箭炉视作四川和西番的边界，以金沙江作为四川和西藏的边界。

综观十九世纪中叶法国人关于康区的区域知识，其中多混沌粗陋之处，且臆构的成分明显，主要表现在以下几个方面：第一，将康区作为一个单独的省。这种表述多次出现在古伯察的旅行记中。康区在清代汉藏文献中是一个传统的地理和文化概念，其所涉范围大体包括卫藏东部、安多以南，操藏语康方言的大片区域。这一区域分属当时的四川省、西藏地方、云南省等管辖，但并非一个单独的行政实体，更无行省之实。第二，以西番为地域概念，并试图寻求其边界。西番一词是历史上汉文文献中的一个人群概念，多用以泛指汉文化西部少数族群。古伯察在《旅行记》中屡屡提及西番，并将其与所谓“康省”区别。罗勒拿多次与马伯乐讨论西番人，并且将西番概念地域化，且以打箭炉作为西番和四川的边界。这两种做法明显是对西番的误读。第三，对川藏边界的模糊与错误认识。马伯乐等人在川秘密传教多年，其活动的重心在川省内的汉人聚居区，巴黎外方四川传教会内部对川省边界模糊不清。罗勒拿进藏之后则误将金沙江作为二者的边界，与历史事实不符。实际上川、藏之间的划界，在康熙后期即以着手策划[59]。雍正年间朝廷“驱准保藏”成功之后，于南墩之宁静山“山顶立界碑，又喜松工山与达拉两界山顶亦立界石”。[60]《西藏图考》亦载，雍正年间曾“于巴塘西、察木多之东，勘定疆界，立界碑于南墩之宁静山。山以东属巴塘，山以西属藏地”。[61]宁静山是金沙江和澜沧江的分水岭。喜松工山是巴塘和江卡旧界。达拉山在盐井西南。由此可知，雍正时期的川、藏划界实际上是以金沙江和澜沧江中间的一线山脉为界限。这一划分直到清末才发生变化。

---

59 参见邓锐龄：《年羹尧在雍正朝初期治藏政策孕育过程中的作用》，《中国藏学》2002（2）：78-89；赵心愚：《清康雍时期川、滇、藏行政分界的两个问题》，《四川师范大学学报》2019（6）：143-149。

60 雍正朝《四川通志》卷21《巴塘》，《景印文渊阁四库全书》第560册，台北：台湾商务印书馆，1985：1081。

61（清）黄沛翘：《西藏图考》卷3，《西藏程站考》，光绪丙戌秋刻本。

法国人关于康区概念和相关区域范围的错误表述，一方面是受到十七世纪以来欧洲既有的青藏高原东部模糊且混沌的知识的影响，另一方面也因传教士自身的局限，或者出于传教策略等的考虑，有意或无意造成。这些错误对当时及后世西方关于康区及整个青藏高原的认识产生了严重的影响。十九世纪六十年代英国爱丁堡出版的一张涉及康区的西方地将图中，仍将“KAM or KHANG”标注在今昌都一带[62]。另一张 1889 年的法文地图同样“KHAM”标注于此，并且记作“P^CE DE KHAM”，即康省[63]。任乃强先生在《西康图经·境域篇》中指出：“近世西文地图所注之喀木（Kham）皆指察木多与三十九族等地言之。”[64] 关于川、藏之间界线的标注，同时期西方地图同样也是错漏百出。不仅如此，这些错误的认识在政治上的影响也至为深刻。二十世纪早期“康藏划界问题，嚣然众口”。[65] 1913 年至 1914 年西拉姆会议上，英国先是指使西藏地方代表就川、藏之间的界务问题向中央政府提出种种无理要求，后又以“调停人”的身份，抛出所谓“内藏”“外藏”的划界方案，遭到中央代表的强烈反对[66]。英国人的这些荒谬主张在一定程度上反映了欧洲近世以来关于康区的许多错误认识，其中即法国人的康区知识的影响[67]。这些认识为二十世纪上半叶川、藏界务等问题蒙上了诸多阴影。

◆ 罗　宏　四川大学中国藏学研究所特聘副研究员
刘晓旭　广州南方学院外国语学院助教

62 Archibald Fullarton & Co, *The British Possessions In The East Indies, with the Dependent Staes And Countries Adjacent*. Edinburgh, 1860 circa.

63 *Carte dressée d'après les travaux des missionnaires du Thibet*, par Adrien Launay de la Société des Missions Etrangèrs de Paris, 1889.

64 任乃强:《西康图经·境域篇》，南京：新亚细亚学会，1933：66。

65 任乃强:《西康图经·境域篇》，1933：1。

66 孙宏年:《20 世纪上半叶西康建省与“藏彝走廊”地区的发展初探》,《藏学学刊》第 2 辑，2005：132-144。

67 近代以来，欧洲青藏高原知识的来源多与法国和英国有关。历史上英国由南亚涉足青藏高原，对青藏高原南部和西部有一定的了解。而法国人则长期活动于青藏高原东部，其关于青藏高原东部地区的知识对包括英国在内的欧洲产生了重要的影响。

十九世纪中叶法国巴黎外方传教会川藏教区勘界史考*

刘瑞云　范昌隆

内容提要：为对中国西藏施以天主教宗教文化影响，罗马教廷于1846年设立拉萨宗座代牧区，派法国巴黎外方西藏传教会进藏传教。出于对西方宗教文化渗透的抵制，当时清朝中央政府及西藏地方严禁外国传教士擅入西藏，以致该会进藏活动严重受阻，被迫转向四川传教会“借地”以求立足。1858年，拉萨宗座代牧主教杜多明、川东南代牧主教范若瑟及川西北代牧主教马伯乐会勘川、藏两教区教界，将西藏传教会传教活动范围扩展至四川省境内。此次川、藏教界会勘源于巴黎外方西藏传教会进藏活动严重受阻，反映了教会内部激进、保守两派之间关于扩大在华传教活动的分歧与纠葛，同时也展示出当时清朝中央及西藏地方严禁欧洲传教士进入西藏实施宗教文化渗透的坚定立场。

* 本文为国家社科基金项目“法国藏近代涉藏档案整理与研究（1842-1952）”（19BMZ036）的阶段性研究成果。

引言

1696年10月15日，教宗英诺森十二世（Innocent XII）谕令设立四川宗座代牧区，交由法国巴黎外方传教会（M.E.P.）管理其教务，自此该会逐渐将四川省发展成为其在华传教活动之“根据地”[1]。1721年，康熙皇帝下令禁止在中国传播和信仰天主教[2]，欧洲天主教修会在华传教活动日渐转入地下并陷入低迷。1840年鸦片战争后，以英法为首的西方殖民强国借助坚船利炮逐渐洞开清朝国门。至此，欧洲天主教会内部激进派认为重振在华传教活动之机遇显现，主张乘机扩大在华传教活动范围；反之，教会内部保守一派则持不同看法，他们认为在清朝“禁教”政策尚未正式解除之前，天主教传华活动困境依旧，欧洲在华传教修会仍需继续潜藏“身份”秘密开展传教活动[3]。在教会内部激进派推动之下，教宗格列高利十六世（Grégoire XVI）于1846年谕令设立拉萨宗座代牧区（Vicariat Apostolique de Lhasa），命法国巴黎外方传教会组建西藏传教会（La Mission du Thibet）经营其教务；同时命巴黎外方传教会四川代牧马伯乐（Pérocheau，又译为贝罗书）[4]主持该代牧区初期筹建工作，组织传教士开展进藏活动[5]。不料，西藏传教会早期进藏活动屡屡受阻，接下来一直未能深入西藏[6]。为给始终未能进入西藏的“西藏”传教会在四川近藏地带谋求一席立足之地，在支持进藏传教激进一派传教人士的大力推动之下，至1858年，川藏两教区得以进行勘界，西藏传教会得以将其传教活动活动范围从西藏扩展至四川境内，包括上川南的宁远府、雅州府、嘉定府、岷州府（Min-tchou，今

1 韦羽：《清前期德国传教士穆天尺四川活动述略》，《阴山学刊》2009（4）：64。

2 林金水：《明清之际士大夫与中西礼仪之争》，《历史研究》1993（2）：20-37。

3 刘瑞云：《19世纪中叶巴黎外方传教会内部关于成立西藏传教会的分歧与结局》，《世界宗教研究》2017（6）：143-154。

4 雅克·莱昂纳尔·马伯乐（Jacques-Léonard Pérocheau），又名贝罗书，1787年1月6日出生于法国撒伯尔-多伦纳（旺岱），1817年9月30日由教皇任命为马克祖拉（Maxula）主教，1818年1月2日进入巴黎外方传教会，同年2月1日在该修会的教堂接受祝圣，22日出发前往中国四川，途经东京（Tonkin），逆红河（le Fleuve Rouge）而上，经云南，于1820年5月21日到达四川，于1838年7月11日升任四川代牧主教，曾先后在后坝场（Ho-pao-tchang）、陈家场（Tchen-kia-tchang）、常州县（Tchang-cheou）、绵州（Mien-tcheou）、童家湾（Tong-kia-ouan）、崇庆州（Tsong-king tcheou）及成都（Tchen-tou）主持教务工作，直至1861年5月6日在后坝场离世，后被葬于成都磨盘山墓地。

5 A. Launay, *Histoire de la mission du Thibet*, Tome 1, Paris: Les Indes Savantes, 2001: 65-69.

6 该会首位进藏传教士罗勒拿于1848年初前进至察木多（Tchamouto，今四川昌都）之际被清廷逮捕并驱逐；拉班、克里克、贝尔纳及德高丹等于1850年至1858年在南亚方向所开展的进藏活动亦先后失败。参见刘瑞云：《1848年清廷驱逐法国传教士罗勒拿之外交交涉》，《世界宗教研究》2020（2）：150-160。刘瑞云：《19世纪中叶法国传教士贝尔纳及德高丹南亚进藏活动史考》，《宗教学研究》2021（2）：85-93。刘瑞云、孙蕊：《19世纪中叶法国巴黎外方会早期进藏活动史考》，《藏学学刊》第24辑，2021（1）：216-242。

四川眉山一带）、打箭炉，以及（下川南地区的）井研县、仁寿县等地[7]。

国内藏学界诸多专家学者曾对川藏两教区于十九世纪中叶勘界之史实予以关注，四川大学冉光荣、徐君及西南民族大学秦和平曾分别在其关于西藏天主教传播的学术论文中论及该史实[8]，其重要性可见一斑。但是，由于相关法文原始档案史料的缺乏，一直以来国内学界对该史实发生的具体缘由及详细过程并不清楚，相关研究亟待深入。在前辈们研究成果基础之上，本文将充分利用法国巴黎外方传教会档案馆馆藏相关法文原档[9]，对十九世纪中叶川藏教区勘界史实之来龙去脉进行详细考述，以期呈现清朝中央政府严禁外国传教士擅入西藏传播天主教背景下，法国巴黎外方西藏传教会教务发展之困境以及教会内部激进、保守两派之间关于进藏传教活动的分歧与纠葛。

一、拉萨宗座代牧区的设立及其早期教界的设定

意大利嘉布遣会（Les Capucins）十八世纪中叶撤离中国西藏后，退守印度昌德纳戈尔（Chandernagore）及巴特那（Patna）等地，虽名义上仍然统辖西藏教务，却始终未能进入到中国西藏开展实质性的教务活动[10]。1840年鸦片战争后，英法等殖民势力介入中国，罗马天主教会亦想借机重振西藏教务；恰逢当时西藏—印度斯坦宗座代牧主教波尔基（Borghi，意大利嘉布遣会士）建议将西藏教务移交给在四川传教的巴黎外方传教会

7 A. Launay, *Histoire de la mission du Thibet*, Tome 1, 2001: 295-296.

8 冉光荣曾在其《天主教“西康教区”述论》一文中谈及该史实，他说：“一八五六年四月二日四川教区重新划分为西北、东南两教区，贝罗书（即马伯乐——笔者注）、德莱士（即范若瑟——笔者注）分任主教。次年，四川西北、东南两教区和西藏教民划分了界限……西藏教区除包括康区外，尚辖仁寿、井研……”。参见冉光荣：《天主教“西康教区”述论》，《康定民族师专学报》1987（0）：33-40。秦和平在其《近代藏区天主教传播概述》一文中说：“1857年，西藏教区正式成立，级别为宗座监牧区，首任监牧为杜多明。其时教区的面积广阔，界限含糊不清，据说延伸到四川腹心地区的仁寿、井研一带。”参见秦和平：《近代藏区天主教传播概述》，《中国藏学》1991（1）：132-137。徐君在其《近代天主教在康区的传播探析》一文中述及该史实，她说：“1857年，西藏与川西北、川东南教区商定并明确各主教区界限。西藏教区管辖西藏、康属及上川南南部地区的一半（除去邛州、大邑、穆坪和天全州东部）及下川南的仁寿、井研2县。”参见徐君：《近代天主教在康区的传播探析》，《史林》2004（3）：61-68+126。上述学者的研究证明，国内学界对19世纪中叶川藏两地教区划界史实及其结果均曾予以关注，但是由于原始史料的严重缺失，学界对该史实发生的缘由及过程无法深入了解。

9 本文主要依据来自法国巴黎外方传教会档案馆（Archives des Missions Etrangères de Paris，下文引文中简称A.M.E.P.）馆藏法文原档展开研究。

10 伍昆明：《早期传教士进藏活动史》，北京：中国藏学出版社，1992：505-506。

管理[11]。继而，波尔基于 1844 年 8 月 21 日签署一份文件，授权巴黎外方四川传教会主教派遣传教士进入西藏，建议巴黎外方四川代牧主教马伯乐派遣几位法国传教士或者中国传道员前往中国“西藏境内及中国同喜马拉雅山脉之间的地区”开展传教活动[12]。

根据教廷传信部紧随其后的一封信，巴黎外方传教会并未完全答应波尔基上述请求，表示只会“临时”接管中国西藏部分区域内的教务，具体范围在信中表述为“最靠近四川的‘前藏’（Tsien-tsang）及‘中藏’（Tchong-tsang，即“卫藏”—译者注）”，法国巴黎外方传教会史学家劳内（Launay，又译为陆南）将其解读为“卫藏”(Oui）及“康藏”（Kham）[13]。随后，经过同巴黎外方传教会几次磋商，罗马教廷于 1846 年 3 月 17 日致函外方传教会巴黎总部长上，表示将于中国“西藏毗邻四川传教会的某些区域、即前藏和中藏”设立拉萨宗座代牧区并交由巴黎外方传教会管理其教务[14]。仅仅十天后，1846 年的 3 月 27 日，教皇格列高利十六世正式颁布谕令，称西藏 - 印度斯坦宗座代牧主教波尔基建议将中国“西藏的中部、前部以及邻近四川传教会的地区（quelques régions plus éloignées, dites du Thibet moyen et inféreur et voisines de la mission du Su-tchuen)”交给法国巴黎外方传教会管理，教廷接纳波尔基主教的建议，决定成立“以其（指中国西藏—译者注）中心城市拉萨命名的宗座代牧区”，因此将于中国西藏的“中藏、前藏及其与四川传教会毗邻的地区”成立以西藏中心城市拉萨命名的宗座代牧区[15]。

在颁布上述谕令的同一天，罗马教皇还签发了一封写给巴黎外方四川传教会主教马伯乐的敕书，告知其拉萨宗座代牧区已经设立，命其在四川的传教士中为“这个新的宗

---

11 计划重启西藏教务之际，西藏—印度斯坦宗座代牧主教波尔基曾表示教区太大无力兼顾，其建议由在四川传教的法国巴黎外方传教会管理新时期的西藏教务，并得到朝廷的认可，这主要源于法国巴黎外方传教会在近藏之四川传教之斐然成绩。1753 年，罗马教廷将云南和四川的传教权正式授予巴黎外方传教会独家管理，时值清政府“禁教”政策日趋严厉以及天主教会在华活动日渐低迷。然而，巴黎外方传教会在四川和云南的传教活动却得以逆势发展。以四川代牧区为例，即使是在经历了嘉庆年间四川总督常明始于 1810 年的严厉迫教之后，巴黎外方四川教务依旧得到蓬勃发展，到 1840 年，四川代牧区有 1 位主教，10 位传教士，29 位本土神甫，35 位传道员，900 位贞女，52000 位教徒，1 座修院及 20 位修生，50 所男校以及 119 所女校，当年成人洗礼人数为 484，异教徒孩童洗礼到 15766 位。参见 Notice bibliographique de Pérocheau, *Archives des missionnaires des M.E.P.*, N.329. 至道光二十五年（1845 年），四川代牧区的教徒人数更是上升至 54000 多，占全国教徒总量的 21.34%，在全国各个教区中位居第一。参见秦和平：《基督宗教在四川传播史稿》，成都：四川人民出版社，2006：15-16。

12 A. Launay, *Histoire de la mission du Thibet*, Tome 1, 2001: 65.

13 A. Launay, *Histoire de la mission du Thibet*, Tome 1, 2001: 65.

14 A. Launay, *Histoire de la mission du Thibet*, Tome 1, 2001: 66.

15 "Bref de Grégoire XVI pour l'érection du Vicariat Apostolique de Lhassa, le27 mars 1846." In *Histoire de la mission du Thibet*, Tome 1, 2001: 66.

座代牧区培养一位有能力的人”充当代牧主教[16]。

通过上述文书及信件，天主教会上层决定于十九世纪中叶重启西藏教务，设立拉萨宗座代牧区并对代牧区范围进行了初步划定，即中国西藏的“中藏、前藏及其与四川传教会毗邻的地区”。

二、教会内部关于川藏教界的分歧及讨论

（一）范若瑟最早的提议

拉萨宗座代牧区设立后不久，就有教内人士建议将四川川南一部汇入西藏教区传教活动范围，称此考虑源于一直以来进藏传教活动所面临的来自于中国政府的巨大阻力，意在为巴黎外方西藏传教会提供开展进藏前准备活动之落脚点。最早提出此项建议的是四川副主教范若瑟（Desflèches）。拉萨宗座代牧区设立后不久，在1846年11月写给巴黎外方传教会长上们的一封信中，范若瑟预见性地建议汇“西藏（教区）同川南（教区）”为同一个代牧区，以将四川川南地区作为西藏传教会进藏活动人力、物力之“根据地”；他认为，如果不做此规划，拉萨宗座代牧主教将来会有诸多不便，继而致使这位代牧主教可能在好几年之内都不能有所作为，他为此表现出极大的忧虑，说“西藏宗座代牧主教到哪里落脚呢？他在哪里迎接他（新到来）的传教士们呢？他又到哪里去找能够给他提供传教和洗礼等（宗教）活动服务的人手呢？一些汉人神甫将对他非常有用，（可是）谁又能让与（一些汉人神甫给）他呢？”[17]

（二）罗勒拿的建议

自拉萨宗座代牧区设立之后，为进入中国西藏境内开展传教活动，巴黎外方西藏传教会于1847年8月派遣传教士罗勒拿（Renou）首次从四川尝试开启进藏活动。此后的十余年内，该教会先后派出数位传教士，于中国四川、云南及南亚印度、不丹、尼泊尔等地开展进藏活动，却因中国政府禁止外国传教士进藏传教而屡屡受挫，致使该会传教士们一直徘徊在中国西藏周边而不能深入。这一被动状况也迫使一些教内人士开始不断提出将西藏传教会教界扩展至川省境内近藏地带，以为西藏传教会在川省谋求一席活动基地。其中，数罗勒拿呼声最高。

16 A.M.E.P., vol. 271, "Bref pour le choix et la consécration épiscopale du Vicaire Apostolique du Thibet." 387.

17 A. Launay, *Histoire de la mission du Thibet*, Tome 1, 2001: 176.

1. 建议将四川明正土司的辖地划入西藏传教会传教活动范围

1847 年，罗勒拿从四川崇庆州（今成都崇州）出发，开启巴黎外方西藏传教会首次进藏活动。1848 年初，行进至察木多（Tchamouto，今西藏昌都，ཆབ་མདོ），旋即被驻守于此地的清廷官兵逮捕并解押至广东驱逐出境。

川藏线首次进藏活动失败后，被驱逐的罗勒拿很快又潜回香港。他曾于 1849 年底从香港写信向巴黎总部的长上们表示，他认为汉藏杂居的四川明正土司（ལྕགས་ལ་རྒྱལ་པོ）辖地可以给西藏传教会的传教士们提供藏语言学习以及与藏民交往的种种便利，建议将其划归西藏传教会。为此，罗勒拿首先指出，明正土司辖区将是西藏传教会传教士们学习藏语以及同藏民交往的一个非常重要的点，他说："如果西藏传教会由四川开始，正如自然应该这样，明正土司是一个非常重要的点，或者对于（传教士们）学习在整个西藏都通用的语言，或者对于（传教士们）与每年前来（明正土司）贸易的西部土著以及拉萨商人建立交往。"[18] 在此，罗勒拿特别强调了明正土司辖区对于进藏传教士们学习藏语的重要性和便利性："传教士们将拥有一大优势，就是使用纯正的藏语，他将能够走遍我上文提到的部族，……总之，（走遍）所有西藏下辖的地区。在某些地方可能遇到的（藏语）发音不同是那么的轻微，以至于不会对掌握了通用（藏）语言的人造成困扰。这一通用（藏）语言在明正土司境内被广泛使用。如果这一封地（principauté，指明正土司辖区—译者注）是被派往西藏的传教士们的出发地的话，他们将在那里找到学习（藏）语言的极大便利。"[19] 在此，罗勒拿特别提到明正土司辖地的中心——打箭炉（དར་རྩེ་མདོ），他说："这个市镇（即打箭炉）……是四川和西藏之间贸易货物集散地，也是汉商、汉官及其士兵前往西藏的出发地，（在打箭炉）安置几位聪明的教徒，或者是商人，或者是医生……就可以在城里的汉人及（藏民）土著人周围开始传教，就可以将之打造成一个（传教）活动中心。"[20] 退一步他认为"如果一位欧洲神父不能在（打箭炉城）里面呆太长时间，至少很容易在那里安置一位汉人神父，或者经由所谓的（进藏）官道，或者经由（进藏）便道，给驻扎在汉地某些堂口的（法国）传教士寄送他所需的东西。"[21] 罗勒拿认为："如果打箭炉对于一位欧洲传教士来说太过危险，在明正土司（辖区）内还可以找到大量远离汉官的地方，在这些地方可以建立一些比（四川）穆坪还要安全的（传教）机构，我们（指在川的法国传教士们—译者注）在（穆坪）立足已有 20

18 A.M.E.P., vol.556, "M. Renou aux directeurs des M.E.P." le 28 janvier 1849: 16.

19 A.M.E.P., vol.556, "M. Renou aux directeurs des M.E.P." le 28 janvier 1849: 21.

20 A.M.E.P., vol.556, "M. Renou aux directeurs des M.E.P." le 28 janvier 1849: 16.

21 A.M.E.P., vol.556, "M. Renou aux directeurs des M.E.P." le 28 janvier 1849: 16.

年的历史了。”[22] 于此，罗勒拿一再强调明正土司的优势，他说：“那里（指在明正土司地域内—译者注），新来的传教士可以学习语言，从那里，他们将很容易前往邻近的（藏民）部族，甚至经由（不设有驿站之）便道到达拉萨。”[23] 由此可见，当时清政府严禁外国传教士进入西藏传教，致使他们因害怕沿途驿站官兵查禁而不敢经由官道进藏。

2. 建议将四川川南一部划入西藏传教会传教活动范围

此外，罗勒拿还曾于 1848 年和 1849 年于香港写信，提议巴黎总部将属于四川上川南地区划归西藏传教会，以为该会进藏传教活动提供人力物力等便利条件：“为了让传教士们能够将他们为西藏传教会制定的所有（传教）计划付诸于实施，仅仅允许他们路过四川是不够的，而是应该让他们在那里有一个落脚点，一个在属于自己的地盘上的（落脚点），在那里他们可以学习汉语……学习藏语……有他们安置在一些地方的、可供支配的汉民教徒，（汉民教徒可以）被以商人的身份派到（西藏）里面探路，直接将他们（传教士们）的信件寄往广州，负责传教活动，在他们（传教士们）不能马上进入西藏之际。……也就是说，四川（传教会）至少应该将其几个最西部的、汉藏杂居的堂口以及由其他几个城市构成的名为上川南的地区让与西藏传教会。”[24] 罗勒拿在信中就上川南的地域范围向巴黎总部作了如下描述：“构成上川南的几个主要城市是嘉定府（Kia-tin-fou，今四川乐山）、眉州（mei-tchou，今四川眉山）、邛州（kiong-tcheou，今四川邛崃）、雅州府（ya-tchou-fou，今四川雅安）以及汉源府（hin-yuen-fou，今四川汉源）。”[25] 罗勒拿认为，要是四川传教会将上川南让于西藏传教会的话，传教士们从四川进入西藏的优势将会十分明显，因为“拉萨宗座代牧主教无论成败都将是在自己的地盘上，他可以在打箭炉设立一些机构，以便与大批前来贸易的藏民建立联系，也可以找到深入西藏某个部族可靠的向导。”[26]

（三）外方传教会巴黎总部的支持及来自马伯乐主教的阻力

在上述传教士的推动之下，鉴于西藏传教会早期进藏活动屡屡受挫，外方传教会巴黎总部曾于 1851 年筹谋为西藏传教会传教士们获得在川滇近藏地带开展传教活动的权

22 A.M.E.P., vol.556, "M. Renou aux directeurs des M.E.P." le 28 janvier 1849: 16.
23 A.M.E.P., vol.556, "M. Renou aux directeurs des M.E.P." le 28 janvier 1849: 16.
24 A.M.E.P., vol.556, "M. Renou aux directeurs des M.E.P." le 28 décembre 1848: 14.
25 A.M.E.P., vol.556, "M. Renou aux directeurs des M.E.P." le 28 décembre 1848: 14.
26 A.M.E.P., vol.556, "M. Renou aux directeurs des M.E.P." le 27 février 1849: 28.

力，意在四川为该会进藏活动谋求地域及人力物力支持[27]。中国西藏和四川均是巴黎外方传教会的传教活动区域，为西藏传教会传教士们谋求在四川西部开展传教活动权力，这原本属于本教会内部事务，通过内部协调即可解决，按理来说并非难事，不料巴黎总部却并未就此直接同四川主教马伯乐商议，而是绕开这位本教会内部人士转而向罗马教廷提出申请，请求其赋予巴黎外方西藏传教会传教士们在川藏交界地区开展传教活动的权力，声称这样做主要是出于担心遭到四川主教马伯乐的拒绝[28]。

巴黎总部的长上们委托当时在罗马的本会传教士乐戈列鲁瓦（Legrégeois）向教皇提出上述请求，后者于 1851 年 8 月 31 日就有关事宜写信呈交给教皇。信中，乐戈列鲁瓦首先代表巴黎外方传教会表达了从中国内地尝试进藏的意愿："巴航（Barran）先生，外方传教会神修院的长上，于 8 月 21 日写信给我说，他以及他的同仁们的强烈愿望是，就交给我会（开展传教活动）的（中国）西藏做一次（进藏）尝试，经由中国（内地）……这位亲爱的同仁因此委托我，请求圣座愿意给予他一些权力，以便他将之授予指定来做这一事业（指中国内地的进藏活动—译者注）的传教士们。"[29] 信中，乐戈列鲁瓦提请教皇注意："严格意义上的（中国）西藏被巨大的山脉（指横断山脉—译者注）将其同（中国）汉地分割开来，（山脉这边）广阔的区域，还没有接受福音教化，形成好几个土司，一些属于汉地（的四川和云南），一些属于西藏。他们（指土司—译者注）当中一些自然应该属于拉萨宗座代牧区，其他一些属于四川和云南代牧区。"[30] 他说："我认为适宜，我知道这也是我的同仁们的意愿，经由汉地开展西藏传教会进藏活动的传教士们可以在上述所有土司辖地内开展传教活动，以（将这些土司辖地）作为他们（即西藏传教会传教士们——译者注）将来有一天到达（西藏）拉萨的阶梯。"[31] 因为中国政府禁止外国传教士进藏传教，"审慎不允许他们（指传教士们—译者注）直接前往西藏的首府（拉萨）"。[32] 这封信末尾，乐戈列鲁瓦称，没有在教会内部协调而是直接向罗马教

27 A. Launay, *Histoire de la mission du Thibet*, Tome 1, 2001: 104.

28 A.M.E.P, vol.256, "M. Legrégeois au Saint-Père, 31 août 1851." In *Histoire de la mission du Thibet*, Tome 1, 2001: 104.

29 A.M.E.P., vol.256, "M. Legrégeois au Saint-Père, 31 août 1851." In *Histoire de la mission du Thibet*, Tome 1, 2001: 104.

30 A.M.E.P., vol.256, "M. Legrégeois au Saint-Père, 31 août 1851." In *Histoire de la mission du Thibet*, Tome 1, 2001: 104.

31 A.M.E.P., vol.256, "M. Legrégeois au Saint-Père, 31 août 1851." In *Histoire de la mission du Thibet*, Tome 1, 2001: 104.

32 A.M.E.P., vol.256, "M. Legrégeois au Saint-Père, 31 août 1851." In *Histoire de la mission du Thibet*, Tome 1, 2001: 104.

廷请求赋予这些权力的原因是："我们也想（直接）向我们四川、云南的主教们请求给予在上述属于汉地（管辖）的土司辖地（开展）传教活动的权力，但是，首先我们不知道这些主教的（教务）管辖权是否延伸到那里，（此外）我们还担心来自马格祖拉主教（即四川主教马伯乐—译者注）的拒绝，以一些圣座所熟知的理由……我们因此请求圣座，在西藏（传教会已有传教）权力基础之上，给予（西藏传教会的传教士们）在上述（汉地管辖的）土司辖地内（开展）传教（活动）所必须的权力。"[33]

所谓"马伯乐拒绝施助于西藏传教会的'一些圣座所熟知的理由'"，具体指马伯乐反对由川开展进藏传教活动的几点理由。1844 年中法《黄埔条约》的签订使得外国传教士们可以在通商五口岸自由活动，但是却禁止他们越界五口岸进入中国内地。在马伯乐看来，当时中国"禁教"形势依然严峻，如果于此时由川进藏传教的话，不仅传教士会遭到清政府的抓捕和驱赶，还极有可能会暴露四川教会的地下传教活动，出于对传教士们及四川传教事务的保护，马伯乐一直拒绝经由四川开展进藏传教活动。1848 年罗勒拿首次进入察木多（西藏昌都）被清政府逮捕并驱逐，这使马伯乐对西藏传教会的反对态度更加坚定。他于 1848 年 9 月写信给传信部，信中说："只要中国皇帝未颁布许可谕令，派传教士进藏活动就是不谨慎的。因为，要么他（即进藏传教士）会像罗勒拿那样在（进藏）途中被抓捕并遭驱逐，要么他就会像两位遣使会传教士（指的是古伯察和秦噶哔—译者注）那样在（中国）西藏境内被逮捕（并遭驱逐）。实际上，中国人——西藏的主人，禁止欧洲人，以最严厉的处罚，进入（西藏）并呆在那里：经验已经证明他们对此非常警觉。正是因此，如同去年我已经同你们所讲的那样，在现在（政治）环境下派遣传教士进藏传教是非常冒失的。"[34] 由此可见，其时清政府严禁外国传教士进入西藏，因此马伯乐十分反对在当时开展进藏传教活动。可以预见，他绝不会轻易同意将四川西部划归西藏传教会传教活动范围。

对于巴黎总部向罗马教廷直接提出的上述申请，1851 年 9 月 17 日，传信部作出答复："在确定未来属于拉萨宗座代牧区的区域内（指中国西藏—译者注），进藏传教活动的首领及其传教士们可以持续地使用其传教权力，直到管理他们的宗座代牧就任为止；在属于四川和云南代牧区（传教活动范围）的（藏）地内（即川滇涉藏地区—译者注），（西藏传教会的）传教士只能在偶然情况下开展传教活动；如果（西藏传教会的）传教士

33 A.M.E.P., vol.256, "M. Legrégeois au Saint-Père, 31 août 1851." In *Histoire de la mission du Thibet*, Tome 1, 2001: 104.

34 A.M.E.P., vol. 527, "Lettre de Mgr. Pérocheau aux directeurs des M.E.P. " le 3 septembre 1847: 447.

们长时间呆在属于四川和云南代牧区（传教活动范围）的（藏）地内并为（该地域内）信徒们主持圣事（的话），就必须征得上述（四川、云南）宗座代牧同意或者求助于教廷圣部。”[35] 由此，范若瑟、罗勒拿等传教士扩充西藏传教区至川省近藏地带的愿望受阻。

三、川藏教区勘界事务的推进及结局

尽管一些支持进藏传教的教内人士们的迫切愿望及积极呼吁，西藏传教区扩界事宜却迟迟未能达成，西藏传教会于十余年内在中国内地及南亚近藏地带所开展的进藏活动举步维艰。这一状况一直延续至 1857 年该传教会首任代牧主教杜多明（Desmazures，又译为德玛祖尔）就任，在此期间支持进藏传教的范若瑟亦于 1856 年升任为主教，担任由原来四川代牧区分离出来的川东南代牧区宗座代牧。继而，在杜多明和范若瑟两位主教的推动之下，经过 1857 年与川东南代牧区的勘界及 1858 年同川西北、川东南代牧区的再次勘界，西藏教区终于达成夙愿，将其传教活动范围初步扩展至四川省境内。

（一）1857 年拉萨宗座代牧区与川东南代牧区勘界

杜多明于 1857 年被祝圣为拉萨宗座代牧主教之际，他手下仅有罗勒拿、肖法日（Fage）、贝尔纳（Bernard）及德高丹（Desgodins）四个法国神父，竟没有一位可以给他提供传教服务的中国本土神父、传道员及贞女，名为西藏传教会，却徘徊在中国西藏的周边而不能深入其腹地。因此史学家劳内称：“它（西藏传教会）创建在纸上和理论上，实际上，它需要全面的建设；很明显，鉴于堆积在传教士们面前的那些障碍以及十年（指从 1847 年罗勒拿首次进藏活动至西藏传教会首任主教 1857 上任之间的十年—译者注）以来获得的（微乎其微的）结果，这个传教会将异常艰难。”[36] 他还称“这一情况没有逃脱范若瑟和德玛祖尔（即杜多明—译者注）的眼睛。”[37] 实际上，杜多明的确一上任便开始同范若瑟一起推动西藏传教区扩界事宜。

范若瑟一直是西藏传教会坚定的支持者。上文提及，早在 1846 年初巴黎外方传教会受罗马之命开始组建西藏传教会之际，范若瑟就曾于同年 11 月写信建议巴黎总部将四川代牧区的川南地区教务划归西藏传教会管辖，他认为只有在川南地区为进藏传教提

---

35 A.M.E.P., vol.556I, "Décret de la Propagande." le 17 septembre 1851: 3.

36 A. Launay, *Histoire de la mission du Thibet*, Tome 1, 2001: 204.

37 A. Launay, *Histoire de la mission du Thibet*, Tome 1, 2001: 204.

供充分的人力及物力资源帮助的前提下，西藏传教会才有可能成功[38]。但是由于范若瑟当时仅仅是四川的副主教，他尚无足够力量同反对进藏传教的四川主教马伯乐抗衡。至1856年，四川代牧区被教皇谕令划分为川西北与川东南两个代牧区，范若瑟就此升任川东南代牧主教，辖川南教务[39]，而川南地区则统辖了川省近藏大部。这为范若瑟支持西藏传教区扩界至川省西部提供了契机。因此，在1857年杜多明主教得以祝圣之际，范若瑟就决定将属于川东南代牧区的雅州让与西藏传教会，他说："祝圣之后不久，西瑙鲍利主教（Sinopoli，即杜多明—译者注）将前往雅州，整个（雅州）府都给他了，属于马格祖拉主教的穆坪、天全州东部、邛州以大邑县除外。西藏代牧主教，我认为，应该居住在四川（西部），并在我们让与他的地域内形成他的主要机构及中心，直到西藏（传教活动）完全自由为止。"[40]同时，范若瑟认为，只是将雅州府让与西藏传教区是远远不够的，因为雅州府虽然地域广大，教民却很稀少，只有约1400名，不足以提供足够数量的为西藏传教会传教活动服务的中国本土神父、传道员及贞女；因此，范若瑟认为四川代牧区必须让与更多的传教活动地域给西藏传教区[41]。范若瑟的这一想法同样反映在杜多明一封题为"关于西藏代牧区划界思考"的信中，杜多明在信中说："西藏传教区……（下辖）地域广博（道路）极端难行，被一些山脉隔断，使一个部落到另一个部落（之间）常常无法通行，要对其（指西藏—译者注）传播福音则需要大量的传教士，因此，需要在汉地找到资源对他们进行传教工作培养，同时教授他们藏语，如此使他们达到进入西藏的汉人的（藏语）水平。因此必须要有，在我们四川的落脚点上，足够的教徒以培养他们（指传教士—译者注）巡察教务（的能力），以及（要有）相当安全的地点以（安顿）他们避开中国政府军警（的追捕）。但是，西尼特主教（Sinit，指范若瑟—译者注）通过实地考察作出结论，雅州几乎全部都是极不驯服的藏民……那里的教民（约1800名—原文）不足以用来在教务巡察和中国风俗方面培养足够数量的、以备尽快派往西藏各个方向的传教士。"[42]因此，他认为"再恰当不过的是，在让与（西藏传教会）雅州府的基础之上，附加嘉定、眉州、资州以及蒲江县（除却邛州，既然马格祖拉主教希望保留这一地区—原文），总共有约9000教民。并且可以提供较为安全的地点以安置我

38 A. Launay, *Histoire des missions de Chine*, Mission de Kouy-tcheo, Tome 1, Paris: Les Indes Savantes, 1907: 176.

39 A. Launay, *Histoire de la mission du Thibet*, Tome 1, 2001: 287.

40 A.M.E.P., vol. 556A, "M. Desflèches à MM. Renou et Fage." le 20 avril 1857: 981.

41 A.M.E.P., vol. 556A, "M. Desflèches à MM. Renou et Fage." le 20 avril 1857: 982.

42 A.M.E.P., vol. 556A, "Mgr Thomines Desmazures: Considérations sur les limites à donner au Vicariat ap.du Thibet." le 25 avril 1857: 985.

们的机构并保护它们。”[43]

作为西藏传教会的代牧主教，杜多明很清楚该传教会的传教核心区域是在中国西藏，藏民是该会归化的目标人群。现在提出请求将四川代牧区的一部分划归西藏代牧区实属形势所迫，目的是为将来进入西藏后开展福传活动打基础，更何况这首先得到了川东南主教范若瑟的支持。杜多明曾表示自己本身并不愿意西藏传教会占据四川太多的地盘，这样做的目的只是为了更容易在建成一个传教区后离开这里前往西藏[44]。就此达成共识后，范若瑟和杜多明决定一起就川西北、川东南及拉萨三个宗座代牧区的划界问题同马伯乐主教进行商定。

（二）1858 年西藏教区同川西北、川东南教区勘界

经过协商，川西北、川东南及拉萨代牧区的三位代牧主教马伯乐、范若瑟和杜多明就川藏教区的划界问题终于达成协议，三方于 1857 年 8 月 5 日写信将该协议呈送给罗马教皇请求批准，信件原文内容转引如下：

> 我们，下面署名者，宗座代牧主教们，1856 年 4 月 2 日、4 月 4 日关于分割四川传教区以及（1846 年 3 月 27 日）按照圣座命令建立拉萨代牧区的教廷信件的持有者，郑重地、一致地请求我们十分圣神的教皇，俯允钦定下面每一个代牧区的边界并授予每一位宗座代牧在他们各自教区内拥有所有管辖传教会的常规权力及特许权力：
>
> 首先是川西北代牧区，由雅克·雷昂纳尔·贝罗书（Jacques Léonard Pérocheau）——马格祖拉主教（即马伯乐—译者注）管辖，包括：西部地区，中文为“川西”；北部地区，也就是说“川北”；在上南部（即上川南道），邛州、大邑、穆坪以及天全县东部；（下川南）资州地区的资州城、龙江城（Long-Kiang）、资阳城及其辖地。这是永久性的。
>
> 其次是川东南代牧区，由约瑟夫·德福莱尔士（Josephe Desflèches）——西尼特主教（即范若瑟—译者注）管辖，包括：（四川）东部——川东；（四川）

43 A.M.E.P., vol. 556A, "Mgr Thomines Desmazures: Considérations sur les limites à donner au Vicariat ap.du Thibet." le 25 avril 1857: 985.

44 A.M.E.P., vol. 556A, "Mgr Thomines Desmazures: Considérations sur les limites à donner au Vicariat ap.du Thibet." le 25 avril 1857: 985.

南部，在下部，即“下川南”，除去资州及 Tche-ly-tcheou[45] 及其辖地，一部分划给了川西北代牧区，如上所述，一部分给了拉萨代牧区，如下将要陈述。

最后是拉萨代牧区，由多米尼·德玛祖尔（Dominique Desmazures）——西瑙鲍利主教（即杜多明 - 译者注）管辖，包括：四川上南部，被称为“上川南”（除去划给川西北代牧区的一部分 - 原文）；（下川南）资州地区的仁寿、井研，（以上地区）在 1856 年 4 月 2 日的信中曾被划归（范若瑟管辖的）川东南代牧区。[46]

罗马教皇于 1858 年 1 月 3 日颁布谕令批准了该协议，将原本属于四川代牧区的上川南一部正式划归西藏传教会，包括宁远府、雅州府、嘉定府、岷州府（Min-tchou，今四川眉山一带）、打箭炉，以及（下川南地区的）井研县、仁寿县、蒲江县等地，有 116 个教会堂口和约 15000 位教徒[47]。巴黎外方传教会总部的长上们认为此次川藏教区划界将对西藏传教会非常有利，他们说：“杜多明主教可以找到，在四川（代牧区）让与西藏（代牧区）的地域内，他经营这一传教会所需要的一切：本地神父、传道员、义工、教友家庭，他（将他们）分段安置在（进藏）路途中，（他们）将会成为新堂口的核心。”[48] 至此，得益于川藏教区此次勘界，在最初设立时以中国西藏为核心传教区域的基础之上，巴黎外方西藏传教会管辖教区增加了四川川南一域，将其教界由中国西藏扩展至四川境内。尽管这一举措并未最终改变“西藏”传教会未能进入中国西藏的失败大结局，却为后来该传教会百余年川藏交界地带传教活动奠定了地域基础。

四、结语

由于清朝中央政府严禁外国传教士进入西藏传播天主教，1846 年拉萨宗座代牧区设立之后的十余年内，承担进藏传教任务的巴黎外方西藏传教会进藏活动屡屡受挫，始终徘徊于中国西藏的边缘而不能实现深入其腹地传教的目标。这一被动局面迫使一些支持进藏的传教士们不断谋求将西藏传教会教界扩展至川省境内，以为该会传教活动谋求立足之地。从范若瑟最早 1846 年的相关提议开始，经过罗勒拿 1848 年、1849 年及之后的

45 目前尚无法确定 Tche-ly-tcheou 为四川下川南的哪个地方。

46 A. Launay, *Histoire de la mission du Thibet*, Tome 1, 2001: 295.

47 A. Launay, *Histoire de la mission du Thibet*, Tome 1, 2001: 295-296.

48 A. Launay, *Histoire de la mission du Thibet*, Tome 1, 2001: 296.

多次强烈呼吁，直至在范若瑟和杜多明推动之下，川、藏教区于1858年得以勘界。此次川、藏教界会勘源于巴黎外方西藏传教会进藏活动严重受阻，反映出当时清朝中央及西藏地方严禁欧洲传教士进入西藏实施天主教宗教文化渗透的坚定外交立场。

◆ 刘瑞云　四川大学外国语学院副教授、四川大学历史文化学院博士后
范昌隆　四川大学外国语学院研究生

记录西藏：二十世纪上半期英国人在西藏的摄影活动 *

赵光锐　张植荣

内容摘要：二十世纪上半期英国人在用影像记录西藏方面占据了绝对优势，西方人通过摄影获得的西藏直观印象完全操控在英国人尤其是英印殖民地边境官员手中。摄影既是入藏的英印殖民地官员的一种文化艺术活动和社会交往途径，也是获取西藏情报的重要手段，还是塑造有利于英国利益的西藏形象的有效视觉载体。英国人在西藏的“外交摄影”隐含着所希望表达的英国、印度殖民地政府与中国西藏之间的权力关系模式，反映了英国代表们与西藏精英人物保持着经常和良好的接触。相关图像也可以呈现西藏在文化人类学上的“与众不同”，甚至被用作西藏所谓“独立地位”的视觉证据。英国的早期西藏摄影在不同的历史环境下被不同的社会群体不断再选择、再阐释，有些被刻意突显，有些则被故意遗忘。对这些历史摄影进行细致的历史学、视觉人类学等方面的研究，揭示其特定的历史和政治背景以及被当代西方赋予的新美学内涵，有利于我们更好使用和解读它们。

* 本文系国家社科基金项目“二十世纪美国的西藏知识生产与涉藏话语体系研究”（20BGJ056）的阶段性研究成果。受到全国侨联中国华侨华人研究所 2019-2023 年度项目“海外藏胞的跨境迁移与身份认同”（19BZQK257）资助。

英国学者理查德兹（Thomas Richards）在《帝国的档案馆：知识与帝国的幻想》一书中提出，英帝国在其鼎盛时期曾经自信地认为，可以收集、掌握、归纳、分类和保存关于任何有明确地理范围的某一区域的总体知识，可以围绕该知识对象建立一个“档案国家”[1]。中国西藏就是曾经被英国长期倾注心血和资源试图形成“总体知识”的地区，英国在一个半多世纪的涉藏过程中建立起一个有关西藏知识的“西藏档案库”。其中的资料不单纯指有关西藏地理、政治、军事、外交等各方面的历史档案，也包括专业性著作、私人报告、游记、小说、新闻报道、艺术藏品等，还有数量庞大的照片、电影、绘画、地图等视觉资料。从二十世纪初到 1947 年的近半个世纪中，英国人在用影像记录西藏、塑造西藏形象方面有着绝对的优势，西方人从摄影上获得的西藏直观印象完全操控在英国人尤其是英印殖民地边境官员手中。英国人在自身社会 - 文化的审美趣味的驱使下，在外交利益的主导下进行有利于殖民利益的“记录西藏”活动。英国人的西藏摄影不是单纯的写实记录，而是一种对拍摄对象的再创造、再阐释，用以塑造一个英国殖民者所希望看到的西藏形象。另外，他们在某个时段的记录，也受到当地价值观、审美观的影响，而做出了一些改变。作为英帝国“西藏档案库”中的精华，西藏摄影在西方人了解中国西藏的过程中发挥着持续的影响力，构成了他们认识和想象西藏的“历史底版”，不断被现实冲涮出新的照片。影像拍摄和传播是近代英国侵藏过程中进行的西藏知识生产活动的极其重要的内容之一[2]。本文在梳理英国人 1950 年以前在西藏的摄影活动和具体历史背景基础上，分析拍摄者与被拍摄者间的互动和双方复杂的政治 - 文化关系，重点揭示英印负责西藏事务的殖民地官员们进行西藏摄影的真实意图以及他们赋予西藏摄影的政治、文化隐喻。

一、二十世纪上半期英国人在西藏的主要摄影活动

在照相技术出现之前，西方探险者、传教士等主要通过游记、报告等文字形式向公众描绘西藏，有时也伴有一些简图、油画和地图等视觉形式。例如，1661 年奥地利传教士格吕贝尔（Johannes Grueber，中文名白乃心）和他的教友从北京返回欧洲时经过了拉萨并停留了一个月，是最早进入拉萨的欧洲人。他的报告于 1667 年以拉丁文在阿姆

1　Thomas Richards, *The Imperial Archive: Knowledge and the Fantasy of Empire*, London: Verso, 1993: 6.

2　关于近代英国侵藏过程中的西藏知识生产活动，参见赵光锐：《论二十世纪上半期英帝国的西藏知识生产机制》，《中央民族大学学报》2021（4）：166-176；赵光锐：《皇家地理学会与近代英帝国的西藏知识生产》，《史林》2020（4）：206-218。

斯特丹出版，书中配有一幅布达拉宫的插图，虽然与当时的布达拉宫差距甚远，但在此后两百多年内一直是西方人有关布达拉宫的唯一视觉形象。书中还有众多涉及西藏人生活、宗教活动、妇女、儿童等的插图，但是人物形象与真正的西藏人有天壤之别，衣着打扮、面部特征要么类似阿拉伯人，要么纯粹就是欧洲人[3]。这些插图并非出自格吕贝尔之手，是画师根据文字描述想象创作出来的。对于当时从未见过西藏人、又没有照片可供参考的一个欧洲画师，要画出西藏人只能依靠丰富的想象。

1839 年法国人达盖尔发明了照相机，与这一技术发明相伴而生的摄影逐渐演变为一种流行的文化艺术活动，后来又成为一种专业性的知识生产方式。十九世纪后半期，摄影被大规模地运用于欧洲的海外地理探险和人类学考察，成为研究、记录、表述非西方的自然景观、文化和社会形象的重要手段。欧洲人类学家通过照相机、摄影机拍摄非洲人、印第安人或南美丛林里的原始人，不仅是为“捕捉那些与欧洲白人在外表和习惯上完全不同的人的形象，而且他们认为影像能为观众提供一种纯粹的、直接进入‘现实’（reality）的手段”[4]。旅行游记和探险报告的激动人心的文字描述配合让人陶醉的摄影、异国情调的油画等视觉材料，可以更为直观形象地在本土再现遥远地域的景象。因此，欧洲人对异域的审美标准和文化想象很大程度上就源于对这些影像中介的观察和欣赏[5]。早在十九世纪五十年代末，加尔各答的印度博物馆就进行了一个大规模的人类学研究项目，对印度次大陆的人口按照种族、宗教、种性和职业等进行人种学分类和研究，人类学摄影在其中占据了主导性地位。最后的成果是八卷本的《印度的人口》（*People of India*），第一卷有对喜马拉雅山区的人口如西藏人、不丹人、锡金人的人类学描述，同时刊出了几张人类学照片帮助读者辨别其人种学特征。但是这些照片都是在摄影棚中利用长期生活在印度的一些西藏、尼泊尔等商人拍摄的，并不是实地摄影。

西方学术界一般认为法国的奥尔良亲王（Prince Henri D'Orleans）1889-1890 年在西藏北部羌塘草原和东部拍摄的照片是欧洲人最早的西藏实地摄影，有些在其 1891 年的游记中公开。不过，按照近来英国视觉人类学专家哈里斯（Clare Harris）教授的研究，1863 年一位名叫菲利普 · 埃格顿（Philip Egerton）的英国士兵秘密进入了西藏最西端几十公里的地方，拍摄了河流冲刷出的一座岩石桥（rock bridge）的照片，她认为这

3　本文使用的是该书 1985 年的德文版，参见 Johannes Grueber, *Als Kundschafter des Papstes nach China: 1656-1664; d. Erste Durchquerung Tibets*. Hg. Franz Braumann. Stuttgart: Thienemann, 1985.

4　Assenka Oksiloff, *Picturing the Primitive: Visual Culture, Ethnography, and Early German Cinema*, New York: Palgrave, 2001: 8.

5　Edwar W. Said, *Culture and Imperialism*, New York: Alfred A. Knope, 1993: 130.

是在西藏的第一张摄影[6]。1900-1901 年，俄国人诺祖诺夫（Ovshe Norzunov）和崔比可夫（Gombojab Tsybikov）在西藏拍摄了 50 多张照片，涉及布达拉宫、扎什伦布寺等寺院以及纳木措等，也是较早的西藏实地摄影之一，崔比科夫 1900 年拍摄的布达拉宫等的照片则是最早的拉萨摄影。俄国人赠送英国皇家地理学会一整套这些照片，引起学会会员们的巨大兴趣[7]。但是当亚洲的很多地区都已被西方人通过摄影详细记录和展现时，西藏总体上仍然是一片未被照相机触及的“视觉上的空白点”。绝大部分欧洲的探险者、旅行家和英印殖民的官员们只能在西藏的周边地区，尤其是英国殖民势力已经触及的拉达克、锡金、不丹、尼泊尔等地进行拍摄。当时的欧洲和印度的有闲阶层对于喜马拉雅的异域风情在视觉上的消费兴趣逐渐增强，喜马拉雅风景和人物的摄影、明信片等受到欢迎。有英国人在大吉岭、加尔各答专门建立了以喜马拉雅风情为主题的照相馆，最有名的是约翰斯顿与霍夫曼照相馆（Johnston and Hoffmann Studio），他们雇佣一些在当地生活的喜马拉雅土著居民在摄影棚中进行各种人类学、民俗学摄影，一部分作品被用于明信片、报纸或杂志，也有不少出现于学术著作中，在当时产生了一定的影响。

印度测绘局最知名的土著间谍之一达斯（Sarat Chandra Das）在 1869 年和 1872 年入藏期间都携带了照相机，他虽然可能是最早在西藏核心地区进行实地摄影的人，奇怪的是却没有照片留下来，皇家地理学会目前保存的标注为达斯的照片实际上都不是在西藏拍摄的。美国藏学家柔克义（W. Woodville Rockhill）1892 年编辑出版了达斯的《拉萨及西藏中部旅行记》（*Journey to Lhasa and Central Tibet*），所配四十多幅照片来自于约翰斯顿与霍夫曼照相馆的室内摄影或是在尼泊尔的寺庙中拍摄的。按照当时欧洲已经普遍流行的阅读习惯和人类学理论，游记的文字表述必须应该有相应的视觉证据，为了符合这种要求，柔克义和达斯不得不大量使用这些虚假的西藏摄影[8]。英国藏学家瓦德尔（Laurence Austine Waddell）也较早利用摄影对西藏人进行人类学的类型学记录和研究，但是他在 1903 年之前并没有真正进入西藏，只是游荡在喜马拉雅的拉达克、锡金、噶伦堡、大吉岭等地方，他 1895 年出版的《西藏的佛教，或喇嘛教》的插图大部分也是

6 Clare Harris, *Photography and Tibet*, London: Reaction Books, 2016: 16.

7 Clements R. Markham, "Address to the Royal Geographical Society, 1904." *The Geographical Journal* 24, 1904: 6. 关于两位俄国旅行者西藏摄影的深入研究，参见 Alexandre, *Tibet: In the Earliest Photographs by Russian Travelers 1900-1901*, New Delhi: Studio Orientalia, 2013.

8 Clare Harris, *The Museum on the Roof of the World: Art, Politics, and the Presentation of the Tibet*, Chicago: University of Chicago Press, 2012: 98-103.

来自大吉岭的照相馆[9]。

自二十世纪初开始，获得有关西藏本身的真实景象而不是在摄影棚中拍摄虚假的西藏照片，日益成为那些装备了相机的西方旅行者的优先性工作。随着1904年以后进入西藏的西方人尤其是英国人越来越多，西藏摄影成为记录行程、向公众展示旅行成果的重要手段，“旅行摄影”的重要目的是作为视觉证据向西方人展现旅行者是克服重重困难、成功进入“封闭的西藏”的第一个欧洲人、第一个进入拉萨的白人女性、第一个造访西藏的美国人等等[10]。一旦获得成功，他们的摄影就会被印刷在大范围流通的报纸上，在博物馆展出或者在作旅行报告时展示给听众。这也使高质量的插图、照片是西藏游记、新闻报道和展览中不可或缺的要素，公众对西藏的视觉消费需求也大幅增加。在两方面相互作用下，西方的西藏摄影的数量在二十世纪三四十年代出现了爆炸式的增长。总体而言，英国人是二十世纪上半期西藏影像作品的主要生产者，而英印驻锡金的政务官等负责西藏事务的骨干官员又是核心的摄影群体。这些人物包括荣赫鹏（Francis Younghusband）、怀特（John Claude White）、贝利（F. M. Bailey）、查理斯·贝尔（Charles Bell）、威尔（Leslie Weir）、威廉逊（Frederick Williamson）、古德（Basil Gould）、黎吉生（Hugh Richardson）等。英国人有进入西藏的便利条件和机会，负责西藏事务的官员极其看重影像记录的作用，摄影构成他们入藏活动的重要内容，不时入藏的“英国使团”还会专门安排随行的摄影师并配备专业化的设备，包括最先进的照相机、电影摄影机以及幻灯机、电影放映机等。

1903-1904年荣赫鹏侵略军进入拉萨，这也是西方第一次大规模用现代影像手段记录和展现西藏的活动。在筹划侵略行动时，英国人就已经准备好用影像手段记录侵略军的活动，以向本国公众展现“真实的西藏”和取得的政治、军事上的成功。随军的怀特（John Claude White）是官方摄影师，负责记录整个“使团”的活动。他的主要装备是一部笨重的13×10英寸方箱照相机，在藏期间他吃力地拖拽着这架照相机捕捉拍摄英国侵略军的活动[11]。其他人则主要携带1897年发明的柯达折叠口袋式相机，一些军官还配备了这款相机在1900年发展出的第三代产品。便携小型照相机可以不受环境限

9 参见 Laurence Austine Waddell, *The Buddhism of Tibet, or Lamaism: with its Mystic Cults, Symbolism and Mythology, and in Its Relation to Indian Buddhism*, London: W.H. Allen, 1895.

10 Clare Harris, Photography and Tibet, 2016: 54.

11 怀特是用摄影记录西藏的重要人物，对其喜马拉雅摄影的研究，参见 Pamela Deuel Meyer and Kurt Meyer, *In the Shadow of the Himalayas: Tibet, Bhutan, Nepal, Sikkim: A Photographic Record by John Claude White, 1883-1908*, Ahmedabad: Mapin, 2005.

制，随时随地进行拍摄。怀特和瓦德尔拍摄了几百张黑白照片，贝利拍摄的照片则多达八百七十张[12]。他们拍摄的胶卷被快速送回加尔各答、大吉岭、噶伦堡等地冲洗，之后发回英国国内，英国的报纸、杂志很快就刊出了这些照片，有的杂志甚至在当时就被邮寄给了还在西藏的英国军官，有些则被印刷成了明信片。也有很多黑白照片在随军军官、记者后来的游记、报告中被披露，例如兰道（Perceval Landon）的《拉萨》（*Lhasa*）、坎德勒的《拉萨真面目》、瓦德尔的《拉萨及其神秘》（*Lhasa and Its Mysteries*）等。尤其是瓦德尔的游记公布了大量摄影，包括三张彩色照片和一百一十张黑白照片，还有不少绘画、地图和图表。随军的地理学家海顿驻扎在岗巴宗时拍摄了不少山脉、山峰和谷地的照片，印度总督寇松（George N. Curzon）将一部分送给了皇家地理学会。学会的弗莱士费尔德（Douglas W. Freshfield）依据这些照片详细研究了西藏南部的地理学特征[13]。荣赫鹏 1905 年在皇家地理学会做报告时展示了自己拍摄的八张效果良好的西藏照片，包括羊卓雍湖（ཡར་འབྲོག་གཡུ་མཚོ）、布达拉宫的风光和四位噶伦（བཀའ་བློན）的合影等，后来刊登在《地理学杂志》上[14]。

贝利后来在 1905-1909 年作为驻江孜商务代表、1921-1928 年担任驻锡金政务官期间继续进行摄影活动，他在江孜和拉萨期间拍摄的录像包括了寺庙羌姆表演、农民收割、纺织、牦牛商队等内容，保存下来的约有二千张照片。被誉为英国西藏政策的设计者和英印殖民系统内部的西藏权威的查理斯 · 贝尔也有伴随其外交活动而产生的大量西藏摄影，“他的日记和笔记显示，他清晰地意识到需要保存视觉的记录，他把它们看作进行研究、写作以及增进英国公众的西藏兴趣的重要方式。”[15] 他于 1920 年在拉萨停留的近一年时间内拍摄的照片构成了贝尔西藏摄影的绝大部分。1924 年他通过《地理学杂志》首次向公众展示了在拉萨和拉萨周边拍摄的照片，内容涉及拉萨人郊游聚会的场景、功德林寺（ཀུན་བདེ་གླིང）全景、桑顶寺（བསམ་སྡིངས་དགོན）远景等。贝尔还曾到拉萨以北的热振寺（ར་སྒྲེང་དགོན）参观，他公布了绘制的从拉萨到热振寺之间的地理草图，这是西方人第一次比较清楚地掌握从拉萨向北到热振寺之间的地理、交通情况[16]。1924 年出版的《西藏今昔》一书展示了更多在拉萨期间的照片[17]。贝尔的很多照片都是由他的锡

12 Bailey Collection: Tibet 1903-4. F. M. B. [volume] I-III, photo 1083/12, British Library.

13 参见 Douglas W. Freshfield, "Tibet. I. Notes from Tibet." *The Geographical Journal* 3, 1904: 361-336.

14 参见 Frank Younghusband, "The Geographical Results of the Tibet Mission." *The Geographical Journal* 5, 1905: 481-493.

15 Clare Harris, *Photography and Tibet*, 2016: 71.

16 参见 Charles Bell, "A Year in Lhasa." *The Geographical Journal* 2, 1924: 89-101.

17 Charles Bell, *Tibet: Past and Present*, New Dehli: Munshiram Manoharlal Publisher, 1990.

金助手饶登（རབ་བརྟན，Rabden）完成的，他为贝尔服务了十八年。一方面贝尔是需要被拍摄的对象，他的各类西藏公务活动需要被记录下来，另一方面是由于西藏人对于照相机的陌生和排斥，需要饶登协调或直接作为拍摄者才能使拍摄顺利进行。因此现在保存的很多贝尔的西藏摄影无法分清到底是他本人还是饶登的作品，一般都标注为“查理斯 · 贝尔或饶登”。另一位驻锡金政务官威廉逊和他的夫人玛格丽特 · 威廉逊（Margaret Williamson）在1930-1935年间也拍摄了一千七百张喜马拉雅地区（不丹、锡金、西藏等）的摄影。威廉逊还拍摄了二十三盘十六毫米彩色电影胶片，一些记录了他在1933-1935年间带领使团进入西藏的活动，包括江孜、日喀则、拉萨等地人们的日常生活、寺庙、风光等，还有当时重要的西藏人物如摄政热振活佛（ར་སྒྲེང་རིན་པོ་ཆེ）、擦绒 · 达桑占堆（ཚ་རོང་ཟླ་བཟང་དགྲ་འདུལ）等的活动记录，都是比较珍贵的影像资料。英印最后一任驻拉萨的代表黎吉生也是位摄影爱好者，他长期生活在拉萨，他的两千多张照片有很多涉及西藏的建筑、纪念物、石刻、铭文等。

二十世纪三十年代的锡金政务官古德及其秘书兼摄影师查普曼（Spencer Chapman）则是最热衷于西藏摄影的人，就摄影的数量和质量而言，他们是英国入藏人员中的佼佼者。1936-1937年的古德使团在拉萨停留了近半年时间，1937年查普曼写文章介绍了在西藏尤其是拉萨期间的摄影活动。他记述：

> 由于我们在拉萨停留了六个多月时间，使我们有独一无二的机会开展摄影工作，尤其是在那里我们作为政府的客人有机会接触到所有阶层的人物，从摄政和噶伦到黑乎乎的西藏牧民——他们与成群的牦牛和羊群无拘无束地游荡在西藏中部的高原上。同样，我们可以参观很多建筑，目睹庆典仪式，这都是欧洲人以前极难看到的。……我们的机会实际上是没有任何限制的。[18]

查普曼共计拍摄了二千五百张照片、三千英尺十六毫米电影胶片、六千英尺十六毫米柯达克罗姆胶片、一万三千英尺三十五毫米电影胶片（无声），摄影的数量、质量、涉及的内容以及多样性是极其惊人的。他在1938年出版的《圣城拉萨》（*Lhasa: The Holy City*）中公布了部分照片，《地理学杂志》的书评认为，“这些照片尤其是彩色照片

18 Spencer Chapman, "Tibetan Horizon: An Article on Filming in Tibet and Lhasa." *Sight and Sound* 6, 1937: 122.

极其出色，是目前为止最出色的关于拉萨的摄影。”[19] 皇家地理学会在 1938 年邀请查普曼演讲其拉萨的所见所闻，他也向听众展示了西藏照片和录像[20]。使团的其他成员尼皮恩（Evan Nepean）、黎吉生、达格（Sidney Dagg）等也都是摄影师，在拍摄西藏方面有共同的工作需求和兴趣。1940 年十四世达赖喇嘛举行坐床典礼，古德前往拉萨期间也进行了拍摄，包括当时达赖喇嘛的家庭、摄政热振活佛以及各类官方接待活动等。古德和斯道顿（Harry Staundon）参加了坐床典礼第二天的活动，被认为是“仅有的两位见证十四世达赖喇嘛在布达拉宫举行的坐床典礼的西方人”，他们在花园的一堵墙后安置摄像机，对典礼进行了秘密拍摄[21]。

西藏摄影保存于英国大大小小的博物馆、图书馆以及私人收藏者手中，目前收藏较多的是牛津大学的皮特里弗斯博物馆（Pitt Rivers Museum)、大英博物馆、英国国家图书馆、皇家地理学会等，这些摄影绝大部分来源于负责西藏事务的骨干官员、印度殖民地服务人员等。皮特里弗斯博物馆收藏有从 1920-1950 年间英国人拍摄的六千张西藏照片，是英国西藏摄影收藏最丰富的博物馆，包括贝尔（八百张）、查普曼（六百张）、斯道顿（二百五十张）、尼皮恩（五百五十张）、霍普金森（八百张）、黎吉生（二千张）、饶登等的摄影[22]。该博物馆已将部分摄影制作成数字形式，建立了名为“西藏影集：英国人在西藏中心的摄影 1920-1950”的专业性网站，人们可以非常方便地查阅、欣赏这些摄影[23]。大英博物馆所收藏西藏摄影有很大一部分与皮特里弗斯博物馆重合。英国国家图书馆的收藏主要来自江孜商务代表和驻锡金政务官贝利，共计二千多张[24]。贝尔的一部分摄影和日记也保存在英国国家图书馆，一部分收藏在利物浦国家博物馆。威廉逊的摄影都保存在剑桥大学考古学和人类学博物馆，其中一部分摄影、纪录片经过新的数字化编辑，可以在该博物馆网页上查看[25]。查普曼虽然拍摄了大量的西藏电影片段，但

19 E. H. C. W., "Reviewed Work: *Lhasa: The Holy City* by F. Spencer Chapman." *The Geographical Journal* 93, 1939: 260.

20 Henry Balfour, Francis Younghusband, Frederick O'Connor and C. Suydam Cutting, "Lhasa in 1937: Discussion." *The Geographical Journal* 91, 1938: 506-507.

21 Clair Harris, "Seeing Lhasa: British Photographic and Filmic Engagement with Tibet 1936-1947." In *Seeing Lhasa: British Depictions of the Tibetan Capital 1936-1947*, eds. Clare Harris and Tsering Shakya, Chicago: Serindia Publications, 2003: 37.

22 关于这些摄影在皮特里弗斯博物馆更为具体的收藏保存情况，可参见 Charles Alfred Bell, "Tibetan Photographic Collections at The Pitt Rivers Museum." 2003: 141-57.

23 "The Tibetan Album — British Photography in Central Tibet 1920-1950." https://tibet.prm.ox.ac.uk.

24 Bailey Collection: Synopsis. (Unspecified), photo 1083, British Library.

25 "The Frederick Williamson Collection." http://www.digitalhimalaya.com/collections/williamson/

是保存下来的只有一盘十六毫米的电影胶片，它与古德、贝利、贝尔拍摄的一些录像、诺伊尔的《攀登珠穆朗玛峰》和《珠穆朗玛峰史诗》等纪录片，保存在英国电影学会的国家电影和电视档案馆。

这些摄影的时间集中于英国侵藏的高峰时期（1904-1947年）；拍摄地点则主要位于西藏南部和中心地带，呈现了从印度北部翻越喜马拉雅山最终到达拉萨的路线以及沿途的地理学、动植物学和人类学等特征；摄影的主体是英印殖民地负责西藏事务的官员；主要内容涉及当时的西藏精英和上层社会的日常生活以及英国人与他们各种正式、非正式的交往活动，记录了英国人在西藏活动的各类历史瞬间。这些摄影折射出英国与中国西藏地区关系的不断变化和英国政府的对藏政策，体现了英国人的西藏印象、描述西藏的方式和审美偏好。

二、外交摄影：英国人进行西藏摄影的政治意图

在二十世纪上半期西方各国为揭开西藏的“神秘面纱”而展开的“摄影竞赛”中，不论从拍摄时间的持续性、影像的数量、内容及其影响而言，英国都占据了主导地位。这源于在印度的统治权所赋予的英国人在拍摄西藏时的便利。1904年的侵藏战争使英国控制了南部的进藏路线，它始于印度北部的大吉岭、噶伦堡，经甘托克到西藏的亚东（གྲོ་མོ），再沿春丕谷（ཆུ་འབིད）取直线北上江孜，最后到达拉萨。查普曼在1938年的《圣城拉萨》中记叙：“从甘托克到江孜沿途每隔十至十五英里都设有客栈。1904年荣赫鹏远征后不久开始修建客栈。自那时起，大部分的客栈都经过了扩建和重修。它们最初为政治专员所用，后来也接待游客。每年，数量有限的游客获准踏上这条商路直抵江孜。”[26] 在这条道路上，英国官员、士兵、商人、旅行者、探险家等往来不断，既是向西方世界输出西藏商品、信息的主动脉，也是向西藏输入西方商品、文化观念的主渠道。1904-1947年间英印边境骨干官员们控制着这条入藏路线，他们会拒绝非英国人或不符合要求的西方旅行者，自己却有机会进入西藏并停留相当长时间，一些英国人则常驻亚东、江孜和拉萨等地，这赋予他们在拍摄西藏方面得天独厚的优势。这让英国负责西藏事务的官员们成为西方人获取西藏信息的主要“中间人”，也在某种程度上左右着西方有关西藏的知识生产。

摄影一般被认为比文字更能“忠实”地记录观察对象，将生活原貌直接呈现给读

26 斯潘塞·查普曼著，向红笳、凌小菲译：《圣城拉萨》，北京：中国藏学出版社，2006：11。

者，减少文字表达所不可避免的信息丢失，具有更强的场景存留能力[27]。但是摄影也具有与文字表述相似的局限性，即同样受作者的主观意图、认知水平、审美倾向等的制约。摄影作品的选取、使用方式和传播对象也会受作者、机构和社会群体的影响。英国人在西藏的摄影非常鲜明地体现出这种局限性。负责西藏事务的官员首先是以帝国边疆的开拓者和保卫者身份观察、拍摄西藏，西藏摄影本质上只是职业活动的副产品，内容、对象和角度的选择、对照片的解释和使用等都受制于其政治身份。摄影表面上是他们在西藏的文化艺术活动和社会交往途径，实际上是获取西藏情报的重要手段，也是塑造有利于英国利益的西藏形象的视觉工具。他们庞杂巨量的西藏摄影背后隐藏着殖民主义的政治动机、美学偏好和大众视觉消费等之间极其复杂的关系。英国普通士兵、低级军官、旅行者、探险家的摄影只是在当时的一些报纸、杂志或明信片上出现，很快就被人们遗忘。只有那些骨干官员的摄影才会通过报告、游记以及公共图书馆、博物馆、私人机构等的收藏和反复展出，产生长时间大范围的影响。

1903-1904 年的英国侵藏战争是一场残酷的军事侵略，一些当事人不仅在文字作品中美化这次行动[28]，还通过有选择性地公开部分摄影的方式遮蔽历史真相。1904 年 8 月英国侵略军进入拉萨，英国《星球报》(*The Sphere*) 刊登了相关照片，与寇松为其西藏政策辩护的演讲放在一起，为其佐证此次行动的必要性与合理性。贝利将照片和附带的评论寄给父母，杂志在获得这些照片后会付给他报酬。其中有几张被屠杀的西藏人尸体的照片被刊出，泄露了“英国使团”并不是“和平使团”的秘密。贝利不得不解释与这些暴力行为的关系，他写信给母亲说非常不喜欢她将拍摄有死人的照片送给媒体[29]。实际上，怀特、贝利、荣赫鹏等高级军官以及坎德勒、瓦德尔出版的游记、回忆录等所公布的照片极力避免暴露侵略过程中有关战斗、战场、尸体、俘虏等血腥和暴力的场景，大部分是关于西藏风光、地理、寺庙、人物以及英国人与西藏人友好交往的内容。他们的文字和摄影一起将侵略表述为“使团”如何揭开西藏尤其是拉萨神秘面纱的探险之旅，

27 扎洛：《西藏摄影：虚华的表象之后》，《中国摄影家》2007 (6)：8。

28 英国政府、筹划者、亲历者都采取了隐匿真相、美化自身行为的描述方式，普遍把这次侵略称为“英国使团”(British Mission)、“荣赫鹏使团”(Younghusband Mission) 或“荣赫鹏考察团”(Younghusband Expedition)，规模庞大的侵略军则被描述成为“使团卫队”，迫不得已地情况下才会用一个遮遮掩掩的词——武装考察 (armed expedition)。当代英国学者麦基已经指出“使团”是一个错误的名称，正确的名称应该是“英国对西藏的侵略”，参见 Alex McKay, "The British Invasion of Tibet, 1903-1904." *Inner Asia* 14, 2012: 5-25.

29 Simeon Koole, "Photography as Event: Power, the Kodak Camera, and Territoriality in Early Twentieth-Century Tibet." *Comparative Studies in Society and History* 59, 2017: 338-39.

照片本身也被解读为纯粹的摄影艺术品[30]。怀特的摄影于 1905 年在加尔各答出版，这套题为《西藏和拉萨》(*Tibet and Lhasa*) 的两卷本摄影集，主要目的是作为送给当时的印度总督寇松的礼物，为 1904 年的侵藏提供官方辩护。怀特在书的前言中宣称："正是西藏人的愚蠢的固执使派出英国使团极为必要"[31]，这些摄影想让公众认为，"英帝国对西藏的半殖民主义式的干涉是为了反对喇嘛教的桎梏。"普通士兵的西藏摄影则呈现出不同的视角，更能说明事情的真相，他们的照片有不少对战场上藏人尸体以及被破坏的西藏建筑的拍摄等。但是总体上，他们寄送给家庭、朋友的通信和照片则更显示了他们作为入侵者，"在西藏的一种高高在上的、娱乐化的心情"[32]。这样的照片很少有机会公开，并在后来被有意无意地遗忘。

英国人西藏摄影的最初目的是记录入藏人员的活动和所见所闻，满足人们了解西藏的渴望。1910 年代以后，英国人更为有意识地赋予摄影新的功能，即用来表达和实现英国的西藏政策，塑造有利于英国利益的西藏形象，背后的根本原因是英国对藏政策目标的改变。19 世纪末 20 世纪初，担任印度总督的寇松提出了"西藏缓冲区"的政策目标，手段上是试图直接的军事吞并，1904 年的侵藏战争就代表了这种意图。由于英国国内对军事行动持有异议，直接吞并西藏也会带来巨大负担，随着寇松、荣赫鹏等相继去职，英国对藏政策进入调整阶段。1910 年，中国因辛亥革命而来的动荡以及西藏的事变，为英国实施新的对藏政策提供了良机。英国放弃了直接吞并西藏的计划，转而采取间接将西藏扶植为保护印度的"缓冲区"政策。英国官方的西藏政策表述变为："承认中国对西藏的宗主权，前提是维持西藏的自治"。英国认为，西藏"维持自治于中国"的状态，对英印持友好政策，反对其他大国渗透，就能达到拱卫印度的目标，又不需要英国付出沉重经济和军事负担。该政策一直维持到 1947 年。

英国负责西藏事务的官员们首先意识到，要无中生有地创造一个所谓的"西藏缓冲区"，需要在观念和知识上做出努力。这包括通过文化和传播系统，渲染、鼓吹和制造"西藏独立"的形象；在国际关系中，要促进其他国家和民众对"西藏独立"身份的认可，至少是对西藏人拥有"自治权"的认可；此外，"将西藏描述为一片神秘和充

30 英国军官、士兵在 1903-1904 侵藏战争期间对西藏文物、财富进行了各种方式的劫掠，负责西藏事务的英印官员们具有看似矛盾而又"合情合理"的三重身份：他们既是负有帝国使命的政治官员，又是具备英帝国的道德情操和文明优越性的信念的绅士，还是通过和平或暴力方式收集、劫掠殖民地信息、艺术品和财富的强盗，参见 Michael Carrington, "Officers, Gentlemen and Thieves: The Looting of Monasteries during the 1903/4 Younghusband Mission to Tibet." *Modern Asian Studies* 37, 2003: 82.

31 Pamela Deuel Meyer and Kurt Meyer, *In the Shadow of the Himalayas*, 2005: 9.

32 Clare Harris, *Photography and Tibet*, 2016: 58-67.

满魔力的土地，可以彰显其分离于中国内地的独特性，因而也有利于英国在当时的利益。”[33] 1946年，已经退休的贝尔给印度事务部的唐纳森（E. P. Donaldson）的信中特别提醒说，“我们主要的政治目标之一就是展示西藏有自己的艺术等，以及在某种程度上西藏与印度有比与中国更紧密的关系。”[34] 这实际上是贝尔等英印殖民地官员长期实施的文化政策。从这样的政治目标出发，英国人对西藏的文化表述完全不同于其惯常的“文化帝国主义”。他们不仅不想摧毁西藏人的“文化自尊心”，更没有意愿让西藏走向现代文明。其基本政策是尽量避免对西藏政治、社会和宗教制度的批评，赞扬、尊重这些制度，支持西藏人尤其是上层保持原有生活方式的愿望。这可以让他们感觉到英国的友好态度并能培育西藏人的“民族自豪感”和“自信心”。贝尔正是实施这种新的对藏政策的关键人物，他所确立的通过学术和非学术活动创造一个良好的西藏形象以配合实现对藏政治目标的策略，直到1947年都是英印殖民系统内部的基本共识。贝尔除了出版各类有关西藏的文字作品来塑造西藏的特殊形象，还“用图像来展示西藏的历史和文化，用以说明它们完全不同于中国。作为边境骨干官员、学者和作家，他利用摄影的力量来捍卫他所热爱的西藏的利益，以对抗强大的邻居对其东部的威胁”[35]。后来的一些重要官员如威廉逊、古德、黎吉生等在处理西藏事务时都继承发展了贝尔将政治目标、学术研究与摄影艺术紧密结合的路线。

英国学者哈里斯直接把贝尔、古德、黎吉生为代表的英印殖民地官员在西藏的摄影活动称为“外交摄影”[36]。所谓“外交摄影”，是指英国负责西藏事务的骨干官员们利用特殊的外交身份，借助入藏的便利条件，在西藏进行的有明确政治目的的摄影活动。外交摄影的目标主要有三个方面：一是记录英国外交人员在藏活动；二是作为与藏人进行交往的手段；三是塑造和传播有利于英国殖民政策的西藏形象。英国人希望通过摄影向外界散播一种英国与中国西藏之间的特殊权力关系模式，即英印政府与西藏有着良好的外交与政治关系；英国代表们与西藏精英保持着经常和良好的接触，不论是“官方关系”还是私人关系都密切友好、欢畅融洽；只有英印政府的外交官才能自由地出入“神秘”“封闭”的西藏，可以轻易进入西藏的中心——拉萨。这种权力关系模式既是英帝国在喜马拉雅地区权力的体现，也是印度北部边境安全稳定的象征。负责西藏事务的英

33 Alex McKay, "The British Invasion of Tibet, 1903-1904." *Inner Asia* 14, 2012: 22.

34 转引自 Alex McKay, *Tibet and the British Raj: the Frontier Cadre: 1904-1947*, Richmond: Curzon, 1997: 78.

35 Clare Harris, *Photography and Tibet*, 2016: 79.

36 参见 Clare Harris, "British and German Photography in Tibet in the 1930s." In *Tibet in 1938-1939: Photographs from the Ernst Schäfer Expediton, ed. Isrun Engelhardt*, Chicago: Serindia Publications, 2007: 80-82.

国高级官员与西藏最高层如达赖喇嘛、摄政等的合影就能较好地体现这种友好关系。贝尔身着戎装与流亡印度的十三世达赖喇嘛在 1910 年的合影，就是展现他们的私人友谊和“官方友谊”的极为经典的视觉符号，因而反复出现在英国负责西藏事务官员的各类著作当中。再如，1936 年英国派古德使团到拉萨，英国官方的表述是为了继续维护和增强同西藏地方政府的友好关系。随行的查普曼的摄影，主要记录与西藏官员、贵族、活佛等的交谈、会晤、宴会等场面。他在《圣城拉萨》公布的照片集中于这些主题，“该书展示了关于拉萨上层的社会和家庭生活、新年游行和庆祝等的私密照片（intimate pictures）。”[37] 这些摄影让人感到，“拉萨是一个英印殖民政府的精英与具有相应级别的西藏贵族和宗教领袖们聚会的地方。”[38]

贝尔、古德、黎吉生等的西藏摄影重点捕捉、呈现西藏的“与众不同”，直接作为西藏的“独立地位”的视觉证据。他们的摄影还集中于藏民族的生理学特征、服饰、发式、日常生活、建筑、文化活动等，具有现代民族国家观念的西方人一看到这些影像，立即就能将藏族这个具有鲜明生理和文化特征的民族与特定的政治边界联系在一起。贝尔在给英国官员或公众做报告时会大量展示自己的西藏摄影，“在那些场合，贝尔会指出藏传佛教文化和艺术极为独特、精美，值得英国保护，以免于汉人的侵蚀。”[39] 西藏在艺术、宗教、文化遗产等方面的“独特性”是英国的西藏话语体系的重要内容，更容易通过摄影、电影、展览等视觉形式向西方公众呈现出来，进而影响其他国家。1944 年，古德在伦敦组织了西藏摄影展，吸引了英国新闻部、外交部和印度事务部的众多官员。印度事务部负责西藏事务的官员皮尔（R. Peel）直接对古德说：“让美国人看到这些西藏摄影会极有好处，这会让他们确信，西藏并不是中国的一部分。”[40]

抗战时期，国民政府就西藏事务同英国进行了广泛交涉，而美国基本支持中国。对英国而言，美国的态度是个重大的影响因素，如果美国介入西藏事务并同情中国，那么英国的西藏政策将面临巨大挑战。因此，1943 年 12 月担任印度外交大臣的卡罗（Olaf K. Caroe）就提出：“我们应当继续努力引导美国的观点。不管怎样，在这场战争中，希望美国国务院能最终决定：这并非英帝国主义的一场展示，而是美方可以诚实、适时地

37 E. H. C. W., "Reviewed Work: *Lhasa: The Holy City* by F. Spencer Chapman." *The Geographical Journal* 93, 1939: 260.

38 Clare Harris, "Seeing Lhasa: British Photographic and Filmic Engagement with Tibet 1936-1947." 2003: 10.

39 Clare Harris, *The Museum on the Roof of the World*, 2012: 78.

40 转引自 Peter H. Hansen, "Tibetan Horizon: Tibet and the Cinema in the Early Twentieth Century." In *Imaging Tibet: Perceptions, Projections, and Fantasies*, eds. Thierry Dodin and Heinz Räther, Boston: Wisdom Publication, 2001: 103.

支持我们寻求西藏自治的问题。”[41]“引导美国”是英国在撤出印度前最后几年极其重要的一项涉藏宣传目标，因此皮尔作为当时负责西藏事务的主要官员，一看到古德的西藏摄影自然立刻就能联想到它们在外交上的宣传价值。1946 年初，西藏代表准备参加在南京召开的国民大会，顺访印度。当时英国负责印度事务的国务大臣佩蒂克 - 劳伦斯勋爵（Pethick-Lawrence）指示外交事务大臣向印度政府传达在西藏事务上应该遵循的路线。他提出，“联系到使团对印度的访问，可能也要考虑对于西藏过去三十三年来地位的真实情况的宣传问题。这似乎为在国际媒体宣传西藏事实的国际地位提供了一个适宜的开端；当时机来临时，要特别注意提供全部的通讯便利，包括提供合适的背景材料，也要特别注意在这个国家（印度）和美国散播摄影形式的图片和电影。”[42] 同时，英国人也非常注意帮助美国记者或使团进入西藏，通过他们的大量摄影、纪录片、媒体文章等向美国民众传达一种英国人渴望塑造的西藏形象[43]。

三、作为文化互动中介和情报手段的西藏摄影

对于负责西藏事务的官员和入藏使团专门安排的摄影人员而言，摄影、照片展示和电影放映等是与当地藏人进行文化互动的重要中介和交往的“润滑剂”，也是一种极为有效的情报获取和传递方式。进入西藏的英国人主导了拍摄过程，在对藏民族的视觉化呈现中，英国拍摄者与藏民族之间是不对称的权力 - 文化关系，这一视角容易掩盖西藏人对摄影活动的认知和反应。西藏人在摄影活动中并非只是沉默被动的拍摄对象，不仅表现出对摄影技术本身的兴趣[44]，而且对于英国人的摄影活动有积极的回应，在一定程度上影响着英国人拍摄的内容。西藏上层非常关注摄影中的自身形象，如果某些影像的

---

41 转引自阿拉斯泰尔 · 兰姆著，梁俊艳译：《中印涉藏关系史（1914-1950）——以英帝国外交史为中心》，北京：社会科学文献出版社，2017：361。

42 F 585/71/10, H. M. Government's Policy toward Tibet, January 11, 1946.

43 英国政府在 20 世纪 40 年代帮助美国的伊利亚 · 托尔斯泰（Ilya Tolstoy）和多兰（Brook Dolan）、托马斯（Lowell Thomas）、记者阿奇博尔德 · 斯蒂尔（Archibald T. Steele）等入藏，都有很强的政治宣传目的，希望借助入藏的美国旅行者向美国政府和公众传递关于英国的西藏政策、西藏的所谓“独立状态”等信息，关于这些美国人的入藏活动及英国在其中的角色，参见胡岩：《美国人眼中的旧西藏》，北京：中国藏学出版社，2019：85-176。

44 有几位西藏上层人物如德穆活佛、车仁晋美、擦绒 · 达桑占堆和他的儿子东堆朗杰都较早在西藏进行了摄影活动，擦绒早在 1920 年就拥有了一台电影放映机并曾以电影招待到访的查理斯 · 贝尔，他和车仁晋美也都拥有电影摄影机，东堆朗杰还出版过自己的西藏摄影，参见 Dundul Namgyal Tsarong, *What Tibet was: As Seen by a Native Photographer*, New Dehli: Pradeep Malhotra & Associates, 1990. 关于他们的摄影活动，参见索穷：《二十世纪初期的雪域摄影人》，《中国西藏》2005（1）：60-63。

内容有违西藏传统或者有损藏民族的“脸面”，西藏地方当局就会向西方人提出批评。1922年和1924年，英国皇家地理学会在贝尔帮助下获得西藏地方政府允许攀登珠峰，1924年还有两位英国运动员在珠峰遇难。英国珠穆朗玛协会（Everest Club）的摄影师诺伊尔（John Noel）参加了这两次登山活动并负责拍摄记录整个过程。他在1922年制作了无声纪录片《攀登珠穆朗玛峰》（*Climbing Mount Everest*），1924年又制成了《珠穆朗玛峰史诗》（*Epic of Everest*）[45]。它们是典型的西藏人类学旅行纪录片，记录了登山队所经过地区的风景以及藏人的日常生活、寺庙活动等，展现了未能被英国登山队员征服的珠穆朗玛峰的纯洁与雄伟，与此形成鲜明对比的是西藏人的“肮脏”和“怪异风俗”。

《珠穆朗玛峰史诗》记录了一个西藏男人给小孩捉虱子的场景，他把虱子直接放在嘴里咬碎，英国人解释虱子是西藏人的食物之一。1924年英国登山队未经允许还带了七名西藏人回英国，影院在放映纪录片的过程中，伴奏西藏音乐并由七名西藏人打扮成喇嘛表演羌姆，实际上其中只有一位是真正的喇嘛。他们还被带到伦敦动物园参观，他们与海豹、驼羊等合影的照片刊登在英国的报纸上。珠峰协会当时认为，这些活动表示了对西藏的神秘宗教和西藏人的尊敬，有助于消除人们对西藏浪漫、神秘的印象。但是在印度的一些西藏人以及西藏地方政府的官员看过影片并了解到七位藏人在伦敦的表现后，向英国当局提出了严重的抗议。驻锡金政务官贝利警告电影制作者说，电影在印度放映时，吃虱子的画面招致了批评，西藏人认为这在西藏并不是典型现象，会给世界造成有关西藏的错误印象。西藏地方政府取消了所有英国在西藏的登山活动。1930年驻锡金政务官到拉萨时进一步报告说，十三世达赖喇嘛已经通过报纸看到了那些“跳舞的喇嘛”的照片，认为整件事是对他领导的宗教的亵渎[46]。由于有“跳舞的喇嘛”事件的前车之鉴，之后进入西藏的英国官员们确立了一些基本的拍摄标准，小心谨慎地选择拍摄的方式、内容，更多地考虑西藏人的意见，在给西藏人展示照片、放映纪录片时会进行细致地选择和剪辑，保证内容能被接受[47]。因此，摄影既反映了英国人的政治意图和审美倾向，也在一定程度上体现了西藏人所希望看到、愿意并且觉得有价值向拍摄者所展示的自身形象。到了二十世纪四十年代英国人的拍摄活动就越来

45 英文当中的珠穆朗玛峰（Everest），音译为额菲尔士峰，英国在1858年以印度测量局局长乔治·额菲尔士（George Everest）的名字命名，带有殖民主义的色彩。自1952年起，中国政府就不再使用额菲尔士峰之称，代以藏族当地名称“珠穆朗玛峰”。

46 参见 Peter H. Hansen, "The Dancing Lamas of Everest: Cinema, Orientalism, and Anglo-Tibetan Relations in the 1920s." *American Historical Review* 3, 1996: 729-37.

47 Peter H. Hansen, "Tibetan Horizon: Tibet and the Cinema in the Early Twentieth Century." 2001: 91-92.

越受到这种双向互动的制约。

不时入藏的使团和在亚东、江孜、拉萨的英国机构，招待当地西藏客人的最重要活动之一是拍摄照片、录像，然后加以展示、放映。这极大满足了西藏人的好奇心，普遍受到欢迎，增加了英国人与藏人接触的机会尤其是拉近了与西藏上层及其家庭的关系。此外，通过放映一些西方影片或英国纪录片，英国人也向西藏人传递西方价值，展现英帝国的强大和繁荣。驻锡金政务官威廉逊在 1935 年入藏时就放映了记录英王乔治五世银婚庆典和亨顿航空展的英国宣传片。古德 1937 年的报告，特别强调了摄影和电影放映对于使团在拉萨开展活动起到的意想不到的效果。他认为：

> 西藏人觉得，几乎所有与电以及声音、图像和思想的传递相关的事情都同无线电和电影紧密相关。我们使团的无线电人员所展示出来的（无线电）的广泛用途产生了极佳的政治效果。摄影也是如此，电影摄影尤其（效果良好）。没有比什么在投影架或荧幕上看到自己或他们认识的人更让西藏人欢喜的事情了。（要我们）给家庭和寺院进行摄影的邀请络绎不绝，其中，僧侣们对于我们的电影拍摄最充满热情。一位高僧最近正式地建议，在拉萨安排放映关于缅甸、印度和锡兰佛教寺院的记录片，这会让拉萨人感到极为满足。[48]

使团成员尼姆（Philip Neame）在日记中也提到："饭前和饭后有一个电影放映时间，我们用 16 毫米放映机检查拍摄的录像并挑选出哪些适合于西藏观众。古德在肯尼亚拍摄的一些录像非常出色，对西藏客人们非常有吸引力。"[49] 英国代表或使团成员受邀参加西藏人的宴会或重要仪式时，主人们也会主动要求他们拍照和放映电影，正是在这样的摄影和欣赏摄影过程中，英国人与西藏上层之间确立了一种密切的社会文化互动关系。

摄影、电影放映等活动是获取西藏情报的有效途径，照片、影像逐渐演变为重要的情报内容。英国使团的驻地德吉林卡是进行这种摄影互动的重要场所，为英国人提供了与西藏精英建立友谊的极好机会。聚会、摄影和电影放映都是为此而设计的。对于西藏人而言，德吉林卡的魅力在于提供了一个了解外部世界的窗口："那些有权势和特权的西藏人能参加由英国人举行的聚会，也有了机会享受那些越过雪山来自外部世界的最新时尚和技术。英国人会通过摄影和文字形式记录下每一个西藏访客，每周报告给甘托克

48 F 3562/11/10, Report on Lhasa Mission, 1936-1937, by B. J. Gould, April 30, 1937.

49 F 7644/4/10, Diary of the British Mission to Lhasa, December 11, 1936.

的政务官，最终到达白金汉宫。它们一丝不苟地记录了客人的名字、提供的食物和娱乐活动。这些聚会也让英国人有机会收集到各种最新的流言蜚语，例如谁当今在拉萨得势或失宠，谁会来到或离开拉萨。”[50] 使团拍摄的照片与报告、日记、信件等一起通过英印邮政系统从西藏传递回印度和英国，成为印度外交和政治部、印度事务部等更高层次决策者们掌握使团活动细节、了解拉萨事态并做出相应指示的重要依据。1937 年的古德使团成员尼姆就专门负责详细记录使团的活动日记，日记会被整齐排版打印，每周发送给印度外交和政治部以及伦敦的印度事务部、外交部等。这些日记还随附了几百张照片，涉及西藏风光、建筑、重要地点、拉萨的重要人物以及聚会、宴饮、正式会谈等场面。每页日记的文字内容都有相对应的一系列照片，每张照片有编号和说明，使团的活动和西藏的最新情况就直观生动地呈现出来[51]。

四、英国人西藏摄影传递的主要文化内容和审美倾向

英印的西藏骨干官员、西藏使团、商务代表、旅行者等实际上是一个很小的社会阶层。他们虽然有机会进入西藏甚至能较长时间停留在亚东、江孜甚至拉萨，但是接触的主要是高级官员、富裕商人、贵族家庭、寺庙领袖甚至达赖喇嘛等上层人物。这既带来观察西藏的便利，也使目光局限于极为狭窄的拉萨贵族圈以及布达拉宫、寺庙的宗教活动等。他们的西藏印象主要通过对大量聚会、宴饮、娱乐、拜会、参观等活动的描绘来体现。当事人一般对这些社交场面不吝笔墨，生动记述下每一个细节包括每一道菜的名称。查普曼的《圣城拉萨》专门有一章详实记述了受到重要人物招待的情景。他甚至把在一位噶伦家午宴的菜单记录下来，共十五道菜、三十几种食物的名称。他们被轮番宴请，古德因此做出了不得与四品以下人士进餐的决定。作为回敬，他们在德吉林卡一周之内安排了七次盛大宴会[52]。摄影的内容主要也是西藏官方、上层、贵族家庭的生活场景以及与英国人的交往活动，再就是建筑、自然风光、寺庙的羌姆等。

由于受限于狭窄的交往圈子，出现在英国人摄影中的人物主要是与他们频繁打交道的西藏政治、宗教精英及其家庭成员。擦绒·达桑占堆就是二十世纪三四十年代最常出

50 Tsering Shakya, "Cities and Thrones and Powers: The British and the Tibetans in Lhasa, 1936-1947." In *Seeing Lhasa: British Depictions of the Tibetan Capital* 1936 -1947, 2003: 86.

51 这些附有大量照片的日记式情报报告，参见 FO 7575/4/10, Diary of the British Mission to Lhasa, December 8, 1936; F 7644/4/10, Diary of the British Mission to Lhasa, December 11, 1936.

52 斯潘塞·查普曼著，向红笳、凌小菲译：《圣城拉萨》，2006：8。

现在英国摄影中的人物之一，也是当时的英国报纸、流行刊物上常见的西藏人形象。擦绒的照片往往只会被标注为“一位身着庆典服装的官员”等，他的真实社会背景、政治活动以及在近代西藏历史中的作用被忽略，只是被当作整个藏民族的形象代表出现在英国公众印象当中[53]。英国人受邀参加的宴会、仪式等只有西藏有身份地位的人才能办到，关于这些场景的文字描述和视觉图像洋溢着对所有西藏人物质丰富、精神愉悦、人际关系融洽、性情淳朴的感叹，阅读者自然认为这是整个西藏社会生活的缩影。这样的西藏形象显然是不完整的，西藏下层人的形象被刻意边缘化、隐匿化，普通的西藏人极少出现。总体上，英国负责西藏的官员们描绘了一副积极的西藏形象：“这包括对 1911 年之前中国人统治时期的糟糕状态的描绘，也包括对达赖喇嘛治理下状况改善的赞许。绝大部分的当时的英国作品都爱强调西藏农民的欢乐和满足，虽然肮脏但是脸上也永远带着微笑，在这样的话语中，奴隶制度也变成了极为温和的一种形式。”[54]

英国入藏官员出版的著作都会配有照片、地图等。摄影可以直观呈现无法用语言文字描绘的自然风光、人物特征和旅行细节，让读者获得视觉上的身临其境之感，增强了作品的生动性和可读性。但是摄影的大量使用也带来了一种“表面性的阅读”（literal reading）[55]，读者有时很难判断和理解相关作品中的照片是如何被选择和为何被选择的，而这恰恰是作者和出版商用心之处。照片并不是偶然和随机出现在游记中的某个位置，而是要体现作者曾经到过此处，见过此景，更重要地是与文字描述建立起逻辑上的联想关系。例如，很多英国人将西藏定位于“中世纪”时代，认为这里还保留着某些欧洲已经逝去的历史时光和景象，虽然显得陈旧，但是西藏的“中世纪优点”，也是欧洲人本应该保持却已经丧失的东西。查普曼就带着欧洲人普遍的怀旧心态感叹，西藏处在中世纪欧洲的状态——在很多方面也是现在反过来让我们羡慕的一种状态。《圣城拉萨》选用的照片也力图呈现西藏的“中世纪式氛围”，而文字本身提示读者要从“中世纪”视角欣赏照片。这些摄影还塑造了西藏风景的“雄伟壮观”，这是英国人所要体现的“西藏独特性”的话语体系的重要内容，可以让人们在视觉上进而在观念上感觉到西藏明显区别于内地。

如前所述，随着 1910 年代英国对藏政策目标的改变，英国人“表述西藏”的风格

53 Clair Harris, "Seeing Lhasa: British Photographic and Filmic Engagement with Tibet 1936-1947." 2003: 8.

54 Alex McKay, "Wahrheit, Wahrnehmung und Politik: Die britische Konstuktion eines Bildes von Titbet." In *Mythos Tibet: Wahrnehmungen, Projektionen,Phantasien*, Hg. Thierry Dodin und Heinz Räther, Köln: DuMont, 1997: 74.

55 Peter Bishop, *Myth of Shangri-la: Tibet, Travel Writing and the Western Creation of Sacred Landscape*, London: Athlone, 1989: 4.

也开始发生显著变化。不论是对西藏的文字性描绘，还是影像作品，以及英国官方在公开场合对西藏的评价等都竭力避免提及西藏“让人不快”的方面。负责西藏事务的官员们在公开场合总是表现出对于西藏人的同情、尊敬、热爱和友谊，倾向于展现西藏的“积极形象”。这源于英国的一项基本政策，即尽量减少和避免对西藏政治和社会制度的批评，即使某些官员对西藏有所批评，也不能将这些观点公开；要赞扬和尊重西藏的制度；肯定和支持西藏人“独特”的社会和宗教生活方式。贝尔阐述这种政策说：“在不时发生的事件中，我们应尽力把西藏人一方展示给公众，尤其是当许多错误陈述出现在中国、英国和印度的媒体上时。人们自然被灌输了这样的思想：西藏人富有侵略性并且是一个奴隶制的民族——尽管几乎所有已经发生的侵略和奴役都来自中国”[56]。在政府内部讨论和制定西藏政策时，官员们可以畅所欲言，不必顾忌各种宣传策略。1944 年 1 月 17 日，英国外交部的克拉克在内部报告中指出：

> 必须保证外藏永远不会成为未来中国行政体系的一部分；必须保证外藏能够永远控制自己的内部事务；必须保证中国军队永远不在外藏驻守防卫；必须保证永远不将外藏作为同不丹、锡金和尼泊尔进行直接交流的渠道。如果以上目标都能实现，那么，理论上外藏政府无论怎样独特都不重要。英国并不是来做慈善事业的，比如，以威斯敏斯特为模式制造一种民主体制，抑或在喜马拉雅北部进行社会改革。[57]

因此，英国人根本就不在意西藏的社会制度本身到底是“进步”或“落后”，只要能保证西藏稳定可靠的“独立于中国”以及能起到拱卫印度的目标，英国人就会容忍西藏制度的任何“独特性”，英国并没有任何要给西藏人带来所谓的民主制度或社会改革的计划。相反，英国人认为，西藏内部政治社会制度的稳定、对外界的封闭等正是西藏保持为“可靠的缓冲区”的前提条件，通过赞扬和肯定这种制度，可以博取西藏上层的好感，维持良好的双边关系。因此，英国人摄影所选取的对象、拍摄的内容和角度等也有意遮蔽西藏“落后”的方面，突出西藏美好形象的倾向，这种倾向随着时间推移不断增强。

56 Charles Bell, *Tibet: Past and Present*, 1990: 268.

57 阿拉斯泰尔·兰姆著，梁俊艳译：《中印涉藏关系史（1914-1950）——以英帝国外交史为中心》，2017：354。

后来入藏的英国人追随这些拍摄西藏的方式，形成了一个“历史的世系”，使人们无意识的接受了殖民式的目光，学会了用英帝国殖民精英群体的认知框架来认识西藏、观赏拉萨。长时间、高强度的拍摄西藏的活动刺激了英国本土大众的西藏想象并培育了人们对相似主题的更大需求。这在摄影者与消费者之间形成了一种互动，消费者被培养起来的认知标准和审美倾向反过来形成对摄影者和出版商的压力。为满足市场的审美需求，入藏旅行者会刻意寻找、拍摄一切能体现有关西藏的神秘、原始、中世纪形象的场景。因此，越到晚期英国的西藏摄影就越频繁地出现以下场景：原始的风光、宏伟壮观的布达拉宫、微笑着的藏人、神秘的宗教活动和习俗、沉浸于宗教信仰中的普通信众和僧侣、好客的藏人对他们的接待以及贵族们的宅邸、宴饮、聚会、庆典等。那些在视觉和想象上可能会给人带来“不悦”、有违这些审美情趣的场景和人物则越来越少。

英国有关西藏的摄影文化和审美品味的历史累积，最终使英国摄影塑造的西藏形象变成了事实与幻想的结合。自二十世纪五十年代，西方主流文化开始赋予英国的西藏摄影一种崭新的记忆价值和审美情趣，即认为它们记录了西方人想象中的一个乌托邦空间——英国小说家詹姆斯·希尔顿（James Hilton）在《消失的地平线》（*The Lost Horizon*）中创造的香格里拉[58]。它们最重要的价值被认为是保存了一片幸福快乐、和平主义和精神性土地的美好景象，散发着中世纪的神秘气息，体现着一种世外桃源式的生活。它们被从“帝国档案”中抽取出来，通过新的纪录片、专题展览以及网络、数字化等方式继续发挥作用。人们更多从美学、艺术、怀旧的角度欣赏它们，而它们被创作时的政治、军事背景被不断遗忘。例如，2010 年英国制成了一部名为《寻找香格里拉：1922-1950 年间摄影中的西藏》（*The Search for Shangri-La: Tibet on Film 1922-1950*）的纪录片，主要利用了贝利、贝尔、古德、威廉逊、谢里夫等的西藏摄影。该纪录片除直接将 1922-1950 年间的西藏定义为香格里拉，还完全淡化、抽空了摄影者的政治身份，只将他们表述为摄影爱好者、人类学家、探险家等，强调他们到西藏只是为了寻找香格里拉这种纯粹的美学目的。这些摄影被当成了“一种凄美的见证和一个消失的世界（a lost

58《消失的地平线》出版于 1933 年，是西方最早、最有影响的西藏题材小说，它不仅是长久不衰的畅销书，还被改编成各种版本的歌剧、电影、音乐剧等。希尔顿为英语世界创造了“Shangri-La”一词，在西方文化中几乎具有与“伊甸园”等同的社会文化含义，关于西藏的一种香格里拉式的心理想象和审美情趣已经广泛渗透到东西方电影、摄影、艺术、商业、政治、学术研究等方方面面。对西方人有关西藏的香格里拉想象的深入分析和反思，参见 Donald S. Lopez, *Prisoners of Shangri-La: Tibetan Buddhism and the West, Chicago: University of Chicago Press*, 1998; Peter Bishop, *The Myth of Shangri-La: Tibet, Travel Writing and the Western Creation of Sacred Landscape*; 沈卫荣：《寻找香格里拉》，北京：中国人民大学出版社，2010。

world）的重要记录”[59]。当代西方人充满了对旧西藏的神话式想象，西藏成为一个可以为身处后工业时代、面临诸多心理困境的西方人提供精神寄托的地方，他们能在这一“精神超市”中找到任何乌托邦梦想[60]。英印殖民地官员的西藏摄影成为阐释、宣传旧西藏的所谓“遗世独立”特征的重要视觉载体，如同他们的文字作品等一样都被看作是一个所谓“前工业的、精神性的、单纯快乐的香格里拉”的证明。

结语

在近代西方与中国西藏的关系中，英国长期充当了主要的联系纽带的角色，英语作为世界范围内的“帝国式”语言，英国作家、旅行者、藏学家、殖民地官员的作品天然具有被广泛接触和阅读的优势。伦敦则是西藏知识的信息库和中转站，它还集殖民帝国的政治中心、知识文化中心和物质消费中心于一身，是新奇的文化事物、异类的审美情趣、各种新风尚的引领之地。入藏旅行者会被及时邀请到伦敦分享见闻经历，展示摄影、地图和艺术品，它们在伦敦能被欣赏、消费乃至成为文化焦点。正是借助科学文化和传播上的优势地位，承载着英国人政治隐喻、审美偏好的西藏影像资料深刻影响了整个西方的西藏认知和想象。英国的摄影集中于从甘托克到春丕谷再到江孜、日喀则直至拉萨的道路沿线，记录了丰富多彩的西藏风貌。它们涉及到山川形制、自然风景、人物、寺庙建筑、节日庆典、公务活动，以及西藏上层家庭的日常生活、服饰、家居等，对于研究二十世纪前半期的西藏尤其是拉萨具有珍贵的视觉人类学的价值。没有这些摄影，我们无法直观生动地了解一些重要历史人物的音容笑貌、穿着打扮、日常生活和宗教活动场景，也无法精确还原一些城市、寺庙、建筑的风貌格局。但是，这些记录又是偶然的场景、时刻和人物，呈现的是极为有限的空间。这些摄影是特殊的人类学、政治学意图的产物，承载着摄影者的文化、政治隐喻，既传递了一些真实信息，又使西方人对西藏产生了幻想。历史上的摄影很大程度上又都是“当代摄影”，欣赏者总是通过自身时代的价值标准、审美情趣、心灵渴望和对摄影对象的认知偏好来解读它们，甚至为了特定的利益诉求而赋予它们新的视觉意义。当代一些西方人、机构和一部分流亡藏人都在努力利用这些视觉资料来重新表述西藏的历史、文化和宗教传统，突出它们蕴含的香格里拉的美学特征。我们应该对这些早期英国人的西藏摄影进行细致的历史学、视觉

59 https://www.independentcinemaoffice.org.uk/films/the-search-for-shangri-la/

60 Martin Brauen, *Traumwelt Tibet - Westliche Trugbilder*, Zurich: Haupt, 2000: 228.

人类学等方面的研究，揭示它们被生产出来时的特定历史和政治背景及其在当代西方的新的美学内涵，以利于我们更好使用和解读它们。

◆ 赵光锐　南京大学国际关系学院副教授
张植荣　北京大学国际关系学院教授

ABSTRACTS

"The Yak Mirror" and the Study of "Tibetan Handled Mirrors"

Li Yongxian

(Tibet University; Sichuan University)

Starting with the recent appearance of the "Yak Mirror" in Tibet, a comprehensive analysis was conducted on four handled copper mirrors found in the Yarlung Tsangpo River basin, including the "Qugong Mirror" in Lhasa. It is believed that these copper mirrors are early indigenous Tibetan bronze artifacts, influenced by the "Northern Grassland Culture" in terms of their design. Their metallurgical and casting techniques, as well as their mirror-and-handle assembly method, are closely related to the "Southwestern Aborigines Bronze Technology System" in the eastern plateau. They differ in technical origin and regional distribution from the handled copper mirrors unearthed in the Langchen River basin in western Tibet. These mirrors hold significant regional importance for Tibet's "Early Metal Age."

Early Use and Smelting Technologies of Iron in the Ngari Region of Tibet: A Scientific Analysis of the Iron Smelting related Remains Excavated from the Kaji Cemetery Site

LiYuniu[1] *Sun Tianqiang*[1] *Zhang Mengyi*[2] *Li Shuai*[1] *Yang Feng*[1]

(1. School of Archaeology and Museology, Sichuan University

2. School of Cultural Heritage, Northwest University)

This paper discusses the origin of the early use and smelting technology of iron in the Ngari region of Tibet through the analysis of the iron objects and slags that were excavated from the Kaji cemetery at Piyang-dongga village in Tsada county. The results of metallographic and elemental studies provide the first and earliest evidence of bloomery smelting technology in Tibet as early as the third century AD. The iron smelting technology and the excavated iron objects possibly belong to the "northwest system" and are probably closely related to the prosperity of the Plateau Silk Road.

Re-investigations of the Two Gtsang-Grong Steles in Drachee (Grwa phyi) of Central Tibet

Shawo Khacham

(Tibet University)

Gtsang-Grong steles are important archaeological evidence for the reconstruction of Tibetan history and the belief system of the early Phyi dar period. Although scholars have already studied these two steles, their basic results were not complete. Based on multiple on-site investigations, this paper combines historical records with archaeological evidence, reviews previous studies, introduces the current situation of the two steles, and proofreads all the inscriptions. The inscriptions reflect the revival of Buddhist teachings at the beginning of the Phyi dar period, and the joint management of the monastery by monastic and lay communities. From the grammatical features of the inscriptions and the events recorded on the steles, the author suggests the two steles were erected during the early 11th century. Influence from India and Central China can also be determined from the craftsmanship of the steles.

Translation and Annotation of a Newly Discovered Manuscript of the *Historic Iron Credential Document of Tubo* from Western Tibet

Ngakon and Sonam Tsetan

(Editorial Office of Journal of Tibet University; School of Humanities at Tibet University)

Recently, a "folk copy" of the so-called Historic Iron Credential Document of Tubo was found in Ngari, Western Tibet. The contents of the manuscript pertain to the decree granted by the Tsanpo Khri Srong lde btsan to his minister Rgye shin Khri dbang gtsug pud rje la khwe, and the subsequent inheritance of the imperial edict within the family. Although the imperial decree mentions historical figures like Mes Khri Sta'u snya gzigs, Khri Gnam ri srong btsan, Srong btsan gsam po and Khri srong lde btsan, along with their related activities, these events are not found in other historical records, making speculative interpretations unwise. In order to benefit the academic community, this article provides a transcription and an annotated translation of the manuscript, aiming to serve as supplementary research material for the history of Tubo period.

A Re-examination of the Gansu Section of the "Tang-Bod Ancient Route"

Li Zhipeng

(Shannxi Normal University)

The "Tang-Bod Ancient Route" served as an important channel for political, economic, and cultural exchange between Tang and Tubo. Due to the scarcity of archaeological evidence and the ambiguity of historical records, there has been limited in-depth exploration in the academic field regarding the routes and historical impact of the Gansu section of the "Tang-Bod Ancient Route". This paper approaches the subject through the lense of documentary sources, cultural relics, folklore, and more, focusing on political interactions, economic exchanges, and cultural blending along the Gansu section of the "Tang-Bod Ancient Route". It also discusses the road in conjunction with the Tea-Horse Ancient Road and the Plateau Silk Road to provide a more objective overview of the routes and the cultural exchanges that occurred along the Gansu section of the "Tang-Bod Ancient Route".

Review and Prospect of Research on the Qinghai Route of the Silk Road

Cao Zhongjun

(School of Cultural Heritage; Cooperative Research Centre for Archaeology of the Silk Roads, Northwest University)

The Qinghai Route of the Silk Road is an important branch of the eastern section of the Silk Road, and research in this field has spanned over eighty years. Looking at the existing results of this research, the main focus has been on case studies of historical events and relics related to the road, but fail to comprehensively sort out the relevant content within a unified framework. Most of them appear to be self-contained and lack integration. Therefore, it is essential to provide a concise review and commentary on the current research findings. This includes research on the concept and connotation of the Qinghai Route of the Silk Road, exploration and study of the road network, archaeological discoveries and research along the route, and studies of the various ethnic groups inhabiting the Qinghai Route. With the continuous emergence of archaeological discoveries and the introduction of ethnic theories, it is imperative to rethink and reevaluate the significance and cultural transformations reflected in the Qinghai Route. In future research, it is necessary to fully grasp the characteristics of the "Trinity" of the Qinghai Route, explore new research approaches that combine ethnic groups and the route, and seamlessly integrate the study of cultural transformations with the study of route changes. This will contribute to a deeper and more comprehensive understanding of the Silk Road's Qinghai Route.

A Study on the Historical Significance of Baza Bridge in Lanzhou during the Northern Song Dynasty

Shi Jianjun

(Shaanxi Normal University)

In the summer of the third year of the Yuanfu 元符 era of the Northern Song Dynasty, the Song army abandoned Shanzhou 鄯州 , retreated to Huangzhou 湟州 , and repaired the Anxiang 安乡 Bridge in Hezhou 河州 and the Baza 把拶 Bridge in Lanzhou to facilitate support for Huangzhou. The Baza Bridge got its name from the crossing of the Yellow River at the Baza Ferry. It guarded two fortresses on both the northern and southern sides of the Yellow River, which were later named Jingyu Pass 京玉关 . The bridge was formerly known as the "ancient floating bridge" at the stream outlet Zhuolong 斫龙 and the "Guangwu Bridge" in Guangwu 广武 County of Lanzhou during the Tang Dynasty. Jingyu Pass consisted of two city gates, the southern and the northern city. The southern city was divided into an old city and a new city. The old city was Yijitan Old Fortress 益机滩旧堡 , which was built in the summer of the third year of the Yuanfu era and was destroyed by an earthquake in the leap-month of March of the sixth year of the Xuanhe 宣和 era. The new town was called Yiji Fortress, which was built in the sixth year of the Xuanhe era and was later renamed Anqiang 安羌 City in August of the same year. Baza bridge is situated 40 km west of Lanzhou and holds significant importance in controlling and guarding the routes leading west from Lanzhou to Miaochuan 邈川 City (Huangzhou), northeast from Miaochuan City to Zhuolong City, and northwest from Lanzhou to Liangzhou. It serves as a crucial inflection point for the study of traffic between the Tang and Tubo, as well as the relationship among the Northern Song, Xixia, and Qingtang in Tibet.

An Examination of the Source of the Thangka of Milarepa's Life: Based on the Collection at the Los Angeles County Museum of Art

Liang Yunyun

(School of Art at Sichuan University)

The thangka depicting Milarepa's life, housed at the Los Angeles County Museum of Art, is currently known as one of the earliest thangkas of its kind. The author interprets the painted scenes in thirty sections and their inscriptions based on the biography of Milarepa, the *Rje btsun chen po mi la ras pa'i rnam thar thar pa dang thams cad mkhyen pa'i lam ston*, that was compiled by Gtsang smyon Heruka (1452-1507), alias Rus pa'i rgyal mtshan in 1488. Research reveals that the content of this biographical thangka of Milarepa is highly consistent with the biography. The thangka illustrates the transmission of the 'Bri gung bka' brgyud lineage from Milarepa, tracing its historical development and spiritual legacy back to Milarepa's practice site at La phyi. This type of thangka was firstly created by Gtsang smyon Heruka and his disciples who incorporated elements from traditional Tibetan Buddhist narratives into its composition. The purpose of this thangka was to promote the newly emerging biography and songs of Milarepa.

A Thangka Set of Śākyamuni and the Sixteen Arhats in the collection of the Lijiang Municipal Museum

Li Kai

(Sichuan Provincial Institute of Cultural Relics and Archaeology)

The Lijiang Municipal Museum owns an old collection of seventeen Thangka Paintings depicting Śakyamuni Buddha, his two disciples and the Sixteen Arhats. These paintings exhibit a distinctive style, combining elements of both Han and Tibetan culture. They stand out with their rich Han-style influences and a unique portrayal of birds, animals, and scenes of feasting. By comparing these Thangkas with another set of seven thangkas from the same museum's old collection featuring Tibetan inscriptions, it can be inferred that this set of seventeen Thangka Paintings likely originated from the tenth Karmapa Chos dbyings rdo rje (1604-1674), a famous Tibetan artist in the late Ming and early Qing Dynasties. These two sets of Thangkas of Arhats represent a unique style known as "Han-style Thangkas" and serve as remarkable examples of the cultural exchange that took place between Han and Tibetan cultures over an extended period, with broad, multifaceted, and deep interactions.

Basic Demonstratives nə^{53} and tə^{31} in the Pada Tibetan

Song Xiaohong

(School of Literature at Nankai University)

The basic demonstrative system in the Pada (Dba' sde) Tibetan language consists of nə^{53} and tə^{31}. They are used as argument independently, and can also modify nouns in noun phrases. These two demonstratives may precede, follow or be juxtaposed to a noun within a noun phrase. Juxtaposition is typologically rare. Different demonstrative and noun orders have different deictic functions and referential meanings. Postposition is the dominant order in Written Tibetan. tə^{31} in postposition conveys definite meaning which is induced by pragmatic function. Preposition conveys distance and it is the result of grammatical system and language contact.

The French Missionaries' Regional Knowledge of Khams in the Mid-19th Century

Luo Hong and Liu Xiaoxu

(Center for Tibetan Studies of Sichuan University;

School of Foreign Languages of Nanfang College, Guangzhou)

In the mid-19th century, the propagation of Catholicism by the French Catholic missions in the Khams area entered a prolonged period of exclusive influence. As a vital bridging area connecting Tibet and the interior of China, Khams was a crucial passage for French missionaries on their journey into Tibet. Notable figures like Evariste Huc of the Lazarists, Jacques Léonard Pérocheau and Charles René Alexis Renou of the Paris Foreign Missions Society discussed and documented their understanding of the Khams area in their correspondence and travel diaries. Some of these missionaries, such as Huc, Renou, and others, had firsthand experience of the Khams area and provided detailed records about the local transportation. Influenced by early European perceptions of Tibet, their discussions and records often contained subjective elements and deviated significantly from historical facts. These misconceptions had a profound impact on Western perceptions and cast shadows over subsequent issues related to the delineation of Sichuan and Tibet.

A Historical Examination of the Boundary Demarcation of the Sichuan-Tibet Missionary Region by the Paris Foreign Missions Society in the Mid-19th Century

Liu Ruiyun and Fan Changlong

(Institute of Foreign Languages at Sichuan University)

In order to exert religious and cultural influence on Tibet, the Vatican established the Apostolic Vicariate of Lhasa in 1846, and sent the Paris Foreign Missions Society of Tibet to preach there. However, out of resistance against the infiltration of western religious culture, both the central government of the Qing Dynasty and local authorities in Tibet strictly prohibited foreign missionaries from entering Tibet without permission. As a result, the Society's activities in the region were severely hampered, and it had to turn to the Sichuan Missionary Society to "borrow land" in order to gain a foothold. In 1858, Bishop Desmazures of the Apostolic Vicariate of Lhasa, Bishop Desflèches of Southeastern Sichuan, and Bishop Pérocheau of Northwestern Sichuan met with the diocesan circles of Sichuan and Tibet to expand the scope of the Society's missionary activities from Tibet into Sichuan Province. This meeting between the ecclesiastical circles of Sichuan and Tibet resulted from the Paris Foreign Missions Society's inability to enter Tibet. It also reflects the differences and disputes between the radical and conservative factions within the church regarding the expansion of missionary activities in China. Finally, it also shows that at that time both the Qing central government and the local Tibetan government strictly prohibited European missionaries from entering Tibet and spreading Catholic religious culture.

Recording Tibet: British Photography in Tibet in the First Half of the 20th Century

Zhao Guangrui and Zhang Zhirong

(School of International Studies at Nanjing University,

School of International Studies at Beijing University)

In the first half of the 20th century, the British dominated the field of using images to document Tibet. The Western world's visual impression of Tibet was largely controlled by the British, especially by the border officials of the British Raj. Photography served as a cultural and artistic activity, a means of social interaction, an important intelligence-gathering tool, and an effective visual medium for shaping the image of Tibet that was conducive to British interests. British diplomatic photography in Tibet concealed the power dynamics the British and Indian colonial governments hoped to convey in their interactions with Tibet. It reflected the frequent contact between British representatives and Tibetan elites. These photographs could also portray Tibet as "distinct" in terms of cultural anthropology. British Tibetan photography was constantly re-selected and re-interpreted by different social groups under different historical contexts. Some were deliberately highlighted, while others were deliberately downplayed or forgotten.

JOURNAL OF TIBETOLOGY (VOL.27)

Edited by

Center for Tibetan Studies of Sichuan University
Chengdu, China

ISBN 978-7-5211-0423-3
First Published in December 2022
China Tibetology Publishing House
Beijing, China

图书在版编目(CIP)数据

藏学学刊 . 第 27 辑 / 四川大学中国藏学研究所编 .
-- 北京：中国藏学出版社，2022.12
ISBN 978-7-5211-0423-3

Ⅰ . ①藏… Ⅱ . ①四… Ⅲ . ①藏学－文集 Ⅳ . ① K281.4-53

中国国家版本馆 CIP 数据核字（2023）第 075027 号

藏学学刊〔第 27 辑〕 四川大学中国藏学研究所 主编

责任编辑 张荣德
封面设计 翟跃飞
出版发行 中国藏学出版社
印 刷 中国电影出版社印刷厂
版 次 2022 年 12 月第 1 版第 1 次印刷
开 本 787 毫米 ×1092 毫米 1/16
字 数 323 千字
印 张 17.25
定 价 85.00 元
书 号 ISBN 978-7-5211-0423-3

图书如有质量问题，请与本社联系
E-mail: dfhw64892902@126.com 电话: 010-64892902

《藏学学刊》稿约

《藏学学刊》（བོད་རིག་པའི་དུས་དེབ། *Journal of Tibetology*）系中国教育部普通高等学校人文社会科学重点研究基地四川大学中国藏学研究所主办的藏学类专业性学术刊物，CSSCI 来源集刊，创刊于 2004 年，旨在搭建藏学研究的学术交流平台。从 2014 年开始，本刊由年刊改为半年刊，接受中、英文稿件，设有论文、书评、译文等栏目，热忱欢迎国内外藏学研究者惠赐稿件。来稿时请注意以下事项：

1．来稿请注明字数并提供作者简介，包括姓名、出生年月、性别、民族、籍贯、职称、学位、工作单位、联系方式和主要研究方向等，其中姓名和工作单位名称请提供正确的英文译名。

2．来稿必须为原创性作品，此前未以任何形式公开发表过。严禁抄袭、剽窃和一稿多投，如有发现，将永不刊用该作者来稿。

3．为保证文稿的准确性，电子版来稿须同时提供 word 和 pdf 两种文档格式并遵循本刊用稿规范（详见下文）。来稿字数不限，提倡言简意赅，以 1–1.5 万字左右为宜。

4．本刊取舍稿件惟以学术为标尺，实行 2–3 名专家双向匿名审稿制度，根据专家审稿意见决定稿件取舍。本刊在尊重原作的前提下，有权对拟刊用稿件作必要的删改并告知作者，作者如果不同意对文稿作文字性修改或适当删节，请在来稿时予以说明。

5．本刊所刊文章均为作者个人观点，不代表编辑部意见，文责由作者自负。

6．本刊已加入期刊数字化网络系统，作者若无此意愿，请在来稿时注明，否则视为默许。

7．稿件请直接发送本刊编辑部专用邮箱。无论是否用稿，本刊都会在三个月内回复作者。

8．本刊不收取任何版面费，文稿刊出后将支付作者稿酬，并赠送样刊五册。

9．本刊热诚欢迎国内外藏学研究者或编辑部与本刊建立资料互赠交流关系。

地　　址：中国四川省成都市望江路 29 号

四川大学中国藏学研究所《藏学学刊》编辑部

邮　　编：610064

电子邮件：zangxuexuekan@163.com

电话 / 传真：+86–28–8541 2567

网　　址：http://www.zangx.com

Call for Contributions

Founded in 2004, the *Journal of Tibetology* (བོད་རིག་པའི་དུས་དེབ། 藏学学刊) is a peer-reviewed bilingual scholarly journal dedicated to publishing papers in the field of Tibetan Studies. Featuring articles and reviews in either Chinese or English, the journal is published biannually by the Center for Tibetan Studies of Sichuan University, Chengdu, PRC. The *Journal of Tibetology* welcomes the submission of academic and unpublished (and original) work, including the Chinese translation of foreign research and serious, critical reviews of books or review articles, in any area of research that deals with the Tibetan cultural area.

Essential Guidelines:

1. The manuscript should contain information on the total number of words/characters and author's details, including the following information: (1) full name and institutional affiliation; (2) academic title; (3) contact information, (4) the primary field of research.

2. The *Journal of Tibetology* has a zero-tolerance plagiarism policy.

3. Essays and reviews should be submitted electronically in Microsoft Word file and PDF format, using Unicode, to zangxuexuekan@163.com and conform to the style sheet of the *Journal of Tibetology* that is found at the website of the institute. If this is not done, they will automatically be not considered for publication. There is no limit on the length of the manuscript, but we strongly encourage the manuscript to be concise with approximately 10,000 words in English or Chinese.

4. The *Journal of Tibetology* uses a double-blind review process. Each manuscript is sent to two or three referees for double-blind peer review. Based on their recommendations, the editor then decides whether the manuscript will be accepted as is, whether it needs to be revised, or whether it will be rejected.

5. The views and opinions expressed in the articles and reviews are those of the author alone and do not reflect the views or opinions of the editor(s) or the editorial board. The author is responsible for his/her own views.

6. The journal is already part of the digital network of Chinese journals. If any author does not want to have his or her article published online, please note this upon submitting the manuscript. Otherwise, the editor will take it as tacitly granting permission to do so.

7. Manuscripts should be submitted to the editor. Whether they are accepted or not, authors will receive notice from the editor within three months.

8. The journal will pay remuneration to the author and send five copies of the issue of the journal in which his or her article appears.

9. Scholars or editorial boards in China and abroad are warmly welcomed to establish a growing network of exchanging copies of journals with the editor of the *Journal of Tibetology*.

Correspondence should be addressed to:
Ms. Sun Zhaoliang
Center for Tibetan Studies of Sichuan University
Chengdu, Sichuan Province
P.R. China
610064
Email : zangxuexuekan@163.com
Tel/Fax: +86-28-8541 2567
Website: http://www.zangx.com